AF457007

Barié

(Conserver la Couverture)

2053

LIBRAIRIE J.-B. BAILLIÈRE ET FILS

19, RUE HAUTEFEUILLE, PRÈS DU BOULEVARD SAINT-GERMAIN

AMI (Ed.). — L'articulation alvéolo-dentaire chez l'homme. 1895, gr. in-8, 120 p. . . . . 3 fr.

BERNARD (Claude.). — Leçons sur les anesthétiques. 1875, 1 vol. in-8, avec fig. . . . . 7 fr.

BLANDIN (Ph.-E.). — Anatomie du système dentaire chez l'homme et les animaux. 1 vol. in-8, avec 1 planche (4 fr. 50). . . . . 2 fr. 50

BOUISSON (E.-F.). — Traité de la méthode anesthésique. 1850, 1 vol. in-8 de 560 p. (7 fr. 50). . . . . 4 fr.

BROUARDEL (P.). — Les asphyxies par les gaz, les vapeurs et les anesthésiques. 1896, 1 vol. in-8 de 416 p., avec fig. et 8 pl. . . . . 9 fr.

— La responsabilité médicale. 1898, 1 vol. in-8 de 456 pages. . . . . 9 fr.

— Hygiène des ouvriers employés dans les fabriques d'allumettes (Nécrose phosphorée). 1889, in-8. . 1 fr.

BRAMSEN. — Les dents de nos enfants. 1889, 1 vol. in-16 de 141 pages, avec 50 fig. . . . . 2 fr.

BRASSEUR. — Chirurgie des dents et de leurs annexes. 1 vol. gr. in-8, de 100 p., avec 127 fig. . . . . 5 fr.

— Applications du polyscope et de la galvanocaustie aux affections de l'appareil dentaire. 1879, gr. in-8, 90 p., avec 40 figures. . . . . 3 fr.

— De l'air en thérapeutique dentaire. 1888, gr. in-8. 58 p., avec fig. . . . . 3 fr.

BUGNOT (G.). — Contribution à l'étude de la greffe dentaire. 1886, gr. in-8, 76 p. . . . . 2 fr.

CARTIER (E.). — Etude sur les résections du maxillaire supérieur. 1880, gr. in-8.. . . . . 3 fr.

CORNEVIN (Ch.) et LESBRE. — Traité de l'âge des animaux domestiques, d'après les dents et les productions épidermiques, par Ch. CORNEVIN et X. LESBRE, professeurs à l'Ecole vétérinaire de Lyon. 1895, 1 vol. gr. in-8 de 462 pages, avec 211 fig.. . . . . 15 fr.

COURTAIX. — Maladies des yeux et maladies des dents, relations pathologiques, entre les yeux et les dents. 1892, gr. in-8, 144 p. . . . . 3 fr. 50

CRUET. — Des caries dentaires compliquées. 1879, gr. in-8, 124 p. . . . . 3 fr.

DAVID (Th.). — Chirurgie dentaire. 1885-1890. Réunion de 26 brochures en 1 volume in-8, relié. . . 25 fr.

— De la carie des dents. 1890, in-18, 29 pages. 1 fr. 50

— Des pansements en chirurgie dentaire. 1888, in-18, 45 p.. . . . . 1 fr.

— Etude sur la greffe dentaire. 1877, gr. in-8, 80 pages. . . . . 2 fr.

DEGOIX. — Hygiène de la toilette. 1891, 1 vol. in-16 de 160 p. 2 fr.

DUNOGIER (S.). — Orthodontie ou traitement des déviations dentaires. 1895, gr. in-8, 86 pages, avec 2 planches.. . . . . 2 fr. 50

FANTON-TOUVET. — Anomalies des dents humaines. 1882, gr. in-8, 44 p., avec fig. . . . . 1 fr. 50

FLOURENS (P.). — Développement des os et des dents. 1 vol. in-4 de 146 p., avec pl. col. . . . . . 10 fr.

FOX et LEMAIRE. — Histoire naturelle et maladies des dents de l'espèce humane. 1821, 1 vol. in-4 de 270 p., avec 32 pl. . . . . 20 fr.

HAMONAIDE (G.). — Examens des chirurgiens-dentistes. Anatomie, physiologie, pathologie et thérapeutique dentaires. Programmes, épreuves pratiques et questionnaires comprenant toutes les questions posées aux trois examens des chirurgiens-dentistes. 1895, in-18, 82 p.. . . . . 1 fr. 50

HEATH. — Affections de la bouche, de la gorge, des amygdales, de la luette, de la langue, du palais, des gencives et des mâchoires. 1886, gr. in-8, 48 p. à deux colonnes, avec 76 fig. . . . . 3 fr.

HUNTER (J.). — Traité des dents humaines, structure, usages, mode de formation, développement et maladies, préface par J.-E. Oudet. 1 vol. in-8, 143 pages, 8 planches. . . . . 8 fr.

— Le même: sans planches. . . . . 3 fr.

LECAUDEY (C.). — L'avenir de l'art dentaire en France. 1888, gr. in-8, 151 p. . . . . 3 fr.

LEFERT (Paul). — La pratique des maladies de la bouche et des dents dans les hôpitaux de Paris. 1896, 1 vol. in-16 de 288 p., cart. . . . . 3 fr.

MANUEL DU CHIRURGIEN-DENTISTE

— —

NOTIONS GÉNÉRALES D'ANATOMIE

D'HISTOLOGIE ET DE PHYSIOLOGIE

A LA MÊME LIBRAIRIE

MANUEL DU CHIRURGIEN DENTISTE

Publié sous la direction de CH. GODON.

7 vol. in-18, avec fig., cart. Prix de chaque vol. . . . . 3 fr.

I. **Notions générales d'anatomie, d'histologie et de physiologie**, par le Dr Paul MARIÉ, 1 vol. in-18, cart. 3 fr.

II. **Notions générales de pathologie**, par le Dr Auguste MARIE, 1 vol. in-18, avec 43 fig., cart. . . 3 fr.

III. **Anatomie et physiologie de la bouche et des dents**, par le Dr E. SAUVEZ, 1 vol. in-18, avec 78 fig., cart.. . . . . 3 fr.

IV. **Pathologie des dents et de la bouche**, par le Dr Léon FREY. 1 vol. in-18, avec fig. cart.. . . . . . 3 fr.

V. **Thérapeutique spéciale, anesthésie, formulaire**, par le Dr M. ROY. 1 vol. in-18, avec fig., cart. . . 3 fr.

VI. **Clinique dentaire et dentisterie opératoire**, par Ch. GODON, 1 vol. in-18, avec fig., cart.. . . . . . 3 fr.

VII. **Clinique de prothèse.** Prothèse dentaire, prothèse orthopédique, prothèse des maxillaires, par P. MARTINIER, 1 vol. in-18, avec 40 fig., cart. . . . . 3 fr.

BEAUNIS. — **Physiologie humaine.** 3e *édition.* 2 vol. gr. in-8, avec 837 fig., cart. . . . . 25 fr.

BEAUNIS et BOUCHARD. — **Anatomie descriptive et embryologie.** 5e *édition.* 1 vol. gr. in-8, avec 557 figures coloriées, cartonné. . . . . 25 fr.

BOUGLÉ. — **Le corps humain**, planches coloriées superposées et découpées, collées sur carton, gr. in-fol. . . . 35 fr.

BOUTIGNY. — **Tableaux synoptiques d'anatomie descriptive.** 1900, 2 vol. in-8 cartonné, chaque volume. . . . 5 fr.

CHATIN (J.). — **La cellule animale.** 1 vol. in-16, avec fig. 3 fr. 50

CUYER (E.). — **Atlas d'anatomie élémentaire.** Fonctions du corps humain, formes extérieures, régions anatomiques, situation, rapports et usages des appareils et organes qui concourent au mécanisme de la vie, par E. CUYER, prosecteur à l'Ecole nationale des Beaux-Arts, 1895, 27 planches coloriées, avec texte explicatif, cartonné. . . . . 40 fr.

CUYER (E.) et FAU. — **Anatomie artistique**, 3e *édition.* 1897, 1 vol. in-8 avec 41 fig. et 17 pl., fig. n. 6 fr. — Fig. col. 12 fr.

DUVAL (Mathias). — **Cours de physiologie.** 8e *édition*, 1897, 1 vol. in-8, 730 p. 222 fig. . . . . 9 fr.

— **La technique microscopique et histologique.** Introduction pratique à l'anatomie générale, 1 vol. in-16, 350 pages, avec 43 fig.. . . . . 3 fr. 50

LEFERT (P.). — **Aide-mémoire d'anatomie à l'amphithéâtre.** 1897, 4e *édition.* 1 vol. in-18, 306 p., cartonné.. 3 fr.

— **Aide-mémoire d'anatomie (ostéologie) et d'embryologie.** 4e *édition.* 1897, 1 vol. in-18, 276 p., cartonné. . . . . 3 fr.

— **Aide-mémoire d'histologie.** 1897, 1 vol. in-18, avec 61 fig., cartonné. . . . . 3 fr.

— **Aide-mémoire de physiologie.** 1895, 1 v. in-18, cart. 3 fr.

MOREL (C.) et VILLEMIN. — **Histologie humaine**, 3e *édition.* 1 vol. in-8 avec 50 fig. et 1 atlas de 36 planches. . . 16 fr.

MANUEL DU CHIRURGIEN-DENTISTE

Publié sous la direction de Ch. GODON

DIRECTEUR DE L'ÉCOLE DENTAIRE DE PARIS

NOTIONS GÉNÉRALES

D'ANATOMIE

D'HISTOLOGIE ET DE PHYSIOLOGIE

PAR

Le Dr Paul MARIÉ

Docteur en Médecine de la Faculté de Paris
Docteur ès sciences, etc.
Professeur à l'École dentaire de Paris

PARIS

LIBRAIRIE J.-B. BAILLIÈRE ET FILS

RUE HAUTEFEUILLE, 19, PRÈS DU BOULEVARD SAINT-GERMAIN

1900

PRÉFACE

Réunir et condenser en trois cents pages d'un petit manuel les éléments de trois sciences aussi vastes que l'Anatomie, l'Histologie et la Physiologie, faisant l'objet des deux cours que nous professons depuis une quinzaine d'années à l'École Dentaire de Paris, représente un travail dont la grande simplicité apparente est largement compensée par la difficulté de résumer en aussi peu de lignes un sujet aussi complexe.

Nous pensons cependant avoir réussi à donner ici un exposé suffisamment complet de ces sciences, dont les notions élémentaires sont indispensables au chirurgien-dentiste.

Le plan que nous avons adopté pour notre Manuel est le suivant :

Dans la première partie, nous avons, après quelques rapides généralités, appris à connaître le microscope, résumé la technique micrographique, passé en revue les éléments anatomiques si importants de nos jours, dont nous avons esquissé la morphologie et la physiologie.

Nous avons ensuite, dans la seconde partie, abordé l'anatomie proprement dite, divisée comme d'habitude en ses différents chapitres, mais en faisant suivre chaque description d'organe ou d'appareil de son étude physiologique, afin d'augmenter la clarté du texte, en diminuant surtout sa longueur.

Enfin, dans un dernier chapitre, nous avons donné quelques notions d'Embryologie destinées à faire comprendre la raison de la persistance de certains organes, en apparence sans utilité, ou à donner la clé de certains faits pathologiques ou tératologiques, dont la filiation ne peut être saisie qu'en suivant le développement graduel de l'individu à partir de l'œuf.

PAUL MARIÉ.

NOTIONS GÉNÉRALES D'ANATOMIE

D'HISTOLOGIE ET DE PHYSIOLOGIE

CHAPITRE PREMIER

GÉNÉRALITÉS D'ANATOMIE ET DE PHYSIOLOGIE, HISTOLOGIE

Article Ier. — Notions générales d'Anatomie

Définition. — L'*anatomie* est la science qui nous fait connaître la structure des êtres vivants. Son étude repose principalement sur la dissection, comme l'indique l'étymologie du mot anatomie (ἀνα τέμνω, je coupe parmi).

Les êtres vivants, animaux et végétaux, forment, à partir d'un tronc commun où la délimitation entre les deux règnes est souvent très difficile à établir, deux séries qui aboutissent d'un côté aux arbres dicotylédonés, de l'autre à l'homme, le dernier terme actuel de l'élévation dans l'échelle des animaux.

Protoplasma. — La base de la vie est le *protoplasma*, matière quaternaire albuminoïde, organisée, vivante, possédant en substance toutes les propriétés des êtres vivants, formant la partie essentielle, active des cellules, dont l'agrégat constitue les végétaux et les animaux.

Le protoplasma présente d'ailleurs les mêmes réactions chimiques dans les deux règnes animal et végétal et ces réactions, coagulation par la chaleur, l'alcool, les acides, teinte rouge par le réactif de Millon, solubilisation par les alcalis, etc., sont les mêmes que ceux des albuminoïdes. Ce protoplasma s'entourant ou non d'une membrane d'enveloppe (car le terme *cellule* n'implique pas nécessairement la présence d'une paroi propre délimitante, mais s'étend à toute portion protoplasmique, nucléée ou non, à existence autonome) constitue d'abord des êtres monocellulaires (amibes, infusoires, pour les animaux, bactéries, micrococci pour les végétaux), puis des agrégats cellulaires qui forment les êtres que nous voyons autour de nous au microscope ou à l'œil nu. Ces êtres pluricellulaires constituent des républiques cellulaires, dans lesquelles tous les citoyens égaux à la naissance,ou dans les premiers stades du développement, se hiérarchisent ensuite par suite des différenciations qui se produisent dans les éléments figurés qui les composent. Cette différenciation va en s'accentuant au fur et à mesure qu'on s'élève dans l'échelle des êtres ; elle a comme corollaire la division des attributions, qui est la base du perfectionnement : le principe de la division du travail est la loi du progrès dans l'évolution des êtres comme dans celle des sociétés.

Les êtres vivants constituent donc deux séries parallèles divergeant d'une même base commune, le protoplasma, dont la synthèse n'a pu jusqu'à ce jour être encore réalisée. Dans ces deux séries une suite de transformations produites sous l'influence du milieu extérieur ou de la sélection ont donné des êtres graduellement dérivés les uns des autres en ligne continue, dont une grande partie représente les êtres qui peuplent la terre de nos jours. Souvent il semble y avoir entre les différents groupes actuels des séparations tranchées, qui paraissent plaider en faveur de formations distinctes ; il n'en est rien. Lorsque dans cette chaîne ininterrompue nous remarquons des mailles qui manquent, nous les retrouvons dans les couches géologiques du globe où on constate la présence des restes des espèces intermédiaires actuellement disparues. C'est ainsi que, pour ne parler que des gros animaux, les reptiles, les poissons semblent des groupes bien distincts et cependant dans les couches stratifiées qui composent l'écorce terrestre nous trouvons les restes des types intermédiaires qui nous montrent que la nature procède par une transformation et un perfectionnement continus des êtres qui la peuplent ; cette loi d'évolution se maintiendra très certainement dans les temps à venir. Puisque les êtres vivants comprennent des végétaux et des animaux, il y a une *anatomie végétale* et une *anatomie animale*. Nous nous occuperons ici de cette dernière, ou plutôt seulement d'une partie de cette dernière.

En effet, l'anatomie animale comprend : l'*anatomie comparée* qui étudie un même organe dans la série des êtres (anatomie comparée de l'œil, du cerveau), l'*anatomie philosophique ou transcendante* qui s'élève des faits particuliers aux lois générales, l'*anatomie spéciale* qui traite d'une espèce (cheval, homme) l'*anatomie physiologique* qui décrit les organes à l'état sain ou normal par opposition à l'*anatomie pathologique* qui note les perturbations histologiques que produisent les maladies, l'*anatomie descriptive* qui s'occupe de la structure extérieure des organes et l'*anatomie de texture ou générale* qui pénètre la structure intime des tissus, leur *histologie*.

L'*anatomie descriptive* nous apprend le nom des organes, leur nomenclature anatomique ; elle nous donne des renseignements sur leur situation, leur poids, leur volume, leur contenu, leur consistance, la région qu'ils occupent, les rapports qu'ils affectent les uns par rapport aux autres.

L'*anatomie des peintres et des sculpteurs* ne traite que de la connaissance des formes extérieures, étudiant ces formes à l'état de repos ou de mouvement. Dans une certaine mesure cette anatomie, cataloguant les creux et les saillies, les reliefs et les dépressions des corps, donne des indications sur l'état des parties profondes et peut être utile au vétérinaire ou au médecin.

L'anatomie descriptive et l'anatomie des peintres éclairent donc le chirurgien ; le physiologiste et le médecin s'appuient surtout sur l'*anatomie de texture ou générale*, qui pénètre la structure intime des organes qu'elle décompose en tissus composés, les tissus composés en tissus simples et ces derniers en éléments anatomiques et en cellules. La combinaison des éléments anatomiques 1 à 1, 2 à 2, 3 à 3, donne les organes.

L'*anatomie du fœtus* en voie d'évolution, l'*embryologie*, nous initie au développement des organes, aux modifications successives, aux véritables métamorphoses qu'ils subissent depuis leur apparition jusqu'à l'état parfait. L'embryologie nous permet seule de résoudre certains problèmes anatomo-pathologiques (pathogénie du bec de lièvre) et de comprendre la persistance de certains organes, qui ne sont que des reliquats d'évolution (caroncule lacrymale, rudiment de la 3e paupière ou nictitante des oiseaux, appendice iléo-cæcal) ; elle donne souvent la clef de la production des monstres que la *tératologie* nous présente comme le résultat de soudures ou d'arrêts de développement pendant la période embryonnaire.

L'*anatomie appliquée* est celle qui traite des applications de l'anatomie à la médecine ou à la chirurgie. Pour cette étude le corps est divisé en *régions*, les régions en *couches*, et on y décrit les rapports des couches et des parties de couches entre elles. Etant donnée une région, une étendue quelconque de la surface du corps, on détermine les parties qui y correspondent à différentes profondeurs et l'ordre de leur superposition. On l'appelle aussi *anatomie topographique* ou *des régions* et sa connaissance est surtout utile au chirurgien pour les membres, au médecin pour le tronc : on devrait l'appeler *anatomie médico-chirurgicale*.

Ici nous ne nous occuperons que de notions élémentaires d'anatomie descriptive de l'homme avec quelques indications sur les autres divisions de l'anatomie, principalement sur l'histologie.

Article II. — Idée générale du corps de l'homme

Nous allons donner une idée d'ensemble de la structure du corps de l'homme destinée à éclairer l'esprit en nous montrant le chemin à parcourir et le but à atteindre pour l'étude que nous entreprenons.

Peau. — L'homme est entièrement recouvert par un *tégument externe, la peau,* qui est moulée sur le corps et présente comme dépendances les ongles et les poils : aux ouvertures naturelles, il y a réflexion de ce tégument externe, avec changement dans sa structure, pour former les *membranes muqueuses* qui constituent le *tégument interne* ; ce qui a fait dire à de Blainville que l'homme était une peau retournée : cette comparaison est surtout facile à saisir dans les espèces inférieures où, entre la peau et le tube digestif, il n'y a presque rien (chenilles) ; mais la composition des parties intermédiaires se complique de plus en plus chez l'homme et il s'y forme des cavités ayant une communauté d'origine.

Au-dessous de la peau, le *tissu cellulo-graisseux* remplit les vides, arrondissant les formes surtout chez la femme. Plus profondément, dans quelques régions seulement chez l'homme, on trouve des *muscles peauciers* réduits chez lui à l'état de vestiges, au cou et à la face, servant à l'expression des émotions ; chez quelques grands animaux, ils doublent la peau partout (hérisson) et chez les animaux inférieurs (sangsue), ils constituent tout l'appareil locomoteur. Dans les couches profondes du tissu cellulaire sous-cutané, on trouve les *veines* et les *lymphatiques* superficiels aboutissant de distance en distance à des *ganglions* réunis par groupes.

Muscles. — La peau et le tissu cellulaire sous-cutanés enlevés, on trouve à la périphérie une toile résistante, l'*aponévrose générale d'enveloppe*, recouvrant une masse de chair rouge, constituée par des *muscles* distribués en plusieurs couches, formant des masses distinctes, portant chacun un nom spécial et d'action distincte, que séparent des feuillets partis de la face interne de l'aponévrose générale d'enveloppe et qui constituent à chaque muscle son aponévrose spéciale.

Os. — Au centre sont les *os*, véritables colonnes de soutien qui forment la charpente du corps.

Vaisseaux et nerfs. — A leur voisinage sont cachés profondément les gros *vaisseaux* et les *nerfs*. Telle est la structure des *membres*.

Viscères. — Pour le tronc, la disposition est la même ;

mais, plus profondément, sont des cavités tapissées par des membranes minces, transparentes, humectées de sérosité et appelées *membranes séreuses*. Dans ces cavités, se logent des organes à structure complexe, appelés *viscères*.

Organes. — Le corps de l'homme est composé d'*organes* (ὄργανον, instrument), différents de structure et d'usages, mais réunis pour un but commun et double : la conservation de l'individu et de l'espèce.

Fonction. — Pour ce résultat définitif ils sont disposés en groupes, dont chacun a une fin déterminée appelée *fonction*.

Appareil. — La série des organes concourant a une même fonction s'appelle un *appareil*.

Pour la conservation de l'individu, il y a 2 sortes d'appareils : les *appareils de relation*, destinés à mettre l'individu en relation avec ses semblables ou d'une façon plus générale avec le monde extérieur ; les *appareils de nutrition*, destinés à maintenir le statu quo de l'organisme et à favoriser son développement, à entretenir la vie et à fournir à l'évolution de l'individu.

Les appareils de relation se divisent en deux appareils ; l'appareil de *sensation* et l'appareil de *locomotion*.

Appareil de sensation. — Il se compose des *organes des sens*, des *nerfs*, du *cerveau* et de la *moelle épinière*.

Les *organes des sens* comprennent : 1° l'organe du *toucher*, localisé dans la peau, qui jouit d'une sensibilité spéciale appelée *tact* ; la peau mobilisée par la volonté est amenée au contact des corps extérieurs et apprend ainsi à les reconnaître eux et leurs propriétés. C'est le sens primordial, chargé en partie de l'éducation des autres et c'est pourquoi une main fine, agile, au tact délicat, entraîne presque toujours, chez la personne qui en est pourvue, une intelligence plus ouverte ou plus accessible à l'assimilation ; 2° l'organe du *goût*, qui siège dans la bouche, mais apprécie seulement les substances salées, sucrées et amères ; 3° l'organe de l'*olfaction*, qui réside dans le nez, sur le courant d'air inspirateur et expirateur ; c'est avec le nez qu'on goûte la plupart du temps comme le montre l'abolition du goût dans le coryza ; 4° l'organe de l'*ouïe*, qui, placé dans l'oreille, perçoit les sons résultant des vibrations différentes de l'air ambiant ; 5° l'organe de la *vue*, formé par l'œil, véritable appareil de physique adapté pour percevoir les ondes vibratoires lumineuses.

Ces organes reçoivent les impressions du dehors et les transmettent au cerveau qui les coordonne ; quatre de ces organes sont très près de la face, sentinelles avancées qui reçoivent des impressions rapides et précises transmises immédiatement au système nerveux central par des nerfs courts.

Les *nerfs* sont des cordons blancs fasciculés, dont une extrémité est dans l'organe et l'autre dans les centres nerveux, *cerveau* et *moelle épinière*. L'organe des sens représente l'appareil récepteur, le nerf le fil électrique centripète allant aux postes centraux, centres nerveux, qui analysent la dépêche et transmettent des ordres par d'autres nerfs centrifuges, semblables aux précédents, se rendant le plus souvent aux muscles. Ces nerfs souvent réunis sous les mêmes gaines (fil divers d'un câble sous la même enveloppe) constituent le *système nerveux périphérique*, tandis que le cerveau et la moelle constituent le *système nerveux central*.

Appareil de locomotion. — Il est composé : d'une partie active contractile, *les muscles*, terminés par des *tendons*, réunissant en un seul point la somme des puissances des fibrilles musculaires ; d'une partie passive, les *os*, véritables leviers, formant la charpente du corps et dont les extrémités constituent par leur contact les *articulations*, dans lesquelles on distingue des *cartilages* de revêtement compressibles, élastiques, diminuant les chocs, lubréfiés par la *synovie*, liquide onctueux facilitant le glissement des surfaces, sécrété par des *membranes synoviales*. Enfin des *ligaments* réunissent les os constitutifs d'une même articulation.

Appareil de nutrition. — Il est composé : 1° de l'*appareil digestif*, formé par un tube ou canal alimentaire composé d'une série d'organes : la bouche, le pharynx, l'œsophage, l'estomac, l'intestin divisé en intestin grêle (duodénum, jéjunum, iléon) et gros intestin (cæcum, côlon, rectum). A ce long tube replié sont annexés : le foie, glande sécrétant la bile, occupant le côté droit et supérieur du ventre ; la rate, pendant du foie à gauche ; le pancréas sécrétant un fluide, le suc pancréatique, qui passe dans le duodénum par un conduit touchant celui de la bile ;

2° de l'*appareil absorbant*, dont les racines sont représentées par le chylifère central qui occupe le milieu des innombrables *villosités* qui tapissent tout l'intestin grêle principalement. C'est là l'origine des *vaisseaux chylifères* ou *lactés*, conduisant finalement dans le système veineux es substances alimentaires pompées au niveau des villosités, après avoir en route traversé des organes en forme de haricot, les *ganglions lymphatiques*, représentant des sortes de lacs sur le trajet des vaisseaux ;

3° de l'*appareil artériel*, commençant par un gros vaisseau, l'*aorte*, partant du ventricule gauche, d'où émanent des divisions secondaires, *artères* diverses, portant dans tout le corps le sang rouge entretenant la chaleur et la vie ;

4° de l'*appareil veineux* qui, comme le système lymphatique général, prend sa source partout, recueillant les produits de désassimilation à rejeter et les produits d'assimilation à incorporer. Il se compose des *veines* coupées de valvules et aboutissant aux deux veines caves supérieure et inférieure pour rapporter le sang des régions supérieure et inférieure du corps. Les veines caves se terminent au *cœur*, centre de la circulation, muscle creux à 4 cavités, 2 à droite, l'oreillette et le ventricule droits et 2 à gauche, l'oreillette et le ventricule gauches ;

5° de l'*appareil respiratoire*, consistant en 2 sacs spongieux situés à droite et à gauche du cœur, remplissant la poitrine : les *poumons*. Ils reçoivent l'air par la *trachée artère*, conduit commun surmonté de l'organe vocal le *larynx* et communiquant au dehors par les cavités buccale et nasale ;

6° de l'*appareil urinaire*, se rattachant aux appareils de nutrition et composé des *reins*, qui sécrètent l'*urine*, des *uretères*, qui la conduisent dans un réservoir, la *vessie*, d'où elle est expulsée périodiquement par l'*urètre*.

Appareil de reproduction. — Il est appelé aussi *générateur* en raison de sa fonction; il est différent dans les deux sexes.

Chez l'*homme*, il est constitué par le *testicule* sécrétant le *spermatozoïde*, partie essentielle fécondante du *sperme*, qui est conduit par les *canaux déférents* dans un réservoir les *vésicules séminales*, d'où les *conduits éjaculateurs* le déversent dans le canal de l'urètre. La *prostate* et les *glandes de Cowper* ou *de Méry* sont des glandes annexes, dont la sécrétion sert à diluer le sperme ; la *verge* porte le liquide fécondant dans les organes génitaux de la femme.

Chez la *femme*, on trouve une glande également à sécrétion cellulaire, l'*ovaire*, produisant l'*ovule* ou germe qui chemine dans les *trompes utérines* jusque dans l'*utérus* ou *matrice* dans laquelle l'œuf fécondé séjourne et se développe pendant 9 mois. Le *vagin*, conduit essentiellement dilatable, qui fait suite à l'utérus et se termine à la vulve, reçoit la verge pendant la copulation et le sperme éjaculé, et laisse passer le produit de la conception au moment de l'accouchement.

Article III. — Notions générales de physiologie

Définition. — *La physiologie* (φύσις, nature) est la science qui s'occupe des phénomènes que présentent les organismes vivants. Elle étudie les fonctions des organes et des tissus ; elle les considère à l'état dynamique, tandis que l'anatomie les voit à l'état statique.

Les phénomènes que présentent les organismes vivants étaient jadis regardés comme impénétrables et leur production comme due à l'action de causes impossibles à localiser et de nature immatérielle. Les mots *principe vital*, *esprit*, *âme physiologique* étaient employés pour cacher le néant des explications scientifiques possibles à leur égard. Cependant la *chimie* moderne avec Lavoisier, un Français, a montré que les phénomènes que présentent les êtres vivants sont des *phénomènes physico-chimiques*, semblables à ceux que nous montrent les corps bruts. Ainsi la chaleur et la combustion animales rappellent ce qui se passe dans nos foyers : l'oxygène de l'air brûle les matières organiques pour donner comme résultante de la chaleur et comme résidu de l'acide carbonique et de la vapeur d'eau. La physique et la chimie ne résolvent pas encore, tant s'en faut, à l'heure actuelle, tous les phénomènes vitaux, mais ils permettent de les localiser, de les rattacher à un substratum organique sans avoir besoin d'invoquer quelque chose de mystique.

Des travaux entrepris dans cette voie par Bichat, puis par Magendie et enfin surtout par Claude Bernard, ont démontré, pour un certain nombre d'actes élémentaires de l'organisme, la nature physico-chimique de leur essence, c'est-à-dire des phénomènes intimes dont les éléments anatomiques sont le siège.

Ainsi la respiration consiste essentiellement dans la fixation de l'oxygène sur l'hémoglobine du globule rouge ; l'empoisonnement par l'oxyde de carbone résulte de ce que ce gaz se fixe sur l'hémoglobine et ne permet plus d'imprégnation ultérieure par l'oxygène du globule rouge, qui devient dès lors inutile pour la circulation. Voilà des phénomènes exclusivement vitaux expliqués très simplement par la chimie qui peut reproduire l'expérience avec des cristaux d'hémoglobine et les gaz O et CO. — En zoologie, nous voyons certains poissons produire de l'électricité, comme une pile ou un accumulateur dans nos laboratoires de physique.

Ces propriétés physico-chimiques n'entrent en jeu que dans certaines circonstances déterminées par l'impulsion du milieu extérieur, dont nous sommes bon gré mal gré tributaires (*fatalisme*); ces excitants des phénomènes physico-chimiques agissent sur les corps animés et les corps bruts ; il n'y a pas plus de spontanéité dans les propriétés vitales qu'il n'y a de forces particulières pour les régir. Tous nos actes, même les plus autonomes, ne sont guère que le résultat d'influences extérieures ou intérieures, la plupart du temps ignorées, auxquelles nous avons été soumis nous ou nos ascendants : nous sommes régis par le *déterminisme*.

Physiologie générale et physiologie spéciale. — De

même qu'il y a une anatomie générale et une anatomie spéciale, il y a une *physiologie générale* et une *physiologie spéciale.*

La *physiologie générale* étudie les fonctions des éléments anatomiques et des tissus ; exemples : la fonction du globule rouge, la fonction des épithéliums.

La *physiologie spéciale*, la connaissance des fonctions des organes, est de date ancienne et commence à Galien ; la physiologie générale est récente comme l'anatomie générale elle-même. Ainsi, par exemple pour la respiration on a jadis déterminé le rôle de la glotte, du diaphragme, du poumon ; mais l'essence même du phénomène c'est l'arrivée de l'oxygène au globule, qui, entraîné par le torrent circulatoire, transportera cet oxygène au contact de tous les tissus de l'économie. Or, ainsi considéré, le phénomène sera en même temps très général, car tout se passera de même pour l'intimité de la fonction que l'animal respire par un poumon ou une branchie, etc.

L'étude des mécanismes fonctionnels est du domaine de la physiologie spéciale, celle des phénomènes élémentaires est du domaine de la physiologie générale, créée en grande partie par notre illustre Claude Bernard. Mais dans les deux cas, c'est toujours à des phénomènes mécaniques physico-chimiques qu'on aboutit en dernière analyse : ainsi la circulation ressortit à la mécanique, l'œil est un appareil de physique, etc.

Il n'y a pas à proprement parler de phénomènes vitaux, mais bien des *procédés vitaux.* D'après l'exemple du globule rouge, nous voyons que c'est dans les éléments anatomiques primaires qu'on doit étudier les manifestations intimes de la vie, c'est-à-dire dans les cellules ou leurs dérivés. L'*anatomie et la physiologie cellulaires* doivent donc constituer la *première étape de nos études*, puisqu'elles nous donnent la *clef des causes intimes de la vie.*

Article IV. — Notions de micrographie

L'importance même des résultats que fournit à l'anatomie, à la physiologie et à la médecine la connaissance des fins éléments constitutifs de l'organisme explique l'engouement justifié que les savants de notre temps ont eu pour leur étude si féconde. Mais ces éléments à formes multiples, dont l'agrégat constitue le corps humain, sont généralement de très petite dimension et leur configuration extérieure, leurs limites, ne peuvent être appréciées à l'œil nu qui ne saurait les voir à cause de leur ténuité. C'est seulement à l'aide du *microscope*, aidé de *réactifs* chimiques, qu'on pourra faire cette *histologie* (ἱστός, tissu), ou étude des tissus que forment par leur groupement les organites microscopiques qui composent le corps de l'homme.

§ 1er. — *Le Microscope.*

Appareil instrumental. — *Le microscope* est un instrument composé de lentilles bi-convexes ou plan convexes.

Le microscope ou plus exactement le *microscope composé*, est un instrument composé essentiellement de deux lentilles bi-convexes ou plan convexes (ou plus réellement de deux jeux de lentilles), l'*objectif* et l'*oculaire*.

L'objet à examiner placé près du foyer de la lentille objective, mais *au delà*, donne de l'autre côté une image, réelle, agrandie, renversée, que l'on peut recevoir sur un écran. Si l'objet se rapproche du foyer, l'image grandit et s'éloigne ; c'est l'inverse quand il s'en écarte. Tel est le *microscope à projections*, tel est l'*objectif du microscope* ordinaire.

La lentille oculaire est une loupe analogue à la *loupe des liseurs* ; un objet ou une image d'objet placée près, mais *en deçà* de son foyer principal, donnera à l'œil placé derrière une image agrandie encore, mais de même sens et virtuelle. L'*oculaire du microscope* est donc en somme une loupe avec laquelle on regarde, au lieu d'un objet, l'image réelle agrandie renversée de l'objet à examiner.

Finalement, c'est donc l'image virtuelle droite agrandie de l'image réelle renversée et agrandie de l'objet qui est perçue par l'œil que regarde dans le microscope et le *grossissement* total du microscope est égal au produit du grossissement de l'objectif multiplié par le grossissement de l'oculaire.

Le microscope, pour peu que le grossissement soit élevé, regarde de très près et la lentille objective touche presque l'objet, sur lequel les rayons lumineux n'arrivent plus en quantité suffisante. L'objet doit donc alors être éclairé par la lumière transmise au moyen d'un miroir et il doit être transparent, ou tout au moins être débité en tranches suffisamment minces pour être translucides. On place l'objet dans un liquide ayant à peu près la même réfringence, entre deux plaques de verre, l'une épaisse, le *porte-objet,* l'autre mince, le *couvre-objet.*

Pour recueillir les rayons lumineux divergeant de la normale au sortir de l'objet pour gagner l'objectif, surtout les plus divergents qui viennent précisément des contours de l'objet, on emploie des objectifs à grand angle d'ouverture (l'angle d'ouverture d'un objectif est l'angle formé par les deux rayons les plus divergents que puisse encore utiliser la lentille) ou bien on interpose avec des *objectifs à immersion,* construits spécialement à cet effet, une goutte d'huile de cèdre entre la lentille et le couvre-objet.

Le miroir qui sert à l'éclairage des objets peut être disposé de telle sorte que les rayons traversent verticalement l'objet ou lui arrivent obliquement ; dans cette dernière position, l'éclairage oblique substitué à l'éclairage direct donne moins de clarté, mais plus de netteté et fournit une sensation de relief.

La *description mécanique du microscope* se résume en un corps formé de deux tubes qui glissent à frottement l'un dans l'autre comme les tubes d'une lorgnette. Le tube supérieur reçoit l'oculaire qui s'y coule et l'inférieur l'objectif qui s'y visse.

Ce corps glisse à frottement doux dans un coulant fixé par un bras horizontal à une colonne mobile, que la vis micrométrique fait monter ou descendre relativement à la colonne fixe qui en occupe la partie inférieure et se termine sur un pied en fer à cheval très lourd.

La colonne fixe supporte la platine, surface plane horizontale destinée à recevoir le porte-objet, munie d'un valet à ressort fixateur de la lame et percée en son centre d'un trou par où passeront les rayons lumineux d'éclairage transmis par un miroir mobile dans tous les sens, fixé lui aussi sur la colonne fixe, au-dessous de la platine.

Emploi du microscope. — Pour faire du microscope, on se place sur une table solide, sans trépidation, située devant une fenêtre sans rideaux tournée au nord. On dépose la préparation sur la platine et on l'éclaire avec le miroir en regardant dans l'objectif en se servant tantôt d'un œil, tantôt de l'autre pour éviter la fatigue visuelle.

Pour le travail du soir, on se servira d'une lampe à pétrole à large flamme et, pour éviter la teinte jaune qui ne permettrait pas d'observer des images nettes, on collera provisoirement avec des boulettes de cire au-dessous de la platine un morceau de verre bleu de cobalt, que traverseront ainsi les rayons réfléchis par le miroir.

Pour avoir une image nette, il faut faire la *mise au point* qui s'effectue en approchant l'objectif presque au contact de la lamelle en faisant glisser le corps du microscope dans le coulant, puis en l'éloignant graduellement jusqu'à ce qu'on aperçoive l'objet grossièrement ; on terminera la mise au point avec la vis micrométrique, dont les mouvements à droite ou à gauche font descendre ou monter très lentement le corps du microscope.

Si l'objectif est trop éloigné de l'objet, l'image se forme trop bas dans le tube et la loupe oculaire ne peut la saisir ; trop rapproché, l'image s'éloigne et se forme au delà de l'oculaire. Pour la saisir, il faudrait éloigner l'oculaire, ce qui peut se faire en tirant le tube supérieur du corps qui glisse dans l'inférieur, mais ce procédé, qui donne d'ailleurs un grossissement plus considérable, enlève de la lumière, ce qui nuit à la netteté et, par suite, on l'emploie rarement.

Pour voir successivement tous les plans qui constituent l'épaisseur d'un objet, il faut donc tourner la vis d'une quantité proportionnelle à cette épaisseur. C'est donc par le doigt, par le toucher, que le micrographe juge de l'épaisseur des objets.

§ 2. — *Technique et réactifs microscopiques.*

Technique histologique. — La préparation des objets microscopiques, la technique histologique, ne peuvent guère s'apprendre que dans un laboratoire, cependant avec un peu de persévérance et un bon ouvrage élémentaire, on peut arriver à faire des préparations suffisamment nettes pour se faire une idée assez claire de cette partie de la science anatomique.

Supposons, par exemple, qu'on veuille regarder au microscope une aile de mouche, il y a lieu de *monter* la pièce, c'est-à-dire de la déposer sur une lame au milieu d'une goutte de glycérine, puis de recouvrir d'une lamelle. En effet, on n'examine rien à sec, excepté les lamelles d'os et de dents dans lesquels l'air infiltré dans les ostéoplastes ou les canalicules dentinaires fait l'office d'une injection qui dessine en noir les fins espaces vides. Le *montage* effectué, on fait l'*éclairage* de la pièce en orientant le miroir de telle sorte qu'il renvoie sous elle un pinceau de lumière, mais pas les rayons solaires directs qui fatigueraient l'œil. C'est pourquoi la table de travail doit être placée devant une fenêtre exposée au nord. Nous avons déjà parlé de la *mise au point*, en indiquant le moyen recommandé aux commençants pour ne pas écraser la préparation et qui consiste à mettre l'objectif presque au contact de la lamelle pour l'en écarter ensuite graduellement jusqu'à ce qu'on aperçoive l'objet. Si l'objet est petit, on fait circuler la lame jusqu'à ce que son interposition dans le *champ* lumineux le rende sombre et décèle sa présence dans la bonne direction. Quant au choix de l'objectif, c'est une erreur de croire qu'on voit plus avec un fort grossissement ; avec un n° 6, par exemple, on ne voit qu'un poil et on ne sait pas à quoi on a affaire. Il faut examiner avec des grossissements successifs en commençant par les plus faibles qui donnent la vue d'ensemble.

Pour apprécier la valeur d'un microscope, on se sert de *test objets* ou objets d'épreuve (diatomées, écailles de papillon) qui montrent des fines raies qui ne peuvent être aperçues qu'avec les forts grossissements d'un microscope dont les lentilles sont nettes, claires et *définissent* bien, comme on dit.

La poussière est l'ennemie du micrographe ; une plaque de verre bien calée sur de la ouate avec interposition d'un papier avec des segments de couleur différente sera très commode pour bien voir les coupes multicolores à transporter. Cette table ne doit pas être encombrée, elle doit avoir un tiroir et un léger rebord pour que les instruments ne roulent pas à terre. Le microscope, toujours pour éviter la poussière, sera, dans les intervalles des études, recouvert d'une cloche de verre, ainsi que les différentes préparations en cours.

Les lamelles et les lames seront conservées dans des boîtes et nettoyées après l'usage par l'acide azotique et l'alcool ; pour essuyer les lamelles, on les frotte délicatement entre les 2 faces d'un linge tenu entre le pouce et l'index.

Réactifs. — Le micrographe doit avoir à portée de sa main un certain nombre de *réactifs* ; les flacons ordinaires se renversent et sont à la poussière. On peut se procurer le *nécessaire de Ranvier* ou bien fabriquer soi-même un nécessaire analogue en prenant un pot à confitures dans lequel on place debout des flacons de 8 gr. par exemple, dans lesquels plongent des compte-gouttes formés d'un tube de verre effilé à un bout à la lampe et dont l'autre extrémité est enfoncée dans un tube de caoutchouc de 2 ou 3 centimètres de longueur, fermé à l'autre extrémité par un bouchon de liège coupé au rasoir. Un autre pot de verre renversé sur le premier met le tout à l'abri de la poussière dans l'intervalle des heures du travail.

Pour éviter le dessèchement des préparations du jour au lendemain, on a besoin d'une *chambre humide*, que l'on peut réaliser simplement avec une assiette contenant un peu d'eau sur le fond de laquelle reposera une étagère en fil de fer ou en bois, le tout recouvert d'une cloche de verre.

Coupes. — Pour obtenir des *coupes* suffisamment minces de 1/20 à 1/40 de millimètre d'épaisseur, on se servira d'un rasoir ordinaire mouillé d'eau ou d'alcool et, à *main levée*, tenant la pièce entre le pouce et l'index, on fera avec un peu de légèreté de main et d'habitude des tranches minces et bien horizontales. Si l'objet à couper est de petit volume, on le tiendra entre deux morceaux de moelle de sureau coupée longitudinalement selon un diamètre.

Si on manque d'habitude, ou si l'objet à sectionner est volumineux (moelle épinière, par exemple), on se servira pour obtenir de larges coupes bien planes et à surfaces bien parallèles d'un *microtome*, dont il existe une foule de modèles, mais dont le plus simple, suffisant pour les études élémentaires, est celui de Ranvier. C'est un tube, terminé à une extrémité par une plate-forme, d'où l'objet qui le remplit est chassé par un piston dont la tige, vissée dans une plaque qui ferme l'autre extrémité, se meut très lentement. On tourne la vis et l'objet calé dans le tube par de la moelle de sureau, ou inclus dans la paraffine coulée autour, est poussé et déborde d'autant la plate-forme. On rabote avec un rasoir ce qui dépasse et on a ainsi une coupe. Pour que la vis ne fasse pas tourner en montant toute la masse cylindrique à raboter, on interpose entre elle et la masse une rondelle de liège entrant à frottement doux dans le cylindre inférieur.

Pour pratiquer des coupes dans les os, les dents, on se sert de scies, de meules, du tour des dentistes, de pierres d'émeri de grain de plus en plus fin, entre deux desquelles on use par frottement les coupes grossières primitivement obtenues.

Pour *dissocier* les éléments d'un tissu, on se sert d'*aiguilles montées*, les unes pointues, les autres plates, en s'aidant au besoin d'agents qui ramollissent la matière unissante, en conservant ou augmentant la solidité des éléments. On dissocie en employant les aiguilles au hasard, en déchiquetant dans une goutte d'eau, en frottant avec un pinceau, le tout à l'œil nu, ou à la *loupe montée*. Cet instrument est tantôt une simple loupe portée par un pied, telle que l'on en trouve le plus souvent dans les boîtes des microscopes, tantôt un instrument à part formé d'une monture analogue à celle du microscope dans laquelle la branche horizontale de la potence est mobile verticalement comme dans le microscope et, en outre, peut s'allonger et se raccourcir et se déplacer à droite ou à gauche. La platine présente deux ailes latérales obliquement inclinées pour reposer les deux mains dans la dissociation et leur donner ainsi plus de sûreté dans leur action. Dans l'extrémité de la potence, on met un *doublet* ou sorte de loupe, dont on a ordinairement 2 ou 3 échantillons de grossissement gradué.

On peut encore dissocier avec un grossissement un peu plus fort sur la platine du microscope composé en se servant d'objectifs très faibles et en se souvenant que, par suite du renversement de l'image, il faut tirer quand on veut pousser et réciproquement.

La dissociation peut aussi être obtenue par des agents chimiques. L'altération cadavérique respecte les éléments et diminue leur cohérence. C'est pourquoi même dans les tumeurs non cancéreuses on peut obtenir du suc au raclage au bout de 24 heures. La coction dissout le tissu conjonctif (bœuf bouilli). Le sérum iodé (eau d'amnios et iode), l'alcool dilué au tiers, la solution d'acide chromique (2/10,000 centres nerveux, épithéliums), l'acide sulfurique concentré (cellules des ongles, poils), l'acide azotique (fibres musculaires), favorisent la dissociation.

On doit encore avoir à sa disposition des scalpels, des rasoirs, une pierre à repasser et un cuir, des ciseaux, des pinces, des pinceaux pour transporter les coupes et les étaler, une lampe à alcool, des verres de montre, des soucoupes, des étiquettes gommées, du carton bristol, des épingles, etc.

Les coupes font voir dans une section mince transparente de tissus les éléments anatomiques dans leurs rapports mutuels. Leur importance est de premier ordre. Or, pour obtenir une coupe mince d'un tissu, il faut que celui-ci ait une consistance ferme sans dureté. Quelquefois la consistance voulue est naturelle comme pour les reins, le cartilage ; le plus souvent, il faut employer une technique spéciale. Les os, les dents doivent être ramollis, décalcifiés par des acides (a. chromique, a. picrique en solution saturée, a. chlorhydrique étendu). La plupart des tissus ont besoin d'être durcis par des moyens physiques (dessiccation, congélation) ou chimiques (a. chromique à 5/1,000, liquide de Müller, acide osmique à 1 pour 100, etc.), dont les deux plus importants sont le durcissement par la gomme picrique et l'alcool.

Le *durcissement par l'alcool absolu* s'obtient en débitant la pièce en fragments qui n'excèdent pas 1 centimètre cube et en la mettant dans l'alcool à 90° pendant une heure, plus 3 heures dans l'alcool absolu dans un flacon qu'on porte dans sa poche pour éviter la déconcentration locale du bain. Ce procédé rapide, excellent pour les pièces de petit volume, permet ensuite pour les coupes une bonne élection des matières colorantes.

Le durcissement par la *gomme, l'acide picrique et l'alcool* s'effectue en débitant la pièce en fragments n'excédant pas 2 centimètres de côté. On les plonge 24 heures dans l'alcool ordinaire, qui enlève l'eau de combinaison et fixe la forme des éléments. De là on les met dans une solution saturée d'acide picrique qui enlève l'alcool et continue à durcir. Puis on les place quelques jours dans une solution sirupeuse de gomme dans l'eau saturée d'acide picrique. La gomme s'infiltre partout ; on laisse égoutter la pièce, puis on la plonge dans un bain d'alcool absolu jusqu'à durcissement suffisant. L'alcool coagule la gomme, ce qui fait une charpente donnant de la fermeté. Les pièces ainsi durcies sont conservées dans l'alcool ordinaire.

Quand on examine une coupe, surtout quand on débute en histologie, tout y est pareil et semble indéchiffrable.

Soit une coupe de peau : à première vue, on ne distingue qu'une surface opaque divisible en 2 couches sans détails. Si on ajoute une goutte d'a. acétique, la coupe devient transparente et les détails deviennent visibles (épiderme, derme). Si avant de mettre l'a. acétique, on colore par le carmin, les cellules profondes de l'épiderme et celles du derme colorent leurs noyaux. Sans la chimie microscopique, les éléments passeraient inaperçus. Jusqu'à l'emploi des *réactifs microscopiques*, on ne voyait rien de net, ce qui a longtemps jeté de la défaveur sur les études micrographiques. On peut donc dire que les procédés chimiques, la technique microscopique, sont de première importance et que les découvertes et les perfectionnements de la micrographie sont en raison du perfectionnement des manipulations pratiques. Ainsi un nouveau procédé de coloration est le plus souvent la raison de la fixation et de la découverte d'une nouvelle espèce microbienne.

Les *réactifs* sont les uns *isolants*, détruisant le ciment intercellulaire (alcool au tiers), les autres *colorants*, rendant ainsi visibles certains éléments, qui sans cela ne seraient pas distincts du reste, car l'élection pour les couleurs n'est pas la même pour tous les éléments (le carmin colore le protoplasma et surtout le noyau, l'acide osmique colore la graisse en noir), les autres *altérants* débarrassent un tissu de certains éléments et rendent ainsi les autres plus visibles (décalcification d'un tissu par un acide étendu, enlèvement de la graisse par l'éther) ; les autres *durcissants*, comme nous l'avons vu pour les coupes ; enfin les autres *inoffensifs* tels que le sérum (eau de l'amnios, humeur aqueuse de l'œil de grenouille), dans lequel d'ailleurs baignent normalement les éléments anatomiques. Un même réactif peut d'ailleurs, suivant sa concentration, rentrer dans l'une ou l'autre des catégories précédentes.

L'*eau* distillée filtrée sert à déplisser les coupes, à diluer les mucus ; la *glycérine* sert à monter les coupes pour leur donner de la transparence ; l'*alcool* absolu durcit ; l'alcool au tiers isole, en durcissant les éléments par son alcool et en dissolvant le ciment par son eau ; l'*acide acétique* est isolant à 2 pour 100 par exemple, en gonflant les fibres lamineuses dans le tissu conjonctif, et durcissant à 5 pour 100, pour disséquer les acini d'une glande : il fait apparaître les noyaux cellulaires et fixe sur eux le carmin ammoniacal.

L'*acide chromique* est, suivant la dose, inoffensif (1/5,000), isolant (1/2,500), altérant (1 pour 100), durcissant (de 1/500 à 1 pour 100). Le bichromate de potasse a une action analogue ; la liqueur de Müller (bichromate de potasse 2, sulfate de soude 1, eau 100) sert à durcir les pièces. L'acide picrique sert à fixer, à durcir et même à décalcifier les petites pièces ; l'*a. phénique* empêche les moisissures ; la *potasse* et la *soude* servent à dissocier les cellules cornées de l'épiderme ; l'*a. osmique* colore les graisses en noir, durcit et fixe les petits animaux (infusoires). Les essences diverses, principalement l'*essence de girofles*, éclaircissent les coupes; le *baume du Canada* sert à les monter.

Les *agents colorants* font ressortir certains éléments en les teignant différemment, tandis que d'autres sont réfractaires. Ainsi le picro-carmin teint en jaune les vieilles cellules épithéliales et en rose les jeunes et leurs noyaux. Les coupes ne se colorent pas de la même façon, suivant que la pièce a été conservée ou durcie par tel ou tel réactif. Ainsi avec l'alcool l'élection pour les matières colorantes est bien conservée, tandis qu'elle est difficile avec l'a. chromique.

La *teinture de carmin* est très usitée pour colorer le protoplasma, les noyaux, les cylindre-axes des tubes nerveux, etc. On broie 1 gramme de carmin n° 40 avec 100 grammes d'eau et on ajoute goutte à goutte de l'ammoniaque jusqu'à solution ; on laisse ensuite évaporer l'ammoniaque en excès, qui gonflerait les tissus, en exposant la solution dans une assiette. Pour avoir une bonne élection, il faut employer une solution faible et la laisser agir longtemps. On lave ensuite la coupe à l'eau, puis à l'eau acétique qui fixe le carmin en le précipitant de sa solution et on monte dans la glycérine acidifiée par 1 pour 100 d'acide formique.

Le *picro-carminate d'ammoniaque*, ou *picro-carmin* de Ranvier, a une propriété élective double, jaune et rouge, comme nous l'avons vu pour la coupe de peau, où la couche cornée est jaune, les cellules du corps muqueux sont teintes en rouge et le derme en rose. Pour le préparer, on verse dans de la solution saturée d'acide picrique du carmin dissous dans l'ammoniaque jusqu'à saturation, puis on évapore à l'étuve aux 4/5 ; il se dépose des cristaux peu riches en carmin, qu'on sépare par filtration. L'évaporation des eaux mères donne le picro-carmin solide sous forme d'une poudre d'un rouge d'ocre d'ocre dont la solution à 1 pour 100 est habituellement employée.

On emploie encore, en micrographie, une foule d'autres réactifs colorants. Nous citerons seulement à titre d'exemples l'hématoxyline, dont la belle couleur violette met en évidence les noyaux et les cellules épithéliales; le bleu de quinoléine, qui colore la graisse en bleu; l'iode réactif de la matière glycogène et amyloïde, dont la solution aqueuse teint en jaune le protoplasma, coloration fugace d'ailleurs employée fréquemment par les premiers micrographes; l'acide osmique, qui colore en noir la graisse et la myéline; la série des couleurs d'aniline telle que la fuchsine ou rouge d'aniline, le bleu d'aniline, etc. qui teignent particulièrement la cellulose, d'où leur emploi constant en histologie végétale et par suite pour l'étude des champignons et des algues pathogènes, les cocci et les bacilles divers, englobés sous la dénomination générale de microbes. Dans la recherche et la diagnose de ces infiniment petits, les colorations ont une telle importance que de la découverte d'un nouveau réactif ou d'un nouveau procédé de technique dépend souvent une conquête scientifique nouvelle.

Les *imprégnations* ont au contraire pour but de colorer spécialement la matière intercellulaire des épithéliums, de révéler les interstices des minces cellules endothéliales qui tapissent la face interne des vaisseaux sanguins ou lymphatiques, des séreuses, etc. On se sert de la sorte fréquemment pour cet usage d'une solution de nitrate d'argent à 1 pour 100, avec laquelle on arrose une séreuse préalablement tendue sur un orifice de bouteille par exemple et lavée à l'eau distillée pour nettoyer sa surface. Au moyen d'une pissette, contenant la solution argentique, on arrose la séreuse, jusqu'à ce qu'elle prenne une teinte blanchâtre, puis on porte au soleil. L'argent réduit se dépose dans les interstices cellulaires en les colorant en noir. On fixe l'épreuve avec une solution d'hyposulfite de soude à 2 pour 100, comme en photographie. Pour les glandes, on y pratique des coupes et on traite la section comme précédemment. Pour les vaisseaux, on y injecte la solution simple ou additionnée de gélatine.

Le chlorure d'or en solution à 1/200 colore en jaune paille et, en se réduisant, donne une coloration violette due au dépôt de l'or métallique ; on l'emploie pour étudier la moelle épinière et les terminaisons nerveuses.

L'acide osmique, en dehors de sa réduction en noir au contact des matières grasses, fixe les éléments dans leur forme, etc.

Injections. — Pour mettre en évidence les *vaisseaux*, comme en grosse anatomie macroscopique, on y pratique des *injections* colorées, mais transparentes. Pour pousser ces injections, on se sert rarement de seringues dont la pointe mal assurée transperce les fins vaisseaux, qu'on ne peut guère ligaturer sur la canule, ou dont la pression trop difficile à régler les fait éclater. Pour éviter le premier écueil, on adapte à la seringue un bout de caoutchouc rouge au noir, c'est-à-dire sans desquamation intérieure, terminé par une canule en verre effilée à la lampe, que l'on fabrique soi-même au calibre voulu ; pour éviter le second, on remplace la seringue par un appareil à pression continue, comme celui dont on se sert couramment aujourd'hui pour les injections abondantes de sérum artificiel ordinaire (sol. de chlorure de sodium à 7/1000) c'est-à-dire par un flacon à bouchon traversé par 2 tubes, l'un court, en rapport avec une poire d'insufflation, l'autre descendant jusqu'au fond du flacon, qui renfermera la solution à injecter, relié avec l'aiguille ou la canule d'injection. De cette façon, en pressant sur la poire insufflatrice, on effectuera à la surface du liquide injectable contenu dans le flacon, par l'intermédiaire de l'air, une pression qui fera sortir, en injection douce et continue, le liquide par la canule terminale. Si la masse à injection est solide à froid (sol. de gélatine colorée), on placera le flacon dans un vase contenant de l'eau chaude.

Les masses à injection sont tantôt obtenues par double décomposition de deux solutions de sels (par exemple une solution d'acétate de plomb et une de chromate de potasse donnant un précipité très ténu, jaune, de chromate de plomb), tantôt par simple mélange d'eau de glycérine et d'une solution colorante ne devant ni être opaque ni diffuser, le plus souvent une solution de gélatine, liquide à chaud, se prenant en gelée par refroidissement et colorée en rouge pour les artères par du carmin ammoniacal parfaitement neutre, en bleu pour les veines par du bleu soluble. Enfin, comme nous l'avons vu à propos des imprégnations, on injecte dans les vaisseaux des solutions simples ou gélatinées de nitrate d'argent, pour y déceler l'endothélium.

Montage des pièces. — Le montage des pièces préparées par un quelconque des procédés signalés précédemment s'effectue de diverses manières, suivant leur origine ou leur mode d'obtention. Ainsi par exemple, dans une pièce injectée, si on ne veut voir que les vaisseaux, on la montera dans un milieu résineux qui éclaircira tout tellement qu'on ne verra plus que les vaisseaux colorés. Si, au contraire, on veut voir la relation de ces vaisseaux avec le tissu ambiant, il faudra monter la pièce dans la glycérine. Enfin l'air est quelquefois nécessaire: par exemple pour les coupes d'os ou de dent où il s'infiltre dans les ostéoplastes ou les fibrilles dentinaires, en leur donnant une teinte noire équivalant à une injection de même couleur.

Supposons maintenant qu'on veuille faire le *montage dans un milieu résineux* d'une coupe de moelle épinière colorée au carmin : on commencera par enlever l'eau, qui louchirait la résine, au moyen d'une immersion dans un verre de montre contenant de l'alcool, puis de l'alcool absolu ; ensuite on éclaircira la pièce par l'*essence de girofle* une goutte sur la lamelle, dont on boira l'excès par un buvard ; enfin on transportera la coupe au milieu d'une goutte de *baume du Canada* déposée sur une lame puis chauffée et on recouvrira le tout d'une lamelle portant elle-même une goutte de baume chauffée. On peut opérer à froid avec du baume dissous dans le chloroforme dont on dépose une goutte sur la lame ; on transporte dans cette goutte la coupe éclaircie comme précédemment et on recouvre de la lamelle.

Cette dernière méthode est préférable pour les coupes

délicates, qui d'ailleurs nécessiteront souvent l'inclusion en cellules, comme nous le dirons tout à l'heure.

Le *montage dans les liquides* s'applique de préférence aux fines structures. Les *liquides conservateurs* doivent ne pas détériorer la pièce, ne pas la ratatiner, la décolorer ou la dissoudre. La glycérine est couramment employée à cet usage; pour les coupes colorées au carmin, on emploie la glycérine acidifiée par 1 pour 100 d'acide formique.

La coupe, retirée de l'eau sur un pinceau ou une aiguille montée, est séchée au papier buvard, puis déposée au centre d'une goutte de glycérine sur la lame et recouverte de la lamelle : l'excès de glycérine est pompé par du buvard.

On emploie aussi la glycérine gélatinée (parties égales de sol. concentrée de gélatine et de glycérine) légèrement chauffée, qui deviendra solide par refroidissement et donnera une préparation moins fragile. D'ailleurs pour avoir une préparation moins altérable, on la *lute* en la bordant soit avec de la *paraffine* que l'on prend et dépose avec un crochet de fer chauffé, soit avec de la cire à cacheter dissoute dans l'alcool que l'on étale au pinceau sur les bords de la lamelle, soit avec du bitume de Judée dissous dans l'essence de térébenthine que l'on trouve tout préparé dans le commerce chez les opticiens.

Avec ces mêmes produits qui servent à luter les préparations, on confectionne des *cellules* pour l'*inclusion* des coupes délicates que le poids de la lamelle pourrait écraser, surtout si on met une très petite goutte de glycérine, la capillarité intervenant pour rapprocher avec force la lamelle de la lame. Cette cellule peut être obtenue soit par une lamelle de verre percée d'un trou destiné à recevoir le liquide conservateur et la coupe, soit par une feuille de papier ou de carton perforée, soit plus simplement par 2 petites bandes de papier placées à droite et à gauche de la préparation, toujours de façon à limiter le rapprochement de la lamelle et de la lame. Mais on emploie plus souvent des cellules confectionnées au moyen de petits cercles de paraffine déposée avec la baguette chauffée comme précédemment, ou de cercles, ou de carrés dessinés avec le pinceau imbibé soit de cire à cacheter dissoute dans l'alcool, soit de la solution de bitume de Judée ; on confectionne ainsi des cellules plus ou moins profondes en donnant à la margelle une épaisseur plus ou moins grande suivant le nombre de couches successives dont on la formera. On trouve dans le commerce des lames portant toutes confectionnées des cellules d'une rondeur bien uniforme obtenues à la *tournette.*

La préparation ainsi montée et sertie sera étiquetée et conservée dans des boîtes à rainures en bois ou dans des tiroirs très peu profonds.

Le procédé le plus simple pour garder des coupes consiste à coller à chaque extrémité de la lame un morceau de bristol de la largeur de la lame sur lequel on pourra écrire la nature de la coupe et divers renseignements ; on placera ensuite simplement les coupes les unes sur les autres, les cartons interposés empêcheront le contact des lames et lamelles et il suffira de retourner la dernière en posant carton sur carton pour qu'on ait ainsi une pile de verres qu'on pourra rouler dans une feuille de papier servant à la fois d'enveloppe commune et d'étiquette générale. On pourra ainsi dans une boîte quelconque ou un tiroir garder des quantités considérables de préparations groupées par divisions et tenant une place très minime. On pourra de la sorte transporter facilement dans sa poche quelques-uns de ces paquets.

Examen des tissus vivants. — L'histologiste a aussi quelquefois à examiner des tissus vivants. Souvent alors la chaleur et l'humidité sont nécessaires ainsi que l'air. On trouve chez les marchands d'accessoires de micrographie des lames de verre superposées entre lesquelles sont ménagées des chambres où l'on peut entretenir l'humidité et l'aération et qui peuvent être incluses dans une platine creuse où circule l'eau chaude, C'est dans de telles chambres qu'on pourra étudier les mouvements amiboïdes des leucocytes, des cils vibratiles, etc. des animaux à sang chaud. Pour les animaux à sang froid, point n'est besoin de chauffer ; l'air et l'humidité suffisent. On pourra par exemple étudier la circulation dans son ensemble sur un petit poisson couché dans un verre de montre, la circulation locale dans les branchies externes d'un jeune têtard, dans la membrane interdigitale de la patte d'une grenouille ou mieux dans son mésentère en la fixant sur le dos sur une plaque de liège au moyen d'épingles traversant les membres, ouvrant le côté du ventre et étalant une anse intestinale sur la même plaque de liège percée d'un trou à ce niveau pour laisser passer les rayons lumineux quand on portera ce mésentère ainsi étalé sur la platine du microscope.

On examinera directement dans une goutte d'eau ordinaire les mouvements des cils vibratiles des branchies des mollusques; dans une goutte d'eau d'infusion, les infusoires qui la peuplent rapidement, etc.

Avant d'aborder les notions d'histologie que nous avons à donner ici, il est nécessaire de donner la signification de quelques *termes d'anatomie générale* qui nous serviront à définir l'histologie et à limiter son champ.

ARTICLE V. — HISTOLOGIE

§ 1er. — *Généralités.*

Définition. — Le mot *organe* (le rein, le tibia, l'artère fémorale, etc.) est un terme suffisamment connu pour se passer de définition ; plusieurs organes associés, concourant à un même but, forment un *appareil* (appareil de la digestion, appareil urinaire, etc.). Un *système* est l'ensemble de tous les *organes primaires* irréductibles et similaires (système musculaire, osseux) ; chaque système a sa matière, son tissu et il y a autant de tissus que de systèmes.

Les organes des animaux supérieurs sont complexes : ainsi un muscle, un os comprennent en dehors des fibres musculaires, de la substance osseuse proprement dite, du tissu conjonctif, des vaisseaux, des nerfs, etc., représentant l'association de plusieurs systèmes avec un prédominant. L'organe dans le sens courant du mot n'est donc pas un terme de même valeur que l'organe primaire, qui n'en représente qu'une partie, d'ailleurs essentielle et caractéristique, qui est mise en évidence seulement par l'analyse de l'organe complexe.

L'étude de l'organe primaire n'est autre que l'étude de son tissu et des éléments de ce tissu, c'est l'*histologie* qui comprend l'histo-anatomie qui s'occupe des éléments figurés et l'histo-chimie qui traite des principes immédiats ou éléments chimiques des tissus et des humeurs de l'organisme.

Principes immédiats histogénétiques. — Ils sont constitués par l'oxygène O, l'hydrogène H, le carbone C, l'azote Az, le soufre S, le phosphore Ph, le chlore Cl, le potassium K, le sodium Na, le calcium Ca, le magnésium Mg, le fer Fe, etc. qui par leur combinaison forment l'eau et les sels minéraux, l'acide carbonique et les sels organiques, les sucres et les graisses (composés ternaires), les matières azotées ou albuminoïdes (composés quaternaires). Ces principes immédiats composent la matière organisée vivante, dont la plus simple expression est le *protoplasma*, base de la vie dans les 2 règnes animal et végétal, partie essentielle, active, travaillante de l'élément anatomique. Le protoplasma résume en soi toutes les propriétés vitales qu'il synthétise. En effet, nous voyons au bas de l'échelle des êtres vivants, des animaux et des végétaux si simples qu'ils ne sont représentés que par une petite masse gélatineuse de protoplasma sans enveloppe (amibes, plasmodies des myxomycètes) qui cependant, comme un être plus élevé dans la série, possèdent la propriété de se nourrir (nutrilité), de se développer (évolutilité), de se reproduire (reproductibilité), de se mouvoir (motilité), de sentir (sensibilité).

On trouve soit dans l'économie, soit dans la nature, des masses protoplasmiques aussi simples, mais le plus habituellement ces organites prennent un *noyau* et le protoplasma granuleux s'entoure lui-même d'une paroi protectrice délimitant sa masse : c'est là une *cellule* vraie, car le terme cellule est plus général et n'implique pas nécessairement une *membrane d'enveloppe*, qui fait défaut dans tous les jeunes éléments et n'existe jamais chez un certain nombre d'éléments adultes. Il existe également des animaux et des végétaux unicellulaires simplement constitués par du protoplasma et une membrane d'enveloppe (infusoires, *palmella viridis*). D'autres êtres, un peu plus compliqués, sont formés d'une petite masse de cellules semblables.

Les animaux et les végétaux ne sont au début de leur développement qu'une cellule dont les divisions successives donnent d'abord un agrégat de cellules semblables formant un tissu homogène, dans lequel se produira plus tard la *différenciation des tissus*, qui aboutira à la production d'éléments souvent totalement dépourvus de ressemblance avec une cellule, mais qui sont cependant des *dérivés cellulaires* plus ou moins directs et qui seront dans l'organisme plus spécialement dévolus à telle ou telle propriété. Dans les êtres inférieurs, comme dans certains stades d'évolution embryologique des êtres supérieurs, on trouve donc des amas cellulaires d'égale valeur, qui, dans les degrés plus élevés de l'échelle ou dans les stades plus avancés d'évolution embryologique, se différencient pour s'adapter plus particulièrement à un but spécial, réalisant ainsi le grand principe de la division du travail.

§ 2. — *La Cellule.*

Cellule. — Elle peut être définie « une masse microscopique de matière organisée vivante (protoplasma) ayant une vitalité propre individuelle ; c'est un petit être indivisible irréductible, un organite centre de passion et d'action (Farabeuf). »

Eléments figurés. — Quand on analyse un être organisé, on voit qu'il est exclusivement constitué par des cellules ou des dérivés cellulaires. En effet, la matière organisée vivante est formée d'éléments figurés, cellules, fibres, réunis par un ciment interstitiel connectif. Tantôt la filiation cellulaire est évidente comme pour les cellules épithéliales, tantôt obscure, comme pour les fibres, mais, en somme, tout élément figuré provient directement ou indirectement d'une cellule par bourgeonnement (levure de bière), scissiparité (cas ordinaire) on peut-être par formation au milieu d'un blastême, qui, lui-même d'ailleurs, aurait une origine cellulaire.

Cette théorie cellulaire de la structure des êtres a mis cinquante ans à être édifiée (1800 à 1850).

La cellule complète, facile à étudier surtout dans les végétaux, est formée de 4 parties : 1° le corps cellulaire ou protoplasma ; 2° le noyau ; 3° le nucléole ; 4° la membrane d'enveloppe. Dans les jeunes cellules, la membrane d'enveloppe est mince, le protoplasma incolore, visqueux, finement granuleux avec un gros noyau. Dans les cellules plus âgées, la membrane d'enveloppe s'épaissit ; il se forme dans le protoplasma des vacuoles pleines de suc cellulaire qui vont en grossissant, se fusionnent et remplissent bientôt le centre de la cellule rejetant le protoplasma sous forme d'une mince enveloppe (utricule primordiale), qui tapisse la face interne de la membrane d'enveloppe et renferme en un point le noyau. Dans ce suc cellulaire, on trouve des produits fabriqués par le protoplasma (amidon, sucre, etc.).

Le protoplasma a d'ailleurs même composition et mêmes propriétés dans les 2 règnes ; c'est une substance albuminoïde, coagulable par la chaleur et les acides forts, soluble dans les alcalis, jaunissant par l'iode, etc.

Les *dimensions des cellules* sont très variables ; elles mesurent ordinairement de 10 à 30 μ (μ unité de mesure micrographique = 1 millième de millimètre).

Les *formes des cellules* sont très nombreuses, le plus souvent polyédriques par pression réciproque. On en trouve de sphériques (cellules embryonnaires, leucocytes); de lenticulaires (globules rouges), de prismatiques ou cylindriques (épithéliums cylindriques), de polyédriques (culs-de-sac glandulaires), de polygonales (épithéliums des séreuses), de fusiformes (cellules fibroplastiques), d'étoilées ou multipolaires (cellules nerveuses).

Leur consistance, forte dans les cellules cornées, faible dans les cellules nerveuses, augmente avec l'âge.

Leur couleur varie; jaune-rouge, dans les globules rouges du sang, elle est quelquefois brune ou noire, dans les cellules à pigment de l'épiderme. La translucidité peut être grande ou empêchée par les granulations graisseuses ou pigmentaires.

Quant à l'enveloppe, elle manque souvent (globules blancs et rouges, cellules embryonnaires), ou bien elle est visible et constatable par son éclatement (fibre musculaire striée) et quelquefois très épaisse à double contour (cellules cartilagineuses). Dans les cellnles animales, la membrane d'enveloppe, quand elle existe, est le plus ordinairement anhiste, transparente et de nature élastique.

Le *noyau*, ordinairement arrondi, oviforme, rarement cylindrique (fibres musculaires lisses) varie de 4 à 10 μ ; il résiste plus aux réactifs que le corps cellulaire. Le plus souvent unique, il est quelquefois multiple dans certaines cellules ; dans les myéloplaxes, on trouve jusqu'à 8 noyaux.

Le *nucléole*, unique ou multiple, quelquefois absent, mesure de 1 à 5 μ.

Le corps cellulaire peut renfermer, en outre, des granulations graisseuses, pigmentaires, des masses de matière amyloïde, de la matière glycogène, du mucus, des sels calcaires, du charbon par pénétration mécanique, etc.

Physiologie de la cellule. — Les cellules pour exister doivent se nourrir, la *nutrilité* étant la propriété fondamentale de tout élément anatomique.

Les cellules végétales font la synthèse du monde organique avec les éléments simples qu'elles puisent dans le sol ou dans l'air.

Les cellules animales se nourrissent avec les principes organiques formés par les végétaux ; les graisses, les sucres, les hydrocarbures, les albuminates et les matériaux minéraux. Avec le concours de la chaleur, de l'humidité et de l'oxygène nécessaires à la vie, les cellules absorbent, assimilent, désassimilent et excrètent ; elles tendent, en vertu des lois de l'osmose, à se mettre en équilibre avec le milieu ambiant tout en le dominant pour en vivre, jusqu'à ce qu'épuisées elles succombent dans le combat inégal de l'être organisé contre le monde inorganique.

La cellule absorbe en choisissant dans une certaine

mesure ce qui lui convient dans le milieu ambiant, de préférence tel aliment à tel autre ; elle assimile, c'est-à-dire emmagasine, en les rendant semblables à sa propre substance, les matières absorbées, elle désassimile c'est-à-dire sépare de sa propre substance des principes qui en dérivent, elle excrète les produits de la désassimilation.

Toutes les cellules ont besoin d'oxygène pour vivre ; certains tissus en consomment beaucoup (muscle), d'autres peu (os), suivant pour ainsi dire l'acuité de leur vitalité. L'oxygène est brûlé lentement dans la masse de la cellule.

Les cellules nourries passent par divers âges : c'est l'*évolutilité*. La durée de la vie des cellules est variable ; tantôt elles durent autant que l'individu (muscles), tantôt elles se renouvellent fréquemment (épithéliums).

La cellule vit tant que l'assimilation prédomine sur la désassimilation : elle meurt soit par épuisement du protoplasma, soit par usure fonctionnelle, empoisonnement, inanition ou traumatisme.

La multiplication des cellules s'effectue par segmentation endogène, scissiparité ou bourgeonnement ; la *reproductivité* est d'autant plus facile que les éléments ont une forme qui s'éloigne moins de celle des cellules embryonnaires.

La *contractilité* et la *névrilité* sont des propriétés existant en substance, comme nous l'avons dit dans le protoplasma ; nous les retrouvons chez la sensitive, qui n'a pas de système nerveux, comme propriété de la substance organisée elle-même ; mais, chez les animaux supérieurs, la matière contractile se rassemble dans des éléments spécialisés (fibres musculaires) et la matière sensible en éléments nerveux, comme si tout ce qui existait dans l'être non différencié de molécules contractiles ou nerveuses s'était rassemblé dans ces tissus spéciaux.

Toutes les propriétés des éléments nombreux et divers de l'animal adulte sont en puissance dans l'ovule fécondé. Tous les éléments concourent à l'entretien et au développement de l'individu qui produira l'œuf, ou mieux l'élément génital, qui perpétuera l'espèce.

§ 3. — *Les Épithéliums.*

La forme cellulaire persiste dans les *épithéliums* qui sont des membranes formées de cellules d'apparence variable d'ailleurs, disposées en couche unique ou superposées, *stratifiées* comme on les appelle.

Ces épithéliums jouent un rôle capital dans l'économie, car ils limitent toutes les surfaces libres et rien ne peut entrer dans l'organisme ou en sortir sans traverser un ou plusieurs épithéliums (peau, poumon, tube digestif, conduits vasculaires). Ainsi l'oxygène, pour arriver au globule sanguin, doit traverser l'épithélium lamellaire du poumon et l'endothélium du vaisseau pulmonaire. Les épithéliums sont donc les intermédiaires obligés entre le milieu extérieur et le milieu intérieur d'une part et les éléments anatomiques d'autre part. Tantôt l'épithélium se laisse simplement traverser, tantôt il modifie la substance au passage par une puissance métabolique spéciale qui fait que le produit qui l'a traversé n'a plus les mêmes apparences ou propriétés qu'avant : ainsi, par exemple, toutes les glandes puisent leurs principes sécrétoires dans le sang et cependant elles donnent des produits fort dissemblables, comme le lait, la sueur, les larmes, etc.

On peut les classer ansi :

Épithéliums.
- nucléaires. . ganglions lymphatiques.
- sphéroïdaux.. glandes, jeune épithélium.
- cylindriques..
  - simples (canaux excréteurs, intestins.)
  - à cils vibratiles, *ciliés* (voies respiratoires, trompes).
- pavimenteux.
  - en couche simple, *lamellaires* (séreuses, vaisseaux).
  - stratifiés..
    - mous (bouche, vessie).
    - cornés à la surface (épiderme).

Épithéliums nucléaires. — Ils existent au fond des

culs-de-sac glandulaires en activité, qui renferment souvent de la matière amorphe parsemée de noyaux libres et non segmentée en cellules.

Épithéliums sphéroïdaux glandulaires. — Ils sont formés de cellules à diamètres sensiblement égaux, en une seule couche dans les tubes ou culs-de-sac glandulaires. Une glande est, en effet, une cavité formée par une mince membrane, *membrane basilaire*, anhiste ou conjonctive, tapissée en dedans par un épithélium et en dehors par un réseau vasculaire auquel la glande emprunte les matières premières de sa sécrétion. On distingue des glandes en tube et des glandes en grappe simples ou composées (tube court : intestin ; grappe : gl. salivaire).

Ces glandes excrètent, soit parce que leurs cellules gonflées par absorption, par contraction de leur corps, déversent leur contenu par expression dans le conduit sécréteur, soit parce que, une fois surdistendues, elles éclatent et produisent leur sécrétion par une véritable fonte glandulaire.

Les épithéliums du rein, du foie, du testicule se rattachent à cette division.

Épithéliums cylindriques. — Ils sont formés de cylindres rendus prismatiques par juxtaposition et plus hauts que larges, avec une base libre ou revêtue d'un *plateau* ou hérissée de cils *vibratiles*.

L'épithélium *cylindrique simple* est étendu chez l'homme depuis le cardia jusqu'à l'anus en une couche unique, sous laquelle se rencontrent çà et là de rares petites cellules arrondies de remplacement. Les cellules ont leur base libre recouverte d'un plateau hyalique criblé de fins canalicules.

Ces épithéliums produisent du mucus, absorbent les aliments digérés et exercent une action sur certains d'entre eux ; les graisses émulsionnées traversent les fins canalicules du plateau.

On retrouve cet épithélium dans les canaux galactophores, etc. Souvent une extrémité de la cellule, l'interne, est effilée ; la cellule est réellememt cylindro-conique.

L'épithélium *cylindrique à cils vibratiles* est très

répandu chez les invertébrés, où il sert à l'animal pour progresser ou renouveler son milieu respiratoire (branchies des mollusques acéphales), ou pour faire circuler ses aliments, etc. Il se montre chez l'homme plus spécialement dans les voies respiratoires (fosses nasales, sinus); cependant, on le retrouve dans le canal de l'épendyme, les voies génitales (utérus, trompe). La cellule cylindrique ou cylindro-conique porte à sa base de 10 à 30 cils toujours en mouvement; au-dessous d'elles, sont des cellules arrondies de remplacement.

Les cils de ces cellules sont contractiles et subissent des mouvements d'ondulation comparables à ceux que produit le vent sur un champ de blé.

La contractilité des cils persiste après la mort; la chaleur, les alcalis activent leur mouvement. Ces réactions et d'autres encore indiquent leur nature protoplasmique, comme d'ailleurs les contractions de la queue du spermatozoïde et des cellules amiboïdes.

Épithélium pavimenteux. — Il est formé par des cellules ressemblant à des pavés, ou mieux à des carreaux de dallage, plus larges qu'épais, tantôt sur une simple épaisseur (*ép. pavimenteux simple*), tantôt disposés en strates superposées (*ép. pavimenteux stratifié*), dont les plus superficielles sont très aplaties, tandis que les profondes sont polyédriques ou même sphéroïdales. Dans les séreuses, ils ne sont formés que d'une seule couche de cellules très aplaties, d'où le nom d'*ép. lamellaires*.

Les épithéliums pavimenteux lamellaires portent encore le nom d'*endothéliums*, quand ils tapissent la cavité des vaisseaux.

L'épithélium lamellaire revêt le lobule pulmonaire, des cavités séreuses (plèvre, péritoine, péricarde, endocarde), les synoviales, les bourses muqueuses, les gaines tendineuses.

Les cellules de cet épithélium sont très minces, souples, nucléées; elles sont polyédriques ou allongées, comme par exemple dans les vaisseaux, où elles sont étirées suivant l'axe, avec des contours presque droits, ou, au contraire, très sinueux comme dans les lymphatiques.

En cas d'irritation, ces cellules se gonflent, se mettent

en boule, subissent le rajeunissement ou le retour à l'état embryonnaire et elles réparent les surfaces ultérieurement. De leur prolifération désordonnée paraissent résulter les épithéliomas des séreuses et le carcinome des lymphatiques.

Les épithéliums lamellaires sont très perméables et indifférents, c'est-à-dire sans action métabolique au passage, pour la substance qui les traverse ; leur souplesse se prête aux mouvements d'ampliation des organes (poumon, vaisseaux) ; ils laissent passer les gaz, laissent facilement exsuder les liquides et les reprennent de même, si leurs cellules ne sont pas altérées.

Les *épithéliums stratifiés mous* sont formés de plusieurs couches, dont les plus superficielles sont plus aplaties et dont les plus profondes sont sphéroïdales, polyédriques ou même prismatiques à grand axe normal à la surface recouverte (conjonctive, cornée, bouche, vulve, urètre, pharynx, œsophage). Les cellules des couches profondes sont vivaces ; elles ont souvent des dentelures, des épines, qui s'engrènent avec celles des cellules voisines.

L'épithélium des voies urinaires est polymorphe ; il se distingue des épithéliums pavimenteux par la grandeur et l'irrégularité des cellules de la couche moyenne en raquette : à l'état sain, il n'absorbe pas.

L'épithélium pavimenteux stratifié corné forme l'épiderme de la peau. L'épaisseur de l'épiderme, ou plutôt de sa couche cornée, varie ; d'une façon générale, la couche cornée est plus épaisse que la couche muqueuse et l'ensemble est de 50 à 200 μ. L'épaisseur de l'épiderme peut aller à 2 centimètres sous le talon. Au-dessous de la couche cornée, on trouve une couche claire, puis une partie profonde plus ou moins pigmentée, suivant les sujets. Dans la couche cornée, les cellules perdent leur noyau et leurs parois s'accolent pour ainsi dire après disparition du protoplasma, tandis que la couche profonde de ces épithéliums stratifiés est vivace et produit souvent des épithéliomes.

Les ongles et les poils sont des dérivés épidermiques ; l'ongle n'est que la couche claire devenue cornée et dans les poils, par l'acide sulfurique, on retrouve les cellules épidermiques plus ou moins racornies et tassées.

L'*épiderme* est en voie de rénovation permanente ; tandis que les couches extérieures tombent insensiblement par une desquamation furfuracée incessante, de nouvelles cellules se forment dans le corps muqueux, dans les couches profondes. La couche cornée résulte d'une transformation des cellules superficielles et elle est plus ou moins épaisse, suivant les régions, non seulement par les pressions locales, mais aussi par hérédité, comme par exemple le prouve l'épaisseur de la couche cornée à la paume des mains et à la plante des pieds chez le fœtus.

Dans certaines maladies (rougeole, scarlatine), la desquamation se produit non plus insensiblement, mais en abondance. Dans le corps muqueux, on trouve le pigment plus ou moins abondant, suivant l'âge, les régions ou la race. Le pigment existe chez le fœtus, mais il s'accentue après la naissance : ainsi le négrillon naît peu différent du blanc et se colore pendant la première semaine. Après une brûlure, un vésicatoire, qui a fait tomber la couche cornée, la réparation est rapide et se fait sur toute la surface recouverte de cellules de la couche muqueuse, mais, lorsque tout l'épiderme est tombé, la reproduction marche de la périphérie vers le centre, à moins qu'il ne soit resté par places des cellules de la couche profonde qui deviennent des îlots, centres de rénovation qu'on provoque artificiellement par des semis dans la pratique chirurgicale des greffes épidermiques appliquée d'abord par Jacques Reverdin, de Genève, en 1869. Un lambeau d'épiderme ou d'épithélium, maintenu aseptiquement à la surface d'une plaie, s'y greffe et forme un centre de prolifération cellulaire de réparation. La greffe n'agit que par sa présence, elle provoque la formation d'îlots épidermiques, mais elle n'entre pas dans leur composition, car elle s'élimine ultérieurement après avoir donné l'impulsion d'épidermisation. D'ailleurs, n'importe quel épithélium emprunté à l'individu même ou à un individu de même famille, voire même à un animal différent (peau de poulet, de grenouille), peut donner le même résultat, ce qui prouve que tous les éléments épithéliaux sont semblables au fond et peuvent facilement se transformer les uns dans les autres, comme le montre l'apparence de peau que prend l'épithélium vaginal prolabé, l'épithélium de l'intestin grêle dans l'anus contre nature, etc.

L'épiderme transmet bien les impressions aux nerfs sensitifs, même quand il est transformé en corne. La couche cornée est protectrice ; la couche muqueuse absorbe quand la couche cornée a été enlevée par un vésicatoire, par exemple (méthode endermique d'absorption des médicaments). La couche cornée rend, en effet, l'épiderme à peu près imperméable à l'eau et aux substances médicamenteuses qu'elle tient en solution ; les gaz et les substances volatiles la traversent cependant (expérience de Bichat) ; les frictions prolongées peuvent également, par l'intermédiaire d'un excipient gras (axonge, vaseline), faire pénétrer dans la peau diverses substances médicamenteuses (frictions mercurielles).

Physiologie des épithéliums. — Les *épithéliums* se nourrissent par inhibition ; dans l'épiderme, la couche cornée est un enduit mort imperméable ; le reste est très perméable. De ces épithéliums, les uns sont indifférents, c'est-à-dire sans action sur les substances qui les traversent (endothélium du poumon, des vaisseaux), les autres sont *sélecteurs* (épithélium du rein), ou producteurs de substances nouvelles, *secréteurs* proprement dits. Enfin, les épithéliums du testicule et de l'ovaire sont *générateurs* d'éléments anatomiques.

Sécrétions. — Les sécrétions sont des produits de l'organisme destinés tantôt à être rejetés au dehors, tantôt à être utilisés dans son intérieur pour aider à l'exécution de certaines fonctions. Ces produits sont élaborés généralement par les épithéliums, quelquefois étalés sur des membranes (séreuses synoviales), le plus souvent enfouis dans des tubes ou acini glandulaires. Les cellules épithéliales, à travers la membrane basilaire, puisent dans le sang et la lymphe les éléments essentiels de leur sécrétion par osmose et surtout par sélection spéciale des cellules elles-mêmes : la pression du sang est secondaire. Ces cellules épithéliales assimilent ces substances en les transformant, puis les désassimilent, soit par expression ou fonte cellulaire dans l'eau fournie par le sang et le produit s'écoule par le conduit excréteur de la glande.

Les sécrétions sont régies par le système nerveux, par les n. vaso-moteurs, qui règlent l'apport du sang et par les n. glandulaires dont l'influence sécrétoire est prouvée (action de la corde du tympan sur la sécrétion salivaire) ; les centres sécrétoires localisés dans le bulbe et la protubérance peuvent entrer en activité par des excitations extérieures (odeur, saveur) des impressions morales. Nous avons vu une peur sécher la gorge en suspendant la sécrétion salivaire.

Les sécrétions sont les unes excrémentitielles (urine, sueur), les autres récrémentitielles (lait), les autres intermédiaires (suc gastrique, bile), suivant qu'elles sont destinées à être ou rejetées en totalité, ou absorbées, ou enfin en partie absorbées, en partie rejetées.

Parmi les sécrétions, les unes ont lieu par filtration sélective simple (urine, sueur), les autres par fabrication intra-cellulaire de produits nouveaux (suc gastrique, sueur) ; elles sont continues (urine), intermittentes (suc gastrique), ou temporaires (lait).

Dérivés pathologiques des épithéliums. — Ce sont les *épithéliomes* et les *papillomes.*

Les *épithéliomes pavimenteux* sont des tumeurs en choux-fleurs, saignant facilement (car leurs vaisseaux sont simplement limités par des cellules, sans parois propres, s'ouvrant par conséquent aux moindres contacts), formées par des masses lobulées, gris rosées à la coupe, par suite des cloisons de tissu fibreux que l'on peut y rencontrer plus ou moins abondamment. Un grattage donne des quantités de cellules aplaties et des masses arrondies de globes épidermiques formées de couches concentriques d'épithélium plus ou moins dégénéré, provenant du centre d'îlots ou lobules composés de cellules polyédriques accolées. Les vaisseaux rares cheminent dans les cloisons de tissu conjonctif qui séparent les divers lobes de la tumeur.

Ce tissu conjonctif peut d'ailleurs offrir tous les stades

de développement depuis le type embryonnaire jusqu'au type fibreux.

Les *épithéliomes tubuleux*, nés aux dépens des glandes sudoripares, affectent la forme de tubes épithéliaux ramifiés dans l'épaisseur des tissus : les épithéliomes kystiques du maxillaire appartiennent à cette catégorie.

Les *épithéliomes cylindriques*, avec des ramifications en forme de tubes tapissés d'une ou plusieurs couches de cellules épithéliales cylindriques, se trouvent sur les muqueuses de l'estomac et de l'intestin, de préférence où siège cet épithélium.

Les *papillomes* sont des tumeurs caractérisées par l'hypertrophie des papilles normales de la région et de leur revêtement épithélial.

On distingue des papillomes cornés (cors, verrues, cornes) et des papillomes muqueux, que l'on trouve à la surface des muqueuses.

§ 4. — *Le tissu conjonctif.*

Le *tissu conjonctif*, aussi appelé *tissu cellulaire, lamineux, connectif*, sert de substratum vasculaire, de parenchyme commun de nutrition à tous les autres ; il réunit les différentes parties homogènes des muscles, des nerfs, des glandes, etc. C'est le terrain par excellence de l'inflammation ; il joue un grand rôle dans la réparation des plaies et aussi dans la plupart des productions morbides ou *néoplasies*.

Les mots *tissus conjonctifs*, au pluriel, signifient *tissus* non absolument semblables mais de la même famille, savoir : tissu conjonctif proprement dit et ses variétés (tissu adipeux, fibreux, tendineux, élastique, cartilagineux et osseux.)

Si l'on examine un lambeau de tissu conjonctif maigre, excisé dans une boule d'œdème artificiel obtenue par injection interstitielle, comme le conseille Ranvier, on y distingue, à part les vaisseaux : 1° des fibrilles conjonctives ; 2° des fibres élastiques ; 3° des cellules nucléées ; 4° de la matière amorphe avec un nombre variable de leucocytes ou cellules embryonnaires.

Fibrilles conjonctives. — Ce sont des filaments réguliers, arrondis, homogènes, de 1 μ, de longueur inconnue, réunis en faisceaux (de 2 à 60 μ), cylindriques ou aplatis, entrecroisés, quelquefois anastomosés. Ces faisceaux sont entourés d'une enveloppe ténue anhiste, soutenue de place en place par des fibres enlaçantes en cercle ou en ellipse. Ces *fibres conjonctives* ou *lamineuses* gonflent par l'a. acétique, qui fait disparaître leur striation longitudinale, qui reparaît d'ailleurs, ainsi que le volume primitif, si l'on neutralise l'acide avec un alcali.

Les fibres enlaçantes, de nature élastique, résistent à l'a. acétique, mais pas à la potasse à froid. Les fibres conjonctives ne sont pas élastiques une fois rendues rectilignes; mais abandonnées à elles-mêmes, elles prennent une direction onduleuse. La putréfaction les détruit, le tannage les rend imputrescibles, l'eau bouillante les dissout et en fait de la gélatine.

Fibres élastiques. — Elles sont très résistantes et très élastiques ; elles résistent à l'eau bouillante, à la digestion, à la putréfaction ; on les retrouve dans les matières fécales, les lambeaux gangrénés, les crachats des phtisiques. Ce sont des fibres jaunes très réfringentes, d'une longueur indéterminée, d'un diamètre de 2 à 10 μ, s'anastomosant entre elles et constituant un réseau enchevêtré dans le réseau des faisceaux de fibrilles conjonctives. Le derme doit son élasticité à son réseau de fines fibres élastiques.

Celles qui, presque seules, constituent les ligaments jaunes élastiques sont plus grosses.

Enfin, la substance élastique fenêtrée de la tunique moyenne des artères est une masse élastique amorphe ou un réseau très serré de grosses fibres ou lanières élastiques.

Cellules conjonctives ou **plasmatiques** ou **corpuscules du tissu conjonctif.** — Bien étudiées par Ranvier, au moyen de la boule d'œdème par injection interstitielle de solution de nitrate d'argent à 1/1,000, ce sont des cellules plates, les unes analogues aux cellules endothéliales, les autres munies de prolongements ramifiés, accolées aux faisceaux conjonctifs qu'elles embrassent. Elles ne sont pas en nombre assez grand pour tapisser les alvéoles interstitielles que l'on démontre par l'insufflation du tissu conjonctif et qui seraient des séreuses en miniature, origine des lymphatiques.

En s'engraissant, elles deviennent les *cellules adipeuses*, qui, traitées par l'éther, laissent écouler leur graisse et montrent leur membrane d'enveloppe plissée. La cellule adipeuse est une cellule qui s'est graduellement remplie de gouttes graisseuses, qui ont conflué et repoussé à l'extérieur le protoplasma qui s'est plaqué contre la membrane d'enveloppe et a graduellement diminué de dimension, au point de ne plus souvent être facile à déceler. Autour de la grosse goutte de graisse est une atmosphère liquide à peine appréciable : ce liquide remplace peu à peu la graisse dans l'amaigrissement. Si la cellule est irritée, la graisse se résorbe et la cellule voit son noyau se multiplier : elle devient un nid de cellules embryonnaires.

Le tissu conjonctif concourt à former les téguments (derme, chorion des muqueuses), le stroma des séreuses, les membranes fibreuses (aponévroses, sclérotique), les tendons et ligaments, les gaines lamelleuses des nerfs, la tunique externe des vaisseaux, le périoste, le périchondre, la trame des ganglions lymphatiques. Il présente naturellement des variations dans sa composition suivant les formes que l'on considère.

Dans les *tendons* et les *ligaments*, les faisceaux conjonctifs sont réguliers, parallèles, les fibres élastiques occupent leurs intervalles et les cellules conjonctives sont empilées et pressées dans les espèces de tubes que limitent les faisceaux arrondis et juxtaposés.

Dans les *séreuses*, les éléments du tissu conjonctif forment un réseau de faisceaux conjonctifs anastomosés, de fibres élastiques minces anastomosées et de cellules conjonctives, le tout cimenté par la matière amorphe.

Dans les *ganglions lymphatiques*, on trouve la variété réticulée, adénoïde, formant un réseau lâche infiltré d'une grande quantité de lymphe où nagent de nombreuses cellules rondes appelées lymphatiques, embryonnaires, leucocytes, etc. ; c'est un délicat réseau de fascicules de fibrilles conjonctives.

La variété engainante ou lamelleuse du tissu conjonctif du périnèvre, par exemple, est formée de fascicules conjonctifs et de fibres ou plaques élastiques avec, à la surface seulement, de minces lamelles nucléées d'apparence endothéliale.

Dans le tissu conjonctif muqueux de la gélatine de Warthon du cordon ombilical, les cellules conjonctives forment un réseau par les anastomoses de leurs prolongements ramifiés, réseau dans les mailles duquel est un liquide riche en mucine traversé par quelques rares fascicules conjonctifs et fibres élastiques ; les trois éléments s'y montrent largement dissociés.

Dans la cicatrisation d'une plaie, on voit naître et évoluer les éléments du tissu conjonctif. Un exsudat liquide, lymphe plastique sortie des vaisseaux, comble le vide ; dans cet exsudat apparaissent des cellules embryonnaires filles des cellules conjonctives voisines qui ont proliféré, ou provenant des leucocytes. Ces cellules embryonnaires vont vers la mort en donnant les globules de pus ou vers l'organisation et la différenciation ; on voit apparaître les faisceaux conjonctifs et les fibres élastiques et, la différenciation se poursuivant, les éléments s'arrangent de manière à reproduire approximativement le tissu lésé quel qu'il soit. Bientôt la rétraction inodulaire se produit : la cicatrice, d'abord lâche, volumineuse, se rétrécit par résorption de la matière amorphe primitivement interposée.

Dérivés pathologiques du tissu conjonctif. — Ce sont les *sarcomes* (mot qui veut dire *charnu*, mais les sarcomes n'ont de rouge que le sang que renferment leurs vaisseaux). On distingue des *sarcomes embryonnaires*, formés exclusivement de cellules globuleuses, d'où le nom de *globo-cellulaires*, qui sont des tumeurs molles, vivaces, souvent encéphaloïdes, avec çà et là seulement quelques traînées de cellules fusiformes ou de fibrilles conjonctives formant charpente. Ces tumeurs peuvent marcher vers l'organisation du tissu fibreux ; on a alors les *sarcomes fasciculés*, fuso-cellulaires, fibro-plastiques, formés de traînées de cellules fusiformes avec plus ou moins de faisceaux de fibrilles conjonctives et de cellules restées ovoïdes ou globuleuses.

Ces formes existent bien souvent associées dans la même tumeur (épulis).

Il existe des *sarcomes mélaniques*, c'est-à-dire colorés en noir par du pigment.

Les *fibromes* sont des sarcomes dans lesquels les cellules n'occupent qu'une faible partie de la masse principalement formée de faisceaux fibrillaires ; ce sont des tumeurs bénignes, car plus le tissu d'une tumeur est éloigné de l'état embryonnaire, moins il est envahissant.

Le *lipome* est formé des éléments du tissu conjonctif graisseux, éléments dont les caractéristiques, les cellules graisseuses, ont augmenté de volume et de nombre.

Le *myxome* est une tumeur du tissu conjonctif muqueux, tel qu'il se trouve dans la gelée du cordon ombilical. Réseau de cellules, rares faisceaux fibrillaires, rares fibres élastiques, matière interstitielle liquide, muqueuse abondante (polypes muqueux des fosses nasales).

Le *lymphadénome* possède la structure du tissu conjonctif réticulé des organes lymphatiques avec de nombreuses cellules lymphatiques embryonnaires qui encombrent ses mailles sans y être fixées solidement, ce qui donne un suc lactescent au raclage comme le carcinome.

Le *carcinome* est constitué par un stroma fibreux alvéolaire, composé de faisceaux conjonctifs anastomosés formant des cavités contenant des cellules libres.

Ces tumeurs sont donc formées par un stroma de tissu caverneux ressemblant à une éponge dont les pores seraient remplis de cellules.

Le carcinome *fibreux* a un stroma très abondant et prédominant sur le reste avec fibres élastiques, c'est le *squirrhe*.

Le carcinome *médullaire* ou *encéphaloïde* a un stroma de tissu conjonctif lâche et des cellules plus nombreuses ; les vaisseaux y sont plus abondants.

Le carcinome *colloïde* a un aspect gélatiniforme dû à la substance colloïde épanchée entre les éléments.

Le carcinome *mélanique* est noir.

§ 5. — *Le tissu cartilagineux.*

Les *cartilages* sont tantôt nus (cartilages articulaires), tantôt enveloppés d'une membrane fibreuse, le *périchondre*, comparable au périoste.

Les cartilages sont formés de cellules cartilagineuses et d'une substance interstitielle ou fondamentale, d'aspect et de nature variés, donnant à l'ébullition prolongée de la *chondrine*. On peut définir le cartilage : une substance fondamentale creusée de cavités appelées *chondroplastes*, qui contiennent une ou plusieurs cellules cartilagineuses. Le cartilage embryonnaire est formé de cellules embryonnaires arrondies, avec un peu de substance molle interstitielle.

Un cartilage est dit *fœtal* lorsqu'il a pris la forme qu'il gardera ultérieurement ou transmettra à l'os qui le remplacera. Les cartilages croissent intérieurement et non par apposition de couches émanées du périchondre ; la substance fondamentale est perméable aux liquides nourriciers, ce qui explique que les cartilages, même épais (cartilages costaux) peuvent vivre sans vaisseaux par imbibition simple.

Le cartilage fœtal ultérieurement ou bien s'ossifie, ou devient cartilage permanent. Dans le cartilage permanent, la substance fondamentale prédomine ; les cellules qu'elle renferme sont oblongues, isolées ou groupées, avec dans ce dernier cas la capsule de la cellule mère excentrique plus ou moins fusionnée avec la substance interstitielle contenant les capsules des cellules filles, pouvant contenir à leur tour des cellules et capsules d'une troisième génération.

On distingue diverses variétés de cartilages, établies d'après la composition chimique et anatomique de la substance fondamentale.

Dans les *cartilages hyalins*, la substance fondamentale blanc bleuâtre, élastique, translucide, est essentiellement chondrigène (c. costaux, articulaires).

Dans le *fibro-cartilage*, que nous voyons constituer les ménisques ou disques interarticulaires, etc., la substance fondamentale donne à la coction à la fois de la chondrine et de la gélatine, circonstance due à ce que la substance fondamentale est fibreuse, formée en grande partie de faisceaux de fibrilles conjonctives, qui s'écartent pour loger les cellules cartilagineuses enveloppées de leur capsule.

Le cartilage *élastique,* ou réticulé, que nous trouvons dans l'épiglotte, par exemple, nous montre la substance fondamentale presque exclusivement formée de fibres élastiques anastomosées ou de matière élastique granuleuse, résistant à la coction.

La substance fondamentale se calcifie souvent chez le vieillard. Dans l'inflammation du tissu cartilagineux, les cellules irritées consomment leur graisse, agrandissent leur cavité, prolifèrent et les chondroplastes agrandis, pleins de cellules filles, s'ouvrent les uns dans les autres et, s'il s'agit d'un cartilage articulaire, comme dans le cas habituel d'une arthrite, s'ouvrent dans la cavité articulaire.

Le tissu cartilagineux et le tissu conjonctif sont bien de la même famille, constituant avec le tissu osseux les tissus de la substance conjonctive, comme l'anatomie comparée nous le démontre : ainsi, par exemple, la sclérotique, membrane fibreuse habituellement, est cartilagineuse chez la grenouille.

Le périchondre, membrane fibreuse, est en continuité de substance avec le cartilage auquel il passe insensiblement, ses faisceaux fibrillaires devenant de la substance hyaline et ses cellules conjonctives prenant une capsule. Quand un tendon s'insère sur un cartilage, il y a continuité des faisceaux et de la substance fondamentale et transformation insensible des cellules tendineuses en cellules cartilagineuses.

Tout os passant primitivement par l'état cartilagineux ou conjonctif, la parenté s'impose de ce côté ; d'ailleurs, la même continuité de substance se remarque entre le cartilage diarthroïdal et l'os qu'entre le périoste et l'os.

Dérivés pathologiques du tissu cartilagineux. — Ce sont les *enchondromes,* tumeurs dures, bosselées à plusieurs lobes séparés par du tissu conjonctif où l'on voit souvent mélangées les diverses variétés du tissu conjonctif ; on trouve des enchondromes dans la parotide, le testicule, etc.

§ 6. — *Le tissu osseux.*

Un *os* est formé du périoste, de l'os proprement dit et de la moelle.

Périoste. — C'est une membrane fibreuse, vasculaire, formée de deux couches quand l'individu n'a pas terminé sa croissance. La couche externe est composée de fibrilles conjonctives, de fibres élastiques et de cellules conjonctives contenant de la graisse ; les cellules sont jeunes, semblables aux cellules embryonnaires dans les couches profondes où le réseau élastique est remarquable par sa finesse et sa richesse. La couche profonde forme une sorte de blastème d'ossification, où une prolifération active donne une couche d'éléments embryonnaires qui se transformeront très probablement en cellules osseuses ou *ostéoblastes*. C'est la couche *ostéogène* d'Ollier. — Le périoste adhère à l'os par les vaisseaux nourriciers de l'os qui partent de sa face profonde et par des faisceaux de fibrilles conjonctives accompagnées de fibres élastiques, les fibres de Scharpey, qui pénètrent dans l'os.

Moelle. — C'est un tissu conjonctif riche en éléments cellulaires spéciaux.

Une délicate charpente de fascicules conjonctifs, sans fibres élastiques, soutient de nombreux vaisseaux, rendant l'absorption facile, et contient dans son réseau de nombreuses cellules.

La moelle est rouge dans les os jeunes et dans le tissu spongieux des os, mais dans le canal médullaire des os longs, elle devient jaune par la graisse qui l'envahit et arrive à constituer les trois quarts de son poids chez l'homme et surtout chez les animaux domestiques, principalement les herbivores.

Dans la moelle jeune non envahie par la graisse, on distingue des cellules assez semblables aux cellules embryonnaires, arrondies, translucides, contractiles, les *médullocelles*, indifférentes quant à leur évolution ultérieure, qui peut donner des cellules conjonctives adipeuses ou osseuses. On y trouve, en outre, des cellules à noyaux bourgeonnants et des *myéloplaxes*, plaques de protoplasma à noyaux multiples (jusqu'à 8) collées aux parois osseuses : les ostéoblastes ne s'y voient que dans les os en développement.

Os. — En lui-même, il est constitué par une substance fondamentale amorphe creusée de cavités, les *ostéoplastes*, renfermant des cellules, les *ostéoblastes*.

La substance osseuse est formée de deux tiers de matières minérales, consistant essentiellement en phospho-carbonate de chaux avec un peu phosphate de magnésie et de fluorure de calcium (phosphate de chaux 50, carbonate de chaux 6, fluorure de calcium 2, phosphate de magnésie 1) et de un tiers de matière organique, l'*osséine*, se résolvant en *gélatine* à la coction, par hydratation. Pour isoler la matière minérale, on a recours à la calcination qui laisse un corps de même forme que l'os, blanc si l'os a été brûlé à l'air libre, noir s'il a été brûlé en vase clos.

Dans le premier cas, la matière organique a disparu totalement, dans le second, elle s'est transformée en charbon qui imprègne le squelette minéral et est utilisé par le broiement de l'os pour l'obtention du noir animal. Pour isoler la matière organique, on traite l'os par un acide étendu qui, après dissolution des sels calcaires, laisse un corps de même forme que l'os primitif, élastique, plus mou que du cartilage et qui est formé par l'*osséine*.

La substance osseuse est creusée de cavités disposées en cercles concentriques aux canaux vasculaires de Havers et en couches parallèles au périoste et au canal médullaire.

Les cavités osseuses ou *ostéoplastes* sont elliptiques, à grand axe de 30 μ, parallèle au périoste, ou aux cercles concentriques autour des canaux de Havers, munis de nombreux canalicules de 1 μ, qui en partent en s'irradiant et se ramifiant pour se jeter dans le canal vasculaire ou pour s'anastomoser avec les canicules des ostéoplastes voisins, de façon qu'une parcelle de suc nourricier partie du vaisseau puisse en dernière analyse aboutir au cercle le plus excentrique et qu'ainsi un chemin puisse s'établir pour les liquides entre le périoste et la moelle.

Quand on décalcifie un os par l'acide chlorhydrique, on peut arriver à isoler çà et là les parois des cavités et canicules osseux, comme s'ils avaient une paroi capsulaire plus résistante que le reste de la substance osseuse, comme s'il y avait une couche interne sécrétée par l'ostéoblaste, ce qui donne en coupe l'impression d'une double ligne de contour. Ce fait constaté par Virchow est à rapprocher de ce que l'on rencontre dans la dentine ou, par l'acide chlorhydrique, on peût isoler des canalicules dentinaires dont la paroi propre, discutée par les uns, admise par les autres, pourrait être facilement expliquée par le dépôt de dentine secondaire à l'intérieur du canal primitif, par un processus analogue à celui que nous venons de signaler pour l'ostéoplaste.

L'*ostéoblaste*, au moins sur un os jeune. remplit la cavité de l'ostéoplaste et envoie probablement des prolongements protoplasmiques dans les canalicules.

Irritation pathologique du tissu osseux. — Elle est caractérisée au début par la raréfaction; les canaux de Havers s'élargissent, la substance fondamentale semble se fondre au contact des cellules osseuses du premier rang qui rajeunissent, prolifèrent et tombent dans le canal agrandi, qui devient une sorte d'espace médullaire plein de cellules embryonnaires susceptibles de fournir du pus, des bourgeons charnus, ou de reproduire la portion d'os atteinte.

Dans ce premier stade de l'ostéite, caractérisé par la raréfaction, la cellule osseuse joue un rôle primordial, puisque si elle est morte (nécrose) ou si elle a subi la dégénérescence graisseuse (carie), les vaisseaux sont incapables de raréfier la substance osseuse, qui persiste à l'état de *séquestre* des mois et des années.

Quand la réparation du tissu osseux s'effectue, des cellules embryonnaires se placent de nouveau dans la substance osseuse à mesure qu'elle se dépose pour combler le vide. Mais si une irritation très faible se prolonge, l'ossification réparatrice peut faire plus qu'il ne faut et effacer, par exemple, les canaux vasculaires et les espaces médullaires du tissu spongieux : l'ostéite toujours raréfiante au début peut devenir condensante à la fin.

La moelle, quand elle s'enflamme, voit ses cellules rajeunir, se débarrasser de leur graisse et proliférer ; il en résulte un amas de cellules embryonnaires qui peuvent se transformer en pus, en tissu conjonctif, cartilagineux ou osseux.

Le périoste, de même, quand il est irrité, décollé, meurtri, s'enflamme, c'est-à-dire se vascularise et se tuméfie par exsudation d'un blastème interstitiel dans lequel les cellules de la couche profonde prolifèrent, pour subir ultérieurement la même transformation en pus, tissu conjontcif, cartilagineux ou osseux.

En résumé, les cellules de la moelle et du périoste ont la propriété avec la collaboration des vaisseaux de faire de l'os.

L'étude de la formation du *cal des fractures* nous montre que quand un os est cassé avec les deux fragments naturellement ou chirurgicalement placés en bonne position, le périoste et la moelle entrent en activité réparatrice et produisent en cinq à six semaines une virole osseuse extérieure et une virole intérieure ou même une virole obturée. Cette consolidation n'est que provisoire, elle disparaîtra dans les mois suivants pour faire place à de l'os nouveau.

C'est Ollier, de Lyon, qui a donné la preuve de la propriété ostéogénétique de la couche profonde du périoste, qui permet aux chirurgiens, dans les résections osseuses sous-périostées, de voir se régénérer la portion d'os malade enlevée. Les progrès de cette réparation peuvent être suivis par la radioscopie.

§ 7. — *Le tissu musculaire.*

Le *tissu musculaire* est composé chez l'homme de trois espèces d'éléments : la fibre musculaire striée, la fibre lisse et la fibre cardiaque.

Fibre musculaire striée. — C'est l'élément constituant des muscles rouges, de la chair musculaire ; sa contraction, comme celle des muscles qu'elle forme, est brusque et soumise à la volonté. Elle montre une striation transversale et une longitudinale, que les réactifs appropriés rendent plus évidente.

Elle est formée par un faisceau de fascicules de fibrilles musculaires contenu dans une enveloppe anhiste, élastique, le *myolemme* ou *sarcolemme* (λέμμα, pelure). Sa dimension est variable : son diamètre peut être de 50 μ, par ex., et sa longueur de 3 ou 4 centimètres. De place en place, on trouve un noyau interposé entre le myolemme et son contenu. Étant donné un muscle quelconque, le deltoïde, par exemple, on le trouve entouré d'une membrane conjonctive vasculaire de la face interne dans laquelle partent des cloisons qui le divisent, puis de celles-ci d'autres qui le subdivisent en faisceaux, que l'on dissociera facilement après coction dans l'eau (bœuf bouilli) avec des aiguilles montées dilacérant longitudinalement. On arrivera ainsi à isoler des faisceaux primitifs au contact desquels rampent de fins capillaires. Les faisceaux primitifs, ou fibres striées, sont constitués par une enveloppe élastique, le sarcolemme, à la face profonde duquel sont des noyaux disséminés, contenant un nombre variable de fascicules de fibrilles musculaires striées en travers. Ces faisceaux primitifs, de longueur inconnue (2 à 4 centimètres), sont terminés par des extrémités arrondies légèrement effilées : ils ne s'anastomosent pas. Leur diamètre moyen de 50 μ (de 10 à 100 μ) augmente par l'exercice. Les stries transversales qu'ils présentent sont des bandes alternativement claires et obscures.

Le sarcolemme est une enveloppe mince, transparente, élastique, visible seulement quand la fibre rompue laisse échapper son contenu en champignon, ou quand étirée le contenu moins élastique se fragmente et se retracte, tandis que le myolemme s'étire dans l'espace intermédiaire et devient, par suite, évident. La nature élastique du sarcolemme est démontrée par sa résistance à la coction, aux acides, à la potasse, aux agents colorants.

Au-dessous du sarcolemme sont des noyaux nucléolés se colorant bien par le carmin à travers cette membrane élastique ; autour du noyau est une atmosphère protoplasmique granuleuse. Les fibrilles musculaires qui remplissent le sarcolemme, séparées par de la substance interstitielle, donnent à la coupe transversale des champs polygonaux (champs de Cohnheim), un peu prismatiques par pression réciproque. Ces fibrilles montrent sur leur longueur des segments alternativement clairs et obscurs, les obscurs plus longs, plus résistants aux réactifs. Dans le faisceau de fibrilles, les espaces clairs et obscurs se correspondent : il en résulte sur toute l'étendue du faisceau des espaces alternativement clairs et obscurs ; les réactifs dissolvant de préférence les parties claires (l'HCl, par ex., à 1/1,000), le faisceau se trouve artificiellement décomposé en disques obscurs empilés. Les stries transversales existent sur le vivant, elles agissent de façon différente sur la lumière polarisée et sur les réactifs colorants.

Le muscle reposé est alcalin ; fatigué, il devient acide. Au point de vue chimique, la substance musculaire est une matière albuminoïde spéciale, la musculine ou *myosine*, coagulable spontanément (rigidité cadavérique) et par la chaleur, se transformant en syntonine par l'acide chlorhydrique très étendu. La coloration rouge est due à l'hémoglobine. Le muscle renferme trois quarts de son poids d'eau et des sels (phosphate de potasse, 1,50/1,000). A la coction dans l'eau, il fournit le bouillon qui renferme de la graisse, de la gélatine provenant du tissu conjonctif et 2 pour 100 de produits de désassimilation azotés (créatine, xanthine, acide inosique qui donne le fumet, etc.) et non azotés (a. sarcolactique, butyrique, glycogène et inosite) et des sels minéraux. Le bouilli contient toute la myosine, substance véritablement alimentaire.

La fibre musculaire n'est pas tendre à la digestion, surtout dans ses parties obscures. A un grossissement plus fort, le disque clair montre en son milieu une ligne ou membrane transversale, strie d'Amici, avec de chaque côté deux petites lignes obscures et le disque obscur présente en son milieu une partie claire, strie de Hansen.

La partie de la fibrille, comprise entre deux disques intermédiaires ou membranes transversales, est une case musculaire. La substance foncée est imbibée par la substance claire et seule active dans la contraction : le disque obscur à ce moment de cylindre tend à devenir sphère.

Le muscle en travail consomme de l'oxygène, désassimile et produit de la chaleur.

Le muscle strié s'atrophie par l'inactivité, l'amaigrissement, la compression résultant de l'engraissement du tissu conjonctif interfasciculaire. Dans les myosites, les noyaux prolifèrent et la substance musculaire devient trouble et subit la dégénérescence granulo-graisseuse.

Fibre musculaire lisse. — C'est l'élément constitutif du tissu musculaire lisse, qui a pour caractère physiologique la lenteur et la durée de sa contraction, qui n'est pas soumise à l'influence de la volonté (coliques). Ces éléments sont rassemblés en faisceaux entourés de tissu conjonctif riche en fibres élastiques et très vasculaire ; ces faisceaux sont tantôt parallèles (intestin), tantôt entre-croisés (vessie). Fréquemment arrangé en membranes, ce tissu forme les tuniques contractiles du tube digestif, depuis le milieu de l'œsophage jusqu'à l'anus ; il forme en grande partie la vessie, l'uretère, l'utérus, la trompe, les voies spermatiques, les muscles érecteurs des bulbes pileux (chair de poule), l'aréole du mamelon, le dartos, les tuniques musculaires des vaisseaux ; il entre dans la structure des bronches, des poumons, des conduits excréteurs des glandes.

Les fibres cellules contractiles ou fibres lisses ont l'aspect d'un long fuseau prismatique par pression réciproque, quelquefois aplati, avec un noyau caractéristique en forme de bâtonnet nucléolé. Leur largeur est de 6 à 8 μ ; leur longueur très variable, de 50 μ dans les petits vaisseaux à 200 μ dans l'intestin, la vessie, s'élève à 700 μ dans l'utérus gravide où elles se bifurquent : on y distingue à un fort grossissement des intersections claires et une striation longitudinale.

Autour du noyau on note quelques granulations protoplasmiques.

Les fibres musculaires lisses deviennent rigides après la mort, d'où la dureté du scrotum, par exemple. Leur contraction lente à se produire et à s'éteindre passe par un maximum en plateau.

Fibre musculaire cardiaque. — Elle est striée en long et en travers et formée d'articles soudés bout à bout, provenant chacun d'une cellule et contenant, au milieu de granulations protoplasmiques, un noyau nucléolé.

A la face interne de l'endocarde du mouton, par exemple, on trouve un réseau de fibres cardiaques en voie d'évolution connues sous le nom de fibres de Purkinje : grosses cellules polyédriques rangées bout à bout formant des cordons s'anastomosant, se divisant de manière à former des séries simples de cellules que l'on voit se transformer insensiblement et se continuer dans le myocarde avec les fibres cardiaques complètement développées.

Les fibres du cœur s'anastomosent et forment des faisceaux séparés par des vaisseaux sanguins et lymphatiques. Leurs stries transversales ressemblent à celles des muscles striés. Les divers articles qui les constituent sont solidement unis bout à bout par une sorte de cloison cimentaire, que met en évidence l'imprégnation au nitrate d'argent ; chacun d'eux renferme en son centre un noyau enveloppé de matière protoplasmique. La fibre cardiaque est dépourvue de sarcolemme. Elle subit facilement avec l'âge et les maladies la dégénérescence granulo-graisseuse (empoisonnements par Ph. As ; péricardite et endocardite, des fièvres graves). Dans l'atrophie et l'hypertrophie cardiaques, les fibres musculaires diminuent et augmentent de volume, mais leur nombre reste le même.

La fibre cardiaque est à contraction brusque, mais involontaire ; travaillant sans repos, elle ne se fatigue cependant pas comme les autres fibres striées, parce qu'elle baigne de tous côtés dans le plasma, qui lui apporte les aliments et remporte les excréments.

§ 8. — *Le tissu nerveux.*

Les éléments nerveux forment l'appareil nerveux central qui règne sur toute l'économie, les conducteurs nerveux qui les mettent en relation avec la périphérie et les organes récepteurs terminaux.

Le récepteur terminal, un corpuscule du tact, par exemple, reçoit l'impression extérieure, la transmet par un nerf sensitif au système nerveux central qui analyse l'impression perçue et donne, par un nerf moteur, un ordre de contraction à un muscle ou à un groupe de muscles : c'est également là le schéma d'un réflexe.

Les *nerfs* moteurs sensitifs ou mixtes sont formés d'éléments semblables, c'est-à-dire de tubes ou fibres nerveuses dont l'élément essentiel s'appelle *filament axile* ou *cylindraxe*, qui peut être nu ou enveloppé d'une substance isolante, la *myéline*.

Fibres à myéline. — Elles forment les nerfs blancs et les parties blanches de la moelle et du cerveau.

A la coupe transversale, un nerf montre d'abord une enveloppe conjonctive vasculaire, le *névrilème*, d'où partent vers l'intérieur des cloisons qui divisent le nerf en faisceaux et ceux-ci en faisceaux plus petits. Les faisceaux dits primitifs, que ne pénètre pas le tissu du névrilème, ont une gaine spéciale riche en noyaux, le *périnèvre*, de nature conjonctive lamellaire, résistant aux réactifs, élastique, non vasculaire, mais laissant pénétrer les vaisseaux. Le périnèvre se divise comme l'écorce d'un arbre pour envelopper les branches, les rameaux et les ramuscules provenant de la décomposition des faisceaux primitifs.

La *fibre nerveuse* blanche est un tube cylindrique entouré d'une enveloppe très résistante aux réactifs, la *gaine de Schwann*, présentant de millimètre en millimètre un noyau accolé sur sa face interne et que colore le picro-carmin ; ce tube est rempli d'une substance isolante, albumino-graisseuse, se colorant en noir par l'acide osmique et s'éclaircissant par l'éther, qui permet d'y constater un filament axile, le cylindraxe, qui prend bien le picro-carmin. Dans un fragment de nerf isolé, la myéline se coagule, se fragmente, se rétracte et la gaine de Schwann devient alors visible, avec un double contour qui en montre l'épaisseur.

Le chlorure d'or colore en violet myéline et cylindraxe; le cylindraxe est lui-même un faisceau de fibrilles nerveuses primitives qui ne sont isolés qu'à l'origine et à la terminaison du nerf, de sorte que quand un cylindraxe semble se diviser, il ne fait que partager ses fibrilles en fascicules plus petits.

Les fibres nerveuses ont un diamètre de 5 à 20 μ; le cylindraxe mesure le tiers de l'épaisseur totale.

La gaine de Schwann est formée de segments articulés bout à bout, de 1 millimètre, contenant chacun un noyau : au niveau des soudures de chaque article est un étranglement annulaire où les colorants peuvent atteindre le cylindraxe, ce qui donne l'aspect de croix.

Les fibres nerveuses ne s'anastomosent pas, mais elles se ramifient. Près de leur terminaison, la myéline disparaît, puis la gaine de Schwann s'amincit au point de n'être plus visible.

Dans la substance blanche des centres nerveux, la gaine de Schwann paraît manquer.

Le cylindraxe se forme dans le réseau fibrillaire de la substance grise, ou réseau de Gerlach, par l'union des fibrilles nerveuses, ou prolongements de Deiters, émanés, comme nous le verrons, des cellules nerveuses et, une fois le fascicule constitué, il s'entoure de myéline pour former les fibres de la substance blanche; ce n'est qu'au sortir de l'organe central qu'apparaît la gaine de Schwann.

Indépendamment des fibres ci-dessus décrites, il existe des fibres nerveuses sans myéline, pâles, molles, gélatineuses (telles sont, par exemple, les terminaisons nerveuses des nerfs précédents) ; ce sont des fascicules de fibrilles entourées d'une gaine à noyaux, appelées fibres de Remak, qui forment les filets gris du grand sympathique.

Dans les sections nerveuses, le bout périphérique subit une dégénérescence caractérisée par la coagulation puis la résorption de la myéline et du cylindraxe : il ne reste plus au bout d'un mois que la gaine de Schwann rétractée sur les noyaux qui se sont multipliés. Dans le cas de la régénération, qui se produit au bout de 3 mois, les anciennes gaines de Schwann se remplissent de myéline et le nouveau cylindraxe s'invagine du centre à la périphérie comme un serpent à travers une série de manchons représentant chacun un des articles de la fibre nerveuse.

La substance blanche des centres nerveux est formée par une agglomération des fibres à myéline ci-dessus décrites, unies par une matière cimentaire interstitielle, la *névroglie,* en faisceaux que séparent des cloisons de tissu conjonctif ordinaire avec vaisseaux.

Cellule nerveuse. — C'est l'élément noble des centres nerveux; elle est en même temps caractéristique de la substance grise. C'est une masse de protoplasma nucléé, munie de nombreux prolongements rameux, très abondants et très décomposés, qui forment avec ceux des cellules voisines un réseau fibrillaire très délié. En abordant la substance grise, les fibres de la substance blanche perdent leur myéline et y dissocient leur cylindraxe, dont les fibrilles vont les unes se continuer par un prolongement spécial ou de Deiters dans une cellule nerveuse, les autres se perdre dans le réseau fibrillaire nerveux qu'elles concourent à former et dont la névroglie comble les vides. La névroglie est une matière amorphe parsemée de noyaux, de nature conjonctive, avec des éléments cellulaires indifférents, capables d'évoluer ultérieurement vers la cellule conjonctive (sarcome) ou nerveuse (névrome gris).

La cellule nerveuse est dépourvue de membrane d'enveloppe; sa dimension variable peut atteindre un dixième de millimètre, c'est-à-dire être visible à l'œil nu, dans les cornes antérieures de la moelle, par exemple. Son noyau est volumineux, nucléolé ; son protoplasma granuleux, souvent pigmenté, se prolonge en bras rameux d'une part et d'autre part en un filament indivis, unique pour chaque cellule, le prolongement de Deiters.

La réunion de plusieurs de ces prolongements en faisceau donne le cylindraxe, qui, s'entourant de myéline, donne la fibre blanche qui, prenant à son tour une gaine de Schwann à la sortie des centres nerveux, constitue la fibre nerveuse proprement dite. Les cellules nerveuses prennent conseil de leurs voisines par les prolongements rameux et par l'intermédiaire du réseau fibrillaire de Gerlach.

On trouve des cellules nerveuses dans toutes les parties grises ou teintées de la substance des centres nerveux.

Les cellules nerveuses varient de forme suivant les régions. Ainsi, dans la couche rouillée ou profonde de l'ecorce cérébelleuse on trouve de grandes cellules nerveuses, dites de Purkinje, présentant du côté de la périphérie deux prolongements rameux, et, du côté du centre, le prolongement indivis de Deiters; dans la couche grise de l'ecorce cérébrale, on trouve deux couches de cellules de forme spéciale, la couche des petites, puis, plus profondément, la couche des grandes pyramides. Ces cellules, en forme de pyramide triangulaire, ont des prolongements rameux aux angles et un prolongement de Deiters indivis partant du centre de la base, qui est tournée vers le centre de l'organe.

Les terminaisons des nerfs se font de différentes façons, suivant les organes. Dans les muscles lisses des fibrilles terminales prennent fin dans les fibres cellules par des extrémités libres punctiformes; dans les muscles striés, les fibrilles aboutissent à de petits monticules, appelés *collines de Doyère,* formés de substance granuleuse nucléée dans laquelle le cylindraxe se divise en fibrilles : la gaine de Schwann se continue avec le myolemme. Les nerfs sensitifs superficiels se terminent dans de petits organes, tels que les corpuscules de Krause de la conjonctive (masse granuleuse dans laquelle une fibre blanche, après avoir perdu sa myéline, pénètre et disparaît en se dissociant), les corpuscules du tact de Meissner (plus gros, ovoïdes sur lesquelles le filament nerveux semble s'enrouler en spire, pour se résoudre à l'intérieur en filaments, qui s'interposent entre les disques cellulaires constitutifs), les corpuscnles de Pacini ou de Vater (formés de capsules de tissu conjonctif lamellaire emboîtées circonscrivant, au centre, une masse granuleuse où vient se terminer la fibre nerveuse). Ils peuvent aussi se terminer simplement par des filaments ténus dans l'épaisseur même des épithéliums, dans des cellules étoilées, par des cellules nerveuses effilées au centre de cellules épithéliales de recouvrement, comme dans les bourgeons gustatifs, par de simples cellules bipolaires intercalées parmi les cellules cylindriques voisines, comme dans la région olfactive.

Dans l'oreille, au niveau de la tache auditive, les fibrilles nerveuses se terminent dans des cellules auditives munies d'un long fil flottant dans l'endo-lymphe et vibrant comme elle ; l'organe de Corti, dans le limaçon, est un clavier avec 3,000 paires de verges vibrantes accordées chacune pour une hauteur de son, au voisinage desquelles sont des cellules ciliées où aboutissent les fibrilles du nerf acoustique.

Dans la rétine, les fibres nerveuses, encore à myéline dans la papille qui est blanche, deviennent grises et se dispersent à la face interne de cette membrane ; leurs extrémités se dirigent vers l'extérieur en traversant une couche de cellules granuleuses bipolaires pour aboutir à la couche des cônes et bâtonnets de la membrane de Jacob, qui sont les éléments terminaux du nerf optique.

Article VI. — Sang et Lymphe

Le sang et la lymphe constituent le véritable milieu intérieur de l'économie, dans lequel baignent tous les éléments anatomiques, qui font avec lui d'incessants échanges.

Le sang part du cœur chassé par les ventricules dans les 2 gros troncs artériels, qui se divisent et se résolvent en capillaires ; à ce niveau, le sang se partage en sang veineux qui revient au cœur par les capillaires veineux constituant graduellement les 2 gros troncs veineux ramenant le sang dans les oreillettes et en lymphe que ramènent graduellement les lymphatiques, puis les 2 gros troncs lymphatiques, qui se jettent dans le système veineux avant l'arrivée de celui-ci au cœur. Les échanges organiques ont lieu au niveau des capillaires.

Les 2 liquides nourriciers ont donc une base humorale commune et jouent le rôle d'intermédiaires entre les éléments anatomiques et le milieu extérieur, prenant des aliments à la surface intestinale, de l'oxygène au poumon et rejetant des excreta, au rein par exemple.

Sang. — Le sang rouge, alcalin, salé, d'odeur rappelant celle de l'animal qui l'a fourni, est chez l'homme en quantité variable, de 5 kilogrammes en moyenne, correspondant à 1/3 du poids du corps. Sa densité = 1,060.

Le sang comprend 2 types : le sang artériel rouge vermeil et le sang veineux rouge pourpre. Son évaluation à 5 litres, pour la quantité totale qu'en renferme le corps, a été calculée par la saignée à blanc qui donne un chiffre trop faible, car on ne recueille pas ainsi tout le sang du corps, suivi du lavage des vaisseaux à l'eau qui se teinte et dans laquelle on peut trouver par le calcul la quantité de sang entraînée en comparant la coloration de cette dilution à celle d'échantillons gradués obtenus en étendant d'eau le même sang. Nous aurons un chiffre trop fort pour le sang restant, car l'eau se sera aussi colorée aux dépens des muscles lavés.

La somme de ces deux quantités (légèrement rectifiée) donnera la quantité totale du sang contenu dans le corps, qui représente 1/13 du poids du corps.

La masse du sang varie d'ailleurs du simple au double suivant qu'on est à jeun ou après le repas (saignée) : mais dans ces conditions c'est le liquide du sang qui varie si rapidement, le *liquor*; au contraire la partie solide, le *cruor*, ne varie pas sensiblement et met un certain temps à se reconstituer quand une hémorragie, une maladie a abaissé sa quantité. Dans le sang il y a à peu près parties égales de liquor et de cruor, le premier contenant les sels de soude, le second ceux de potasse fixés sur les globules qui composent le cruor, formé de globules rouges et blancs.

Lymphe. — Blanche, alcaline, salée elle est en quantité environ double de celle du sang. Sa densité = 1,045.

D'ailleurs la quantité des liquides nourriciers varie

considérablement suivant l'abondance des ingesta ou des excreta (boissons abondantes, diarrhée) ; quand cette quantité est abondante l'absorption est ralentie (empoisonnement plus difficile après le repas), elle est facilitée dans le cas contraire (purgatifs répétés).

Le sang et la lymphe hors des vaisseaux se coagulent ; le vide, le froid et le sulfate de soude entravent la coagulation, qui résulte du passage de l'état liquide à l'état filamenteux reticulé de la *fibrine* que l'on voit former une couenne blanche à la surface du caillot, si celui-ci s'est formé lentement.

Le caillot sanguin renferme dans sa trame fibrineuse des globules blancs ; il est léger pour un volume donné de lymphe, tandis que le caillot sanguin, emprisonnant dans sa trame fibrineuse en outre des globules blancs une quantité énorme de globules rouges, est volumineux et lourd pour le même volume de sang.

Globules rouges. — Les globules rouges sont au nombre de 25 trillions ; on les numère, en comptant combien on en trouve dans 1 millimètre cube de sang examiné sous le microscope à l'oculaire quadrillé ; leur nombre augmente dans la pléthore, diminue dans l'anémie, qui est due, tantôt à la diminution du nombre des globules (hypoglobulie), tantôt à la diminution de leur richesse en hémoglobine, matière organique cristallisable, qui donne au globule sa propriété de fixer l'oxygène pour donner de l'oxyhémoglobine. Ils sont en forme de lentille biconcave sans noyau (elliptiques sans noyau, chez les mammifères caméliens ; elliptiques avec noyau saillant, chez les ovipares) ; le noyau existait chez l'embryon.

Leur diamètre est de 7 μ. Dans la série animale, leur nombre augmente avec le degré d'élévation et dans un groupe zoologique donné, leur petitesse est en raison de la vivacité de l'animal. Chez l'homme, ils sont plus abondants chez l'adulte, le campagnard, l'homme robuste bien nourri. Leur nombre aproximatif est de cinq millions par millimètre cube. Les globules blancs sont par rapport aux globules rouges dans la proportion de 1/300 ; ils sont encore plus nombreux chez la femme, chez les sujets lymphatiques ; leur proportion s'augmente considérablement dans la leucémie ou leucocythémie.

Dans le sang retiré des vaisseaux, les globules rouges s'empilent et deviennent crénelés par dessiccation légère; l'eau les décolore, l'alcool absolu les fixe dans leurs couleur et forme normales ; l'éther les décolore et les gonfle, la congélation fait dissoudre l'hémoglobine dans le plasma. L'acide acétique dissout leur stroma de globuline : les sels biliaires font disparaître totalement les globules. La matière colorante des globules ou hémoglobine est une substance cristallisable ; les cristaux varient de forme avec les espèces ; elle se dédouble en une albumine spéciale et en hématine. Enfin les globules contiennent des sels de potasse.

Globules blancs. — Ils sont sphériques, incolores, brillants, granuleux et mesurent 7 μ ; il y en a 16 mille par millimètre cube et seulement 8 mille dans la lymphe.

L'acide acétique étendu y décède un noyau qui semble multiple, phénomène qui serait dû à ce que, long et sinueux, on apercevrait ses replis ; les leucocytes sont doués de mouvements amiboïdes et ressemblent à certaines cellules embryonnaires. Leur nombre est plus considérable au sortir des organes lymphatiques, rate et ganglions ; ils servent peut-être à fabriquer des globules rouges.

Plasma sanguin. — Il forme les 2/3 de la masse du sang, il se coagule par la chaleur; on l'obtient en filtrant du sang à 0° sous forme d'un liquide ambré de densité = 1030. Ce plasma, en se réchauffant, se coagule en donnant un caillot, qui, exprimé, représente 1,50 pour 100 du poids du sang ; c'est de la fibrine filamenteuse élastique, qu'on peut aussi obtenir en battant le sang avec un petit balai sur les brindilles duquel elle adhère ; c'est le procédé bien connu des cuisinières pour empêcher la coagulation du sang. Le plasma séparé de la fibrine est le *sérum*, formé par une matière albuminoïde la *sérine* et contenant des peptones, des sels minéraux à base de soude.

Le plasma de la lymphe a une constitution un peu différente mais analogue.

Le plasma renferme encore des graisses, du glucose et des excreta, tels que l'acide urique et surtout l'*urée*. La graisse est absorbée à la surface de l'intestin ; elle peut dans l'engraissement artificiel et les maladies de foie des pays chauds donner au plasma sanguin une teinte laiteuse ; les urines peuvent également devenir chyleuses. Les graisses entretiennent la chaleur organique et favorisent la formation des globules rouges, particulièrement l'huile de foie de morue.

Le glucose vient des sucres ou des féculents transformés en sucre par les diastases salivaire ou pancréatique ; le foie peut même en faire quelle que soit l'alimentation. Le sang normal en renferme 1/1,000 et il se détruit rapidement.

Le globule rouge respire lui-même comme tout élément anatomique en prenant de l'O et rendant $HO + CO^2$, mais en outre il fixe sur son hémoglobine de l'O destiné aux tissus et il emporte par son plasma CO^2 provenant comme excrément de ces mêmes tissus. L'homme absorbe environ 500 litres d'O, dont il rend 400 seulement dans 400 litres de CO^2 ; le chiffre d'oxygène consommé varie d'ailleurs avec l'âge, le sexe, la constitution, l'alimentation, le genre de vie, etc.

Les gaz du sang retirés par le vide nous montrent la proportion suivante :

Sang artériel.. . .	O 20 vol.	CO^2 35 vol.
Sang veineux.. . .	O 12 vol.	CO^2 47 vol.

presque tout l'oxygène est fixé sur le globule rouge, tandis que l'acide carbonique est fixé sur le sérum.

L'oxyde de carbone déplace l'O du globule rouge et définitivement, de telle sorte qu'un globule rouge ainsi atteint ne pourra plus reprendre d'oxygène ultérieurement ; il est donc à partir de ce moment mort pour la circulation. Si un grand nombre de globules sont atteints, l'individu est asphyxié (empoisonnement par le charbon ou réchaud); s'il n'y en a qu'un petit nombre, on a simplement une diminution de la vitalité (anémie des cuisinières, des blanchisseuses).

C'est l'hémoglobine qui est atteinte dans ces conditions et on peut à l'analyse spectrale distinguer l'hémoglobine oxygénée, réduite et oxycarbonée par la différence des raies d'absorption (entre les raies D et E de Frauenhofer, 2 raies d'absorption, 1 seule après réduction).

La lymphe ne renferme que des traces d'O, mais elle contient presque autant de CO^2 que le sang.

CHAPITRE II

OSTÉOLOGIE

Article I. — Généralités sur les os

Les *os* sont des corps durs organisés, vivants, servant de soutien aux parties molles, de protection aux organes internes, de points d'attache aux muscles. Ils reçoivent de toutes parts des vaisseaux émanés d'une membrane fibreuse qui les entoure, le *périoste*.

D'après cette définition, les dents, cornes, ongles, carapaces ne sont pas des os.

Les os sont propres aux vertébrés.

L'ostéologie est la base de l'anatomie, car les os servent d'insertion aux muscles, ils sont en rapport avec des nerfs et forment des points de repère pour le trajet des artères : on doit donc commencer l'anatomie par leur étude.

Les os forment un système de parties contiguës et liées entre elles. Un seul os est libre, l'*os hyoïde* (1), mais ses ligaments de suspension sont représentés par des os chez d'autres animaux.

Squelette. — L'ensemble des os forme le *squelette*. On distingue un squelette *naturel* et un squelette

1. Voy. Sauvez, *Anatomie de la bouche et des dents* in *Manuel du chirurgien dentiste*.

artificiel : dans le premier, les os sont rattachés par des ligaments, tandis que, dans le second, ces ligaments, dans nos squelettes d'étude, sont remplacés par des moyens d'union artificiels (fils de cuivre, cordes, étoupe, etc.).

Le squelette, divisible en 2 moitiés symétriques par rapport à un plan médian antéro-postérieur, se compose d'une colonne centrale, le *rachis* (épine) ou *colonne vertébrale*, terminée par en haut par une grande boîte destinée à loger l'encéphale, le *crâne*, et en bas par le *coccyx*, rudiment de la queue des autres vertébrés. Comme appendices à cette partie médiane, nous trouvons la *face*, au-dessous et en avant du crâne, avec 2 parties, la mâchoire supérieure et la mâchoire inférieure ; le thorax, formé par 12 côtes aboutissant en partie au sternum pour former la cage thoracique; 4 membres, 2 thoraciques ou supérieurs et 2 pelviens ou abdominaux correspondant au bassin ou pelvis. Chacun d'eux est formé par une ceinture osseuse, l'omoplate et la clavicule pour le membre supérieur, le bassin pour le membre inférieur. Les membres sont composés de segments formés d'un seul os pour le bras et la cuisse, de deux os pour l'avant-bras et la jambe et d'une série d'os pour la main et le pied.

On appelle *os* toute pièce du squelette séparable après le complet développement, c'est-à-dire de 25 à 30 ans. On en compte 198, dont 26 pour la colonne vertébrale, 8 pour le crâne, 14 pour la face, 1 isolé, l'os hyoïde, 25 pour le thorax, 64 pour les 2 membres supérieurs et 60 pour les 2 membres inférieurs, non compris dans ce dénombrement les os sésamoïdes, wormiens et la rotule. Comme il y a seulement 34 os impairs, il nous reste donc 116 os à étudier.

Les détails descriptifs des os sont relatifs à leurs nom, situation générale, direction, volume, poids, figure, région, conformation extérieure, texture intime et développement.

La nomenclature des os présente de nombreuses imperfections ; leur base de dénomination est tirée, tantôt de la situation (*frontal*), de la forme (*cuboïde*), de la grandeur (*grand os du carpe*), de l'aspect (*os crochu*), tantôt d'un nom d'auteur (*cornet de Bertin, apophyses d'Ingrassias*).

Leur situation est décrite relativement à leurs voisins : on suppose le squelette enfermé dans une boîte limitée par plusieurs plans, antérieur, postérieur, supérieur, inférieur et latéraux, plus un plan médian antéro-postérieur qui le coupe en 2 moitiés symétriques. La ligne médiane sépare également en deux les os symétriques. Ainsi, pour l'os malaire, on dira que c'est un os pair de la face, situé à la partie antérieure supérieure et latérale, au-dessous du frontal, au-dessus et en-dehors des maxillaires, au-devant de l'apophyse zygomatique.

La direction des os est absolue ou relative. Comme direction absolue, un os peut être rectiligne, curviligne, anguleux, tordu ; les os longs, rarement rectilignes, sont en S, comme la clavicule, ou tordus, comme le péroné. Comme direction relative, l'os peut être vertical, horizontal, oblique, comme par exemple dans une côte, de haut en bas, de dedans en dehors et d'arrière en avant.

On part toujours d'une même extrémité, qui est la supérieure.

On divise seulement les os, d'après leurs dimensions, en *grands, moyens, petits*.

Leur densité est toujours forte, même dans les os légers, qui sont alors pleins de cellules, qui, dans les os longs, occupent les régions des extrémités, tandis que la diaphyse est de structure très condensée ; les os larges occupent le milieu entre les longs et les courts : parmi les os larges, ceux du crâne sont les plus pesants.

Chez le vieillard, la densité des os augmente par diminution de l'osséine et augmentation des sels calcaires, ce qui est une cause de fragilité à laquelle vient s'adjoindre l'accroissement des cavités cellulaires des os par raréfaction des parois de séparation de ces cavités cellulaires, qui deviennent énormes. Ainsi, au frontal, nous voyons se produire avec l'âge ce développement des sinus frontaux, qui nous donne la saillie en avant de la région sus et interorbitaire et l'avancement des sourcils chez le vieillard.

Ces raisons, augmentation des sels calcaires, diminution de l'osséine et accroissement des cavités cellulaires, expliquent la fragilité des os du vieillard et particulièrement expliquent la facilité avec laquelle se produit, pour un simple faux pas, la fracture du col du fémur à un âge avancé.

La figure des os peut quelquefois être comparée à un objet connu : le sphénoïde rappelle une chauve-souris dans son vol, le scaphoïde ressemble à un bateau ; les os courts sont cuboïdes, les longs prismatiques triangulaires ; la mâchoire inférieure a un corps parabolique.

Les os symétriques sont impairs et médians, les autres, non symétriques, pairs et latéraux.

Les os se divisent en *longs, larges* et *courts*. Les os longs occupent les membres, où ils forment des colonnes ou leviers, dans leur partie supérieure surtout ; ils se divisent en un corps prismatique, étroit, triangulaire et en deux extrémités plus volumineuses pour servir à l'articulation osseuse, aux insertions tendineuses et ligamenteuses, aux réflexions des tendons. L'extrémité présente une portion articulaire et une non articulaire. Les os larges sont plus ou moins courbés pour former des cavités, ordinairement en s'associant à plusieurs. Quelquefois, un os large est alternativement convexe et concave, comme l'os de la hanche.

Les variations externes ne correspondent pas aux variations internes : ainsi, à la protubérance occipitale externe correspond non pas une dépression, mais une saillie à l'intérieur du crâne, la protubérance occipitale interne, d'où l'absence de base du système de Gall, dans lequel réellement certains détails de bonne observation conservent leur valeur, comme il arrive souvent, d'ailleurs, pour les faits bien observés sous l'inspiration incitatrice d'une théorie, même fausse.

La circonférence des os larges est plus épaisse pour les insertions ; elle présente souvent des dentelures, des sinuosités pour les articulations ou l'engrènement réciproque, comme à la voûte du crâne.

Les os courts se rencontrent à la colonne vertébrale, au torse, là où il faut de la solidité avec de petits mouvements ; ils sont généralement cuboïdes, les faces non articulaires sont rugueuses.

Les os présentant une foule de détails à considérer, on doit nécessairement les diviser en plusieurs régions ; on y distingue des *faces*, des *bords*, des *angles* ; ainsi, un os prismatique présente 3 faces, 3 bords ; un os plat présente 2 bords et une circonférence ; un os court a 6 faces. Quelquefois, comme dans l'os coxal, où sur le bord il y a de multiples insertions, on lui décrit deux lèvres et un interstice.

On décrit à la surface des os des éminences, les apophyses et les épiphyses, suivant qu'elles sont ou non réunies au corps de l'os, des éminences articulaires (dentelures pour les sutures du crâne, tête et col du fémur, condyles au maxillaire inférieur), ou non articulaires pour les insertions (bosses à l'extérieur du crâne, éminences mamillaires sur sa surface intérieure, épine du tibia, ligne âpre du fémur, crête du tibia, apophyses clinoïde, mastoïde, zygomatique, styloïde, coronoïde, odontoïde, etc.).

Les éminences d'insertion sont en rapport avec la force des muscles, elles sont plus développées chez l'homme que chez la femme et chez ceux qui travaillent manuellement. Cependant, ce n'est pas la traction musculaire qui fait l'éminence, car, d'une part, elles existent sur les os des membres atteints de paralysie infantile et, d'autre part, des muscles, comme les ptérygoïdiens, s'insèrent dans des cavités. En effet, l'enfant naît avec une disposition plus ou moins accentuée au développement de ses éminences osseuses par atavisme, d'après le genre de vie de ses ancêtres : ainsi les descendants directs des preux chevaliers capables de porter les massives armures et de manier les lourdes épées de l'époque ne devaient pas briller par la finesse des attaches, qu'une longue lignée d'oisifs a fini par donner à leurs descendants.

Les cavités des os sont de même articulaires (cavité cotyloïde ou en écuelle à l'os coxal, cavité glénoïde de l'omoplate, alvéolaire pour l'articulation des dents par gomphose) ou non articulaires (fosse pariétale, sinus maxillaire, cellules ethmoïdales, gouttières du crâne, coulisse bicipitale de l'humérus, sillons, rainures, trous, hiatus, etc.).

Les impressions des os sont souvent dues à un rapport d'organe (fossette sublinguale pour la glande du même nom.)

Au point de vue de la conformation intérieure, les os sont formés d'une substance compacte fibreuse, cependant aréolaire, et d'une substance spongieuse réticulaire.

Un os long scié montre au centre un canal médullaire devenant plus étroit aux deux bouts. Le conduit nourricier se trouve sur la diaphyse de l'os.

Le canal médullaire augmente le volume et la résistance de l'os sans augmenter son poids (tube creux des bicyclettes) ; il devient pneumatique chez les oiseaux pour augmenter la légèreté. Le canal augmente de volume chez le vieillard, tandis que les parois en diminuent d'épaisseur. Aux extrémités, le tissu spongieux augmente et est recouvert d'une seule lame de tissu compacte, toujours pour augmenter le volume sans augmenter le poids.

Un os large scié montre deux tables de tissu compact séparées par du tissu spongieux. Dans un os plat, il y a peu de tissu spongieux au centre, d'où sa transparence. Le tissu spongieux intermédiaire aux deux tables de tissu compacte dans les os du crâne s'appelle *diploë*.

Un os court représente la texture d'une extrémité d'os long : c'est une masse spongieuse recouverte d'une lame de tissu compact, d'où sa légèreté ; les cellules en sont petites, avec des parois d'alvéoles fortes chez l'enfant ; c'est l'inverse chez le vieillard.

Tissu osseux. — Nous avons vu en histologie la structure intime du tissu osseux.

La matière organique, l'osséine, disparaît dans les os des cimetières sous l'influence de l'air, de l'humidité et des microbes : d'abord plus fragiles, comm un os calciné, ils iront plus tard en s'effritant.

Les os sont parcourus de vaisseaux qui y pénètrent pour les os longs, par le trou nourricier pour le cana médullaire et par les deux extrémités, ainsi que pa de fins rameaux émanés de la face profonde d périoste.

Développement des os. — Les os se développen en s'accroissant en longueur et en épaisseur. L'accroi sement en épaisseur est dû à l'activité de la couch profonde ou ostéogène du périoste ; l'accroisseme en longueur est dû à la présence de points d'ossification entre la diaphyse et l'épiphyse, dont le développement éloigne ces portions l'une de l'autre et produit ainsi l'allongement.

Les os sont d'abord représentés par du cartilage, excepté au crâne, où l'os est d'abord précédé par du tissu fibreux qui s'encroûte de sels calcaires.

Article II. — Description anatomique des os

Tête. — 22 os forment la tête, dont 8 pour le crâne et 14 pour la face.

Les 8 os du crâne comprennent 4 os impairs, le frontal, l'ethmoïde, le sphénoïde et l'occipital, et 4 os pairs, les 2 pariétaux et les 2 temporaux.

Les 14 os de la face comprennent 13 os articulés pour former la mâchoire supérieure ; ce sont les 2 maxillaires supérieurs, les 2 cornets inférieurs, les 2 os malaires, les 2 os unguis ou lacrymaux, les 2 os nasaux, les 2 palatins et le vomer médian cloisonnant les fosses nasales ; un seul forme la mâchoire inférieure, l'os maxillaire inférieur.

Les différents os de la tête, ainsi que certaines autres parties de la tête et du cou, sont décrits dans le volume consacré à l'anatomie spéciale (1).

Nous passons donc directement aux autres os du corps.

Colonne vertébrale. — La colonne vertébrale se compose de vingt-neuf os : vingt-quatre vertèbres (sept cervicales, douze dorsales et cinq lombaires), le sacrum et quatre pièces constituant le coccyx.

Chaque vertèbre présente en avant un *corps*, en

1. E. Sauvez, *Anatomie et physiologie de la bouche et des dents*, in *Manuel du chirurgien dentiste*.

arrière un *arc vertébral* ou *trou vertébral*, donnant passage à la moelle épinière et à ses enveloppes. De cet arc vertébral partent des appendices, qui prennent les noms d'*apophyses épineuse*, *transverses*, *articulaires supérieures*, *articulaires inférieures*. Entre le corps et l'arc se trouve une partie rétrécie, le *pédicule*, qui présente une échancrure supérieure et une inférieure, qui, avec celles des vertèbres voisines, forment les *trous de conjugaison* pour le passage des nerfs émanant de la moelle.

Toutes les vertèbres ne sont cependant pas semblables. Ainsi, dans les vertèbres cervicales, le trou est triangulaire, les apophyses épineuses sont courtes et bifurquées, les apophyses transverses sont sur les côtés du corps et percées à la base d'un trou pour le passage de l'artère vertébrale. Dans les vertèbres dorsales, le corps présente deux demi-facettes articulaires pour les côtes ; le trou est rond, petit ; les apophyses transverses sont longues, à sommet volumineux, muni en avant d'une facette articulaire pour la tubérosité de la côte. Dans les vertèbres lombaires, le corps est volumineux, le trou rachidien triangulaire ; l'apophyse épineuse est forte, horizontale et rectangulaire ; les véritables apophyses transverses sont réduites à un tubercule appelé apophysaire ; deux apophyses transverses, mieux appelées *costiformes*, longues et minces, sont les analogues des côtes.

Enfin certaines vertèbres ont une anatomie qui leur est propre. Ainsi la première cervicale ou *atlas* est constituée par deux masses latérales réunies par les arcs antérieurs et postérieurs circonscrivant le trou rachidien, qui loge l'*apophyse odontoïde* de l'axis et la moelle épinière. A la face externe des masses latérales, se trouvent deux prolongements horizontaux, les apophyses transverses.

La deuxième vertèbre cervicale, ou *axis*, est caractérisée par son *apophyse odontoïde* ou dent de l'axis, qui vient se loger dans le trou rachidien de l'atlas. La septième cervicale se distingue par une apophyse épineuse très longue, unituberculeuse, et par ses apophyses transverses à peine bifurquées. La première dorsale présente une facette articulaire complète pour la première côte et une portion de facette pour la deuxième côte. A la dixième dorsale manque la demi-facette articulaire inférieure. Avec les onzième et douzième dorsales, on ne trouve plus de facettes articulaires sur les apophyses transverses et les côtés du corps présentent une facette unique pour les onzième et douzième côtes. Enfin le corps vertébral de la cinquième lombaire est plus épais en avant qu'en arrière et la face inférieure est fortement oblique d'arrière en avant et de haut en bas.

Le *sacrum* est constitué par cinq vertèbres soudées ensemble. Il a la forme d'une pyramide quadrangulaire à sommet inférieur. La base rappelle, par sa facette articulaire, l'ouverture du canal sacré, et l'extrémité supérieure de la crête sacrée, la forme d'une vertèbre lombaire et s'articule avec la face inférieure de la cinquième vertèbre lombaire. Le sommet présente une facette, qui s'articule avec la base du coccyx et deux saillies descendantes, les *cornes* du sacrum, qui viennent s'unir aux cornes du coccyx. Sur la face antérieure, on retrouve les traces de soudures des diverses vertèbres et à l'extrémité de chacune d'elles un trou arrondi dont l'ensemble constitue les *trous sacrés antérieurs*, au nombre de quatre de chaque côté. Sur la ligne médiane de la face postérieure, est la *crête sacrée* avec, de chaque côté, une gouttière sacrée et quatre *trous sacrés postérieurs*. Les faces latérales présentent une large surface articulaire, qui a la forme d'une oreille, qui s'appelle *surface auriculaire* et qui s'articule avec une facette analogue de l'os iliaque. Enfin le *canal sacré*, qui fait suite au canal rachidien de la colonne lombaire, parcourt le sacrum dans toute sa hauteur. Il en part de chaque côté quatre conduits transversaux, qui se bifurquent pour aboutir à la fois aux trous sacrés antérieurs et aux trous sacrés postérieurs.

Le *coccyx*, rudiment chez l'homme de la queue des mammifères, est situé immédiatement au-dessous du sacrum et termine la colonne vertébrale. Il est constitué par quatre ou cinq vertèbres atrophiées et le plus souvent soudées entre elles. La base présente une facette articulaire et deux saillies ascendantes, les *cornes du coccyx*; le sommet n'est qu'un petit tubercule osseux.

Sternum, côtes, thorax. — A un point de vue général, on peut considérer la vertèbre comme ne s'arrêtant pas au sommet de ses apophyses transverses, mais comme prolongée de chaque côté par les côtes, arcs osseux qui viennent s'articuler en avant sur les parties latérales d'une colonne vertébrale antérieure, le *sternum* (*colonne sternébrale* de l'anatomie comparée).

Théoriquement, les côtes et le sternum existent dans toute la hauteur de la colonne vertébrale, mais chez l'homme, ces éléments ne sont bien développés qu'au niveau des vertèbres dorsales, avec lesquelles ils constituent la cage thoracique destinée à loger l'appareil cardio-pulmonaire.

Le *sternum* est un os plat situé à la partie antérieure du thorax, en dedans des clavicules, avec lesquelles il s'articule par deux facettes de son bord supérieur et des sept premières côtes, qui viennent prendre point d'appui dans des facettes articulaires des bords latéraux. Primitivement constitué par une série de pièces indépendantes qui se soudent dans le cours du développement, il ne présente plus chez l'adulte que trois segments qui sont, en allant de haut en bas: 1° la *poignée* ; 2° le *corps* ; 3° la *pointe* ou *appendice xiphoïde*.

Les *côtes* sont des arcs osseux aplatis, obliques en bas et en avant, qui se détachent de chaque côté de la colonne vertébrale et arrivent jusqu'au sternum. Il y en a douze de chaque côté et les deux dernières, dont l'extrémité antérieure est libre, sont dites *flottantes*. Chaque côte présente une face externe convexe, une face interne concave en rapport avec la plèvre, un bord supérieur mousse et un bord inférieur avec une gouttière dans laquelle cheminent la veine intercostale, l'artère intercostale et le nerf intercostal.

L'extrémité antérieure présente une surface articulaire pour le sternum. L'extrémité postérieure offre une *tête*, qui s'articule avec les corps des vertèbres voisines, un *col* et une *tubérosité*, qui s'articule avec l'apophyse transverse de la vertèbre correspondante.

Quatre côtes ont des caractères particuliers. La première côte a un corps court, sans gouttière ; il présente le *tubercule de Lisfranc*, qui sépare deux gouttières, une antérieure pour la veine sous-clavière et une postérieure pour l'artère. La deuxième côte est également dépourvue de gouttière. Les onzième et douzième côtes ne s'articulent pas avec les apophyses transverses et ont leur extrémité antérieure libre.

Membre supérieur. — Le membre supérieur se compose de quatre segments : l'épaule, le bras, l'avant-bras et la main.

L'épaule, qui rattache le membre supérieur au thorax, comprend deux os : la *clavicule* et l'*omoplate*.

La clavicule est un os long, pair, transversalement placé entre la poignée du sternum et l'omoplate. Elle est contournée à la façon d'un S italique et présente deux courbures, une interne, convexe en avant, l'autre externe, concave. La face supérieure est lisse, elle répond à la peau et au muscle peaucier; la face inférieure présente des surfaces rugueuses pour les insertions des ligaments qui l'attachent aux côtes et à l'omoplate et du muscle sous-clavier. Sur son bord antérieur s'insére le grand pectoral; sur son bord postérieur s'insérent le faisceau externe du muscle sterno-cléido-mastoïdien et le trapèze. Ses extrémités présentent des facettes articulaires pour le sternum et l'acromion.

L'omoplate est un os pair, aplati, triangulaire, présentant deux faces, trois bords et trois angles et appliqué contre la partie postérieure du thorax. A la face postérieure on remarque une forte saillie, l'*épine de l'omoplate*, qui se prolonge en dehors en une forte apophyse, l'*acromion*, et divise cette face en deux parties inégales, la plus petite est au-dessus, c'est la fosse sus-épineuse; la plus grande, en dessous, c'est la fosse sous-épineuse. La face antérieure est excavée et prend le nom de *fosse sous-scapulaire*. Les bords sont minces, le bord supérieur se termine en dehors par l'*échancrure coracoïdienne*. A l'angle antérieur se trouve la *cavité glénoïde*, rattachée au corps de l'os par le col de l'omoplate; on trouve également une apophyse en forme de bec de corbeau et appelé *coracoïde*.

Os du bras. — Le squelette du bras est constitué par un seul os, l'*humérus*. On remarque sur le corps une gouttière dite de torsion, où cheminent l'artère humérale et le nerf radial, la surface rugueuse et en forme de V de l'insertion inférieure du deltoïde. A l'extrémité supérieure est la *tête de l'hu-*

mérus, qui s'articule avec la cavité glénoïde de l'omoplate et deux tubérosités, le *grand* et le *petit trochanters*, destinées à des insertions musculaires, La partie moyenne de l'extrémité inférieure est occupée par deux surfaces articulaires, l'interne, en forme de poulie, est la *trochlée humérale*, surmontée en arrière de la fosse olécrânienne et en avant de la fosse coronoïdienne ; l'externe, arrondie, est le *condyle de l'humérus* ; aux extrémités du diamètre transversal se trouvent deux apophyses : l'interne, qui surmonte la trochlée, est l'*épitrochlée*, l'externe est l'*épicondyle*.

Os de l'avant-bras. — L'avant-bras est constitué par deux os : le *cubitus* et le *radius*. Ils sont placés parallèlement dans le sens de la longueur du membre et interceptent entre eux un espace dit *interosseux*.

Le corps du cubitus diminue de volume de haut en bas. A l'extrémité supérieure sont deux apophyses : l'*olécrâne* et l'*apophyse coronoïde*, qui, dans les mouvements d'allongement et de supination du membre, vont alternativement se loger dans leurs cavités respectives, les fosses olécrâniennes et coronoïdiennes de l'humérus. La grande cavité sigmoïde occupe la concavité du crochet formé par les deux apophyses et s'articule avec la trochlée humérale. La petite cavité sigmoïde, située au côté externe de l'apophyse coronoïde, est destinée à s'articuler avec le radius. A l'extrémité inférieure est une petite apophyse saillante, dite *styloïde*.

Le corps du radius augmente de volume de haut en bas. L'extrémité supérieure se compose de la *tête*, avec sa *cupule d'articulation* pour le condyle de l'humérus et autour sa bordure articulaire pour la petite cavité sigmoïde du cubitus, et du *col* qui, à son point de réunion avec le corps, présente la *tubérosité bicipitale*. L'extrémité inférieure est volumineuse et présente une série de gouttières pour les tendons musculaires des radiaux, du long extenseur du pouce, de l'extenseur commun et de l'extenseur propre de l'index, et l'apophyse styloïde du radius, plus épaisse que celle du cubitus.

Os de la main. — Les os de la main se composent de trois segments : le *carpe*, le *métacarpe* et les *doigts*.

Huit os, disposés en deux rangées, constituent le carpe, ce sont : le *scaphoïde*, le *semi-lunaire*, le *pyramidal*, le *pisiforme*, le *trapèze*, le *trapézoïde*, le *grand os* et l'*os crochu*. Ils sont tous irrégulièrement cuboïdes.

Le métacarpe est le squelette de la paume de la main. Il se compose de cinq os longs que l'on désigne sous les noms de *1er, 2e, 3e, 4e* et *5e métacarpiens*, et qui vont de la deuxième rangée du carpe à la base des cinq doigts. Entre eux, ils limitent des espaces vides *interosseux*. Ils ont tous une configuration sensiblement pareille et on leur décrit un corps, une extrémité supérieure ou *bout* et une extrémité inférieure ou *tête*.

Les doigts sont désignés par les noms de *pouce*, *indicateur*, *médius*, *annulaire* et *auriculaire*. Le pouce a deux phalanges ; les autres doigts en ont trois. On les nomme *1e, 2e* et *3e phalange* ou *phalange, phalangine* et *phalangette*. Leur longueur diminue pour chaque doigt de haut en bas. Malgré leur brièveté, ce sont de véritables os longs présentant un corps et deux extrémités.

Membre inférieur. — Le membre inférieur, conformé d'une façon analogue à celle du membre supérieur, est également constitué par quatre segments : 1° la hanche ; 2° la cuisse ; 3° la jambe ; 4° le pied.

Os de la hanche. — La hanche est constituée par un

seul os : le *coxal*. Articulés ensemble en avant par la symphyse pubienne, et en arrière avec le sacrum et le coccyx, les deux os coxaux forment avec eux l'enceinte osseuse, que l'on appelle le *bassin*.

L'os coxal est primitivement constitué par trois pièces : l'*ilion* en haut, l'*ischion* en bas et le *pubis* en avant.

C'est un os plat, de forme très irrégulière.

La face externe présente à sa partie moyenne la *cavité cotyloïde*, en forme de sphère creuse, bordée par le *sourcil cotyloïdien* et destinée à recevoir la tête du fémur. Au-dessus, est la *fosse iliaque* externe, destinée à l'insertion supérieure des muscles fessiers. Au-dessous, est le *trou obturateur*, ou sous-pubien, ovalaire chez l'homme, triangulaire chez la femme ; à l'état frais, il est fermé par la *membrane obturatrice*, sur laquelle s'insèrent les muscles obturateurs ; son bord supérieur est parcouru par la *gouttière obturatrice*, occupée par les vaisseaux et le nerf obturateur. La face interne est divisée en deux parties par une ligne arrondie et mousse, la *ligne innominée*. Au-dessus est la fosse iliaque interne où s'insère le muscle iliaque. Au-dessous est la facette auriculaire qui s'articule avec celle du sacrum, une surface rugueuse d'implantation des ligaments qui l'unissent au sacrum, le trou obturateur et son pourtour. Les bords sont découpés et présentent diverses échancrures et éminences. Sur le bord antérieur, on trouve l'*épine iliaque antérieure et supérieure*, l'*épine antérieure et inférieure*, l'*éminence ilio-pectinée*, l'*épine du pubis*. Le bord postérieur présente les *épines iliaques postérieures supérieure* et *inférieure*, les *grandes* et *petites échancrures sciatiques*, l'*épine sciatique*. Les bords supérieur et inférieur sont plus réguliers et donnent insertion à des muscles.

Os de la cuisse. — L'os de la cuisse est le *fémur*, analogue à l'humérus, qui est l'os du bras. Le corps de l'os est prismatique et triangulaire, en arrière se trouve une ligne, épaisse, saillante et rugueuse, qu'on appelle la *ligne âpre*. A l'extrémité supérieure se trouve la *tête* du fémur, qui représente les deux tiers d'une sphère qui doit s'emboîter dans la cavité cotyloïde de l'os coxal. Cette tête est rattachée au fémur par un cylindre osseux oblique sur la direction du corps et qui porte le nom de *col* du fémur. Au point d'union de ce col avec le fémur proprement dit, se trouvent deux tubercules qui prennent les noms de *grand* et de *petit trochanter*, destinés à des insertions musculaires. L'extrémité inférieure est constituée par une surface articulaire en forme de poulie, la *trochlée fémorale*, qui sépare les deux condyles en avant, tandis qu'en arrière ils sont séparés par la *facette intercondylienne*. Les faces latérales extérieures des condyles sont rugueuses et saillantes et représentent les tubérosités internes et externes du fémur.

Os de la jambe. — Deux os : le *tibia* et le *péroné* constituent le squelette de la jambe. Le premier est beaucoup plus volumineux que le second, ils se réunissent à leurs extrémités et dans leur partie moyenne délimitent par leur écartement un espace interosseux.

On y rattache d'ordinaire un troisième os, la *rotule*, qui se trouve en avant de l'articulation du genou. La *rotule* est un os court de forme triangulaire. La face antérieure est convexe, trouée d'un nombre variable d'orifices pour les vaisseaux, séparée de la peau par la bourse séreuse dite *prérotulienne*. La face inférieure se divise en deux parties. La partie postérieure qui s'articule avec la poulie fémorale est lisse et se moule sur la gorge de la poulie, la partie inférieure est rugueuse et donne insertion au ligament rotulien.

Le *tibia* est le plus volumineux des deux os de la jambe. Son corps est prismatique, la face interne est lisse et répond aux téguments, la face externe est creusée en gouttière; sur la face postérieure est la *ligne oblique du tibia*, rugueuse pour l'insertion des muscles. Le bord antérieur, tranchant à sa partie moyenne, c'est la *crête du tibia*. Le bord interne est moins marqué, le bord externe donne insertion à l'aponévrose interosseuse. L'extrémité supérieure est volumineuse. Elle présente *deux cavités glénoïdes* destinées à s'articuler avec les condyles du fémur. Elles sont séparées par l'*épine du tibia* et supportées par deux masses, les *tubérosités du tibia*. Sur la partie antérieure de cette extrémité il existe une saillie appelée *tubercule antérieur* sur le côté externe, une autre saillie plus ou moins développée connue sous le nom de *tubercule du jambier antérieur* et une facette articulaire destinée au péroné. L'extrémité inférieure est moins développée ; par sa face inférieure elle s'articule avec la poulie de l'astragale ; à sa face externe est une apophyse volumineuse, la *malléole interne* que l'on voit immédiatement sous la peau.

Le péroné, situé en dehors et parallèlement au tibia, est un os grêle dont le corps est prismatique et triangulaire. Sur ses faces s'insèrent de nombreux muscles. Le bord antérieur mince et tranchant est la *crête du péroné*. L'extrémité supérieure, ou *tête* du péroné, présente en dedans une facette articulaire qui s'articule avec celle du tibia et en dehors une saillie, l'*apophyse styloïde*. L'extrémité inférieure constitue la *malléole externe*, présente une facette lisse qui s'articule avec la face externe de l'astragale et une surface rugueuse par laquelle elle s'unit au tibia.

Os du pied. — Le pied se divise en trois parties : le *tarse*, le *métatarse* et les *orteils*.

Le *tarse* est constitué par sept os courts, disposés en une rangée postérieure et une rangée antérieure. La première ne comprend que deux os : l'*astragale* et le *calcanéum* ; la seconde se compose de cinq os : le *cuboïde*, le *scaphoïde* et les trois *cunéiformes*.

L'*astragale* est un os court, irrégulièrement cuboïde, situé entre les os de la jambe et le calcanéum. Sa face supérieure, disposée en poulie, s'articule avec la face inférieure du tibia ; sa face inférieure présente deux facettes séparées par la *rainure astragalienne* pour le calcanéum ; les faces latérales s'articulent avec les malléoles ; sa face antérieure s'articule avec le scaphoïde, sur sa face postérieure est une gouttière pour le passage du tendon du muscle fléchisseur propre du gros orteil.

Le calcanéum est également de forme cuboïde. Sa face supérieure, qui s'articule avec l'astragale, présente deux facettes articulaires séparées par la *rainure calcanéenne* ; sa face inférieure est irrégulière et présente deux saillies, les *tubérosités interne* et *externe* du calcanéum ; à la face externe est le *tubercule externe* ; à la face interne, est la *gouttière calcanéenne* où passent les muscles et vaisseaux qui se rendent à la plante du pied et qui est circonscrite en avant par la petite apophyse. La face antérieure s'articule avec le cuboïde ; la face postérieure est saillante et rugueuse et donne insertion au tendon d'Achille.

Le *cuboïde* est situé sur le bord externe du pied, entre le calcanéum et les métatarsiens, il s'articule avec le premier par sa face postérieure et avec les autres par sa face antérieure.

Les *trois cunéiformes* sont enclavés entre le scaphoïde, le cuboïde et quatre premiers métatarsiens ; ils s'articulent avec ces différents os et également entre eux.

Le métatarse comprend cinq os appelés en allant de dedans au dehors 1er, 2e, 3e, 4e et 5e métatarsiens réunis et articulés par leur extrémité supérieure et limitant des espaces interosseux dans le reste de leur étendue. Le corps de ces os est prismatique, l'extrémité antérieure offre une *tête* en forme de condyle, l'extrémité postérieure présentant des facettes articulaires pour la 2e rangée des os du tarse et pour les métatarsiens voisins.

Les *phalanges* au nombre de trois pour chaque orteil, excepté pour le 1er qui n'en a que deux, sont plus courtes que celles de la main.

On trouve en outre des os courts, dits *sésamoïdes*, qui se développent dans l'épaisseur des tendons autour des articulations.

CHAPITRE III

ARTHROLOGIE

Article I. — Généralités sur les articulations

L'union des os forme les jointures ou articulations, dont l'étude constitue la *syndesmologie* ou *arthrologie*.

Une articulation est essentiellement formée de *surfaces articulaires* en contact, de *ligaments* d'union, de *synoviales* membranes séreuses sécrétant un liquide, la *synovie*, qui sert à lubrifier les surfaces pour en favoriser le glissement.

L'étude des articulations est indispensable au physiologiste pour l'étude des mouvements et au chirurgien pour l'étude des luxations.

Cartilages articulaires. — En recouvrant les surfaces articulaires en contact, ils empêchent l'usure qui se produit, d'ailleurs, quand leur intégrité vient à être entamée par la maladie (coxalgie et arthrites tuberculeuses diverses) ; ils sont élastiques et compressibles, formant ainsi entre les différents segments du squelette des sortes de coussins de caoutchouc destinés à amortir les réactions de ces segments les uns sur les autres dans les mouvements, le saut, la danse, etc.

Ces cartilages articulaires se trouvent dans toutes les articulations mobiles ; leur étendue est en rapport direct avec l'étendue des mouvements dans l'articulation considérée, leur épaisseur est d'autant plus grande que l'articulation est plus mobile et soumise à plus de pressions.

L'épaisseur des cartilages articulaires est plus grande au centre pour les surfaces articulaires convexes ; c'est l'inverse pour les surfaces concaves : cette disposition favorise l'emboîtement réciproque et la résistance aux chocs.

Les cartilages articulaires présentent une surface libre polie, revêtue de la synoviale réduite à son épithélium et d'une surface profonde adhérente à l'os avec lequel elle se confond insensiblement.

En outre, dans les articulations soumises aux chocs les plus violents et aux mouvements les plus répétés, il existe souvent, en plus, des cartilages interarticulaires qui régularisent encore mieux les contacts et modèrent les chocs ; ordinairement biconcaves, d'où leur nom de *ménisques* (μηνη, lune), ils sont épais à la périphérie, minces au centre, souvent troués : on en trouve, par exemple, des types dans l'articulation du genou et l'articulation temporo-maxillaire.

Les articulations à surfaces continues doivent être

considérées comme une partie non encore ossifiée du cartilage d'ossification.

Ligaments. — Formés de tissus fibreux en faisceaux nacrés ils unissent une grande résistance à la flexibilité. Ils sont divisibles en *interosseux* et *périphériques*. Les interosseux n'existent que dans certaines articulations, comme, par exemple, celle de la hanche, dans laquelle la section de tous les ligaments périphériques laisse encore le fémur attaché au fond de la cavité cotyloïde par un ligament rond résistant s'insérant au sommet de la tête du fémur dans une dépression bien marquée sur l'os sec du squelette artificiel.

Les ligaments périphériques ont une face profonde tapissant la synoviale et deux extrémités solidement fixées aux os qu'ils unissent ; leur solidité est telle que, dans les traumatismes, ils arrachent une de leurs insertions osseuses plutôt que de casser eux-mêmes. Ils se présentent sous deux formes principales : en ligaments proprement dits et en membranes ou capsules fibreuses ou fibres épaisses.

Nous avons encore à signaler les *bourrelets* articulaires, couronnant le pourtour des cavités articulaires, augmentant leur profondeur, amortissant la violence des chocs et empêchant le bord des cavités de se briser sous l'effort.

Les *ligaments jaunes*, qui unissent les lames vertébrales, sont éminemment élastiques.

Partout où des fibres se meuvent, il existe une atmosphère celluleuse sécrétant un liquide lubrifiant; s'il y a glissement, il y a une membrane séreuse; s'il y a frottement, il y a une *membrane synoviale* lubrifiée de *synovie* de nature albumineuse, jouant le rôle d'huile pour les jointures et, outre le glissement, favorisant encore l'application des surfaces articulaires, d'où le claquement qu'on entend en les séparant brusquement, comme on l'observe quand on s'étire les doigts : la synoviale, par suite du vide qui existe dans les articulations, se précipite avec bruit dans l'interligne articulaire ainsi exagéré par la traction. Les synoviales sont des membranes séreuses, minces, sans ouverture, réduites à leur épithélium sur les cartilages, comme nous l'avons déjà dit.

Sutures. — Ailleurs, comme au crâne, les os s'engrènent les uns dans les autres par des dentelures à emboîtement réciproque ; ce sont des articulations immobiles, des *sutures*, où l'adhérence est telle que les os se fracturent plutôt que de se séparer.

Dans les *symphyses*, les deux os contigus sont séparés par un coussinet fibreux et l'articulation est encore renforcée par des ligaments périphériques très serrés, de telle sorte qu'on n'y constate, comme à la colonne vertébrale, au pubis, que des mouvements de balancement très limités.

Les os du carpe du tarse n'ont également que des mouvements de glissement très restreints.

Au contraire, à l'épaule, nous constatons des mouvements articulaires très étendus dans tous les sens, même en cercle ; le coude n'a que des mouvements de flexion et d'extension.

Classification des articulations. — On les divise en 3 classes. 1° les *diarthroses* à mouvements étendus subdivisées en *arthrodies* (os du carpe), *trochoïdes* ou *ginglymes* latéraux (art. radio-cubitale supérieure, atloïdo-axoidienne), *trochlées* ou *ginglymes angulaires* (art. humero-cubitale), *condyliennes* (art. radio-carpienne), *énarthroses* (art. de la hanche) ; 2° les *amphiartroses* ou *symphyses* à mouvements restreints (corps vertébraux, symphyse du pubis) ; 3° les *symarthroses* ou *sutures* sans mouvement (os du crâne).

ARTICLE II. — DESCRIPTION ANATOMIQUE DES ARTICULATIONS

Articulations de la colonne vertébrale. — Les vertèbres s'articulent entre elles : par leur corps, par leurs apophyses articulaires, par leurs lames et par leur apophyse épineuse.

Les articulations des corps vertébraux sont des *amphiarthroses.*

Les surfaces articulaires sont, formées par les faces supérieures et inférieures des corps des vertèbres, recouvertes d'une lamelle cartilagineuse. Entre elles se placent les ligaments interosseux, ou *disques intervertébraux*, en forme de lentille biconvexe, compressibles par une longue marche, susceptibles de diminuer ainsi la hauteur de la taille (marches prolongées avec charges sur le dos pratiquées jadis par les conscrits pour diminuer leur taille d'un ou deux centimètres avant de passer sous la toise). Autour du cylindre formé par la superposition des corps vertébraux, des ligaments périphériques forment une espèce de gaine incomplète ; ce sont le *ligament vertébral commun antérieur*, qui s'étend devant les corps vertébraux de l'axis à la partie antérieure du sacrum, en adhérant aux disques interosseux et aux saillies des corps des vertèbres et le *ligament vertébral commun postérieur*, situé en arrière des corps vertébraux et qui, partant de la gouttière basilaire de l'occipital, se prolonge jusqu'au sacrum, s'attachant aussi aux disques intervertébraux.

Les apophyses articulaires sont unies : 1° au cou, par un *ligament capsulaire* ; 2° au dos et aux lombes, par un *ligament postérieur*. Il y a une synoviale qui favorise le glissement.

Les lames vertébrales sont unies entre elles par les *ligaments jaunes,* qui s'attachent à la face antérieure de la lame supérieure et au bord supérieur de la lame inférieure, commencent à l'articulation des apophyses articulaires et se fusionnent en arrière sur la ligne médiane.

Les moyens d'union des apophyses épineuses entre elles sont le *ligament surépineux,* qui adhère intimement au sommet de chacune ; il commence au cou, où il est volumineux, diminue dans la région du dos et se confond dans les lombes avec les faisceaux musculaires qui s'attachent au sommet des apophyses épineuses et les *ligaments interépineux* qui remplissent les espaces compris entre les apophyses allant des ligaments jaunes au ligament surépineux avec lequel ils se confondent.

Le sacrum s'articule avec la cinquième vertèbre lombaire par un fibro-cartilage articulaire, par les ligaments vertébral antérieur et postérieur et par ses apophyses articulaires, enfin par le *ligament sacro-vertébral,* qui va de l'apophyse transverse de la cinquième lombaire à la base du sacrum.

Le sacrum s'unit au coccyx par un ligament interosseux et six ligaments périphériques : ligaments *sacro-coccygien antérieur* et *postérieur* et quatre ligaments *latéraux,* que l'on distingue en *antérieurs* et *postérieurs.*

Les articulations des pièces du coccyx sont des amphiarthroses rudimentaires.

Articulation du thorax. — Chaque côte s'articule avec les deux vertèbres contiguës et chaque articulation présente un ligament interosseux et un ligament antérieur, encore appelé *rayonné,* à cause de sa forme en éventail.

D'autre part, la tubérosité de la côte s'unit au sommet de l'apophyse transverse correspondante par trois ligaments, qui sont le *ligament transverso-costal postérieur*, le *ligament transverso-costal antérieur* et le *ligament transverso-costal supérieur*.

Les côtes et les cartilages costaux s'unissent entre eux par synarthrose.

Les sept premières côtes sont prolongées jusqu'au sternum, avec lequel elles s'articulent. Il y a pour chaque articulation un ligament *interosseux*, un ligament capsulaire et un ligament antérieur.

Les sixième, septième et huitième cartilages costaux s'articulent avec le cartilage sous-jacent; l'union est faite par le périchondre et quelques faisceaux fibreux.

Articulations du membre supérieur. — Articulations des os de l'épaule. — La clavicule, par son extrémité interne, s'articule avec le sternum et la première côte, par son extrémité externe avec l'acromion.

L'*articulation sterno-costo-claviculaire* est constituée par la facette articulaire du bord supérieur du sternum, la facette correspondante de la clavicule, la facette de la clavicule répondant à une petite surface plane du cartilage de la première côte, un fibro-cartilage interarticulaire très irrégulier de forme et quatre ligaments : le *ligament sterno-claviculaire antérieur*, le *ligament sterno-claviculaire postérieur*, le *ligament interclaviculaire*, le *ligament costo-claviculaire*.

L'articulation acromio-claviculaire a deux ligaments : le *ligament acromio-claviculaire supérieur* et le *ligament claviculaire inférieur*.

La clavicule, en passant au-dessus de l'apophyse coracoïde, s'unit également à elle par deux ligaments qui sont le *ligament coraco-claviculaire antérieur* ou *trapézoïde* et le *ligament coraco-claviculaire postérieur* ou *conoïde*.

Enfin il y a deux ligaments propres au scapulum, ce sont le *ligament coracoïdien* et l'*acromio-coracoïdien*.

Articulation scapulo-humérale. — L'articulation du bras avec l'épaule a pour surfaces articulaires la tête de l'humérus et la cavité glénoïde de l'omoplate agrandie par un fibro-cartilage, le *bourrelet glénoïdien*. Ces surfaces sont maintenues en présence par un ligament capsulaire, en forme de manchon, qui s'insère d'une part au pourtour de la cavité glénoïde, d'autre part sur la lèvre externe du col anatomique de l'humérus. Cinq ligaments accessoires viennent renforcer cette capsule, deux proviennent de l'apophyse coracoïde, ce sont les *ligaments coraco-huméraux superficiel* et *profond*, les trois autres partent du bourrelet glénoïdien, ce sont les *ligaments gléno-huméraux supérieur*, *moyen* et *inférieur*.

Articulation du coude. — Trois os concourent à former l'articulation du coude ; ce sont l'extrémité inférieure de l'humérus avec sa trochlée et son condyle, l'extrémité supérieure du cubitus avec sa grande cavité sigmoïde, son oléocrâne et son apophyse coronoïde, l'extrémité supérieure du radius avec sa cavité glénoïde. Les ligaments de l'articulation sont un ligament antérieur, un ligament latéral interne et un ligament latéral externe.

Articulation des os de l'avant-bras. — Le cubitus et le radius s'unissent entre eux à leurs deux extrémités.

L'*articulation radio-cubitale supérieure* met en contact la bordure verticale de la cupule du radius avec la petite cavité sigmoïde du cubitus. Un *ligament annulaire* étrangle le col du radius et le maintient fortement contre le cubitus ; il y a également un *ligament carré* qui s'étend horizontalement d'un os à l'autre.

L'*articulation radio-cubitale inférieure* a un ligament interosseux, le ligament triangulaire, qui s'étend horizontalement entre la tête du cubitus et le carpe, le ligament antérieur et le ligament postérieur.

Articulations du poignet et de la main. — L'articulation du poignet présente, du côté de l'avant-bras, une sorte de cavité glénoïde comprise entre les deux apophyses et formée par la face carpienne de l'extrémité du radius et la face inférieure du ligament triangulaire, du côté de la main, une espèce de condyle formé par les trois premiers os de la première rangée du carpe. Comme moyen d'union, un ligament antérieur, un postérieur et deux latéraux, externe et interne.

Les divers os de chaque rangée sont articulés entre eux et, à leur tour, les deux rangées également par des *ligaments interosseux*, des *ligaments dorsaux* et des *ligaments palmaires*.

Les autres os de la main sont unis par des *articulations carpo-métacarpiennes*, par des *articulations métacarpiennes*, par des *articulations métacarpo-phalangiennes* et par des *articulations phalangiennes*.

Articulations du membre inférieur. — L'articulation du sacrum et de l'os coxal, ou *sacro-iliaque*, se compose des facettes auriculaires de chaque os et, comme moyen d'union de cinq ligaments, deux antérieurs, deux postérieurs, distingués en supérieur et inférieur, et un ligament interosseux. Le *ligament ilio-lombaire*, qui va de l'apophyse transverse de la dernière vertèbre lombaire à la crête sacrée, les renforce.

La symphyse du pubis comprend un disque interpubien et des ligaments périphériques postérieur, antérieur et sous-pubien.

L'articulation du coxal et du fémur, ou coxo-fémorale, se compose, d'une part, de la cavité cotyloïde agrandie par le bourrelet cotyloïdien, et d'autre part, de la tête du fémur, unies par une capsule fibreuse renforcée par le *ligament de Bertin* et le *ligament rond*.

L'articulation du genou est formée par l'extrémité inférieure du fémur avec la trochlée ; l'extrémité supérieure du tibia avec les deux cavités glénoïdes et l'épine du tibia, et la rotule. Entre les surfaces articulaires se trouvent des *cartilages semi-lunaires externe* et *interne*. Les ligaments sont le ligament antérieur, qui s'étend du sommet de la rotule à la tubérosité antérieure du tibia et sur lequel viennent s'insérer les *ailerons de la rotule* ; le ligament postérieur, qui s'étale sur toute la face postérieure de l'articulation ; le ligament latéral interne aplati et rubané ; le ligament latéral externe qui a la forme d'un cordon arrondi. Enfin les *ligaments croisés*, antérieur et postérieur, situés dans l'échancrure intercondylienne. Une vaste synoviale recouvre la face profonde des ligaments.

Le tibia et le péroné s'articulent à leurs extrémités supérieures et inférieures. Dans leur partie moyenne, ils s'unissent par leurs ligaments interosseux.

L'*articulation péronéo-tibiale supérieure* est formée par une facette occupant la partie postérieure de sa tubérosité externe et une facette analogue du côté du péroné maintenues en contact par un ligament antérieur et un ligament postérieur.

L'*articulation péronéo-tibiale inférieure* est également constituée par deux facettes maintenues en présence par un ligament interosseux, un ligament antérieur et un ligament postérieur.

Les surfaces articulaires de l'articulation du cou-de-pied sont du côté du pied, la face supérieure de l'astragale, et du côté de la jambe le tibia et le péroné articulés en mortaise. Ellès sont maintenues par un ligament latéral interne et un ligament latéral externe.

L'articulation de l'astragale et du calcanéum, *calcanéo-astragalienne*, est constituée par les facettes articulaires de ces deux os maintenues par un ligament interosseux, un ligament externe et un ligament postérieur.

L'articulation médio-tarsienne est formée par l'astragale, le calcanéum en arrière, le scaphoïde et le cuboïde en avant. Les moyens d'union sont le ligament calcanéo-scaphoïdien inférieur et le ligament astragalo-scaphoïdien supérieur pour l'articulation de l'astragale et du scaphoïde ; le ligament en Y, le ligament calcanéo-cuboïdien supérieur et le ligament calcanéo-cuboïdien inférieur unissent le calcanéum au cuboïde.

Le scaphoïde et le cuboïde s'unissent par un ligament dorsal, un ligament plantaire et un ligament interosseux.

Le scaphoïde s'unit aux trois cunéiformes par trois ligaments dorsaux et un ligament plantaire.

Les cunéiformes sont maintenus par deux ligaments dorsaux et deux ligaments interosseux.

Dans l'articulation tarso-métatarsienne, les trois premiers métatarsiens s'articulent avec les trois cunéiformes, le quatrième et le cinquième avec le cuboïde ; sept ligaments dorsaux, cinq ligaments plantaires et trois ligaments interosseux les réunissent.

Pour les articulations métatarsiennes, il y a trois ligaments plantaires, trois ligaments dorsaux et trois ligaments interosseux.

Les articulations *métatarso-phalangiennes* se composent d'un ligament transverse et de deux ligaments latéraux.

Les *articulations phalangiennes* sont semblables à celles de la main.

CHAPITRE IV

MYOLOGIE

Article I. — Généralités sur les muscles

Nous avons vu qu'il existait deux espèces de muscles ; les *muscles lisses* formant principalement la paroi des organes splanchniques, et les *muscles striés,* qui constituent la chair musculaire rouge proprement dite, et produisent les mouvements qui mettent l'homme en rapport avec ses semblables et avec le milieu extérieur.

On appelle *muscle* une masse musculaire distincte produisant des mouvements distincts.

Il y a environ 400 muscles dans l'économie, dont les noms sont tirés de la forme, de la position, du volume, etc. ; on a par exemple des muscles triangulaire, rhomboïde, deltoïde, biceps, triceps, digastrique. Beaucoup de muscles de la poitrine s'attachant à différents os, aux côtes, sont dentelés. La plupart sont doubles et semblables, d'autres sont impairs et symétriques. Quelques-uns sont rectilignes, d'autres sont courbes par changement de direction dans des gouttières, des poulies ; leur direction est en général celle des os, mais pour leur devenir perpendiculaire par le mouvement. Leur grosseur indique leur force ; leur longueur, l'étendue des mouvements qu'ils peuvent produire.

Le volume total du système musculaire est énorme par rapport à celui des autres systèmes.

On distingue des muscles *longs, larges, courts* ;

les premiers sont localisés dans les membres, les seconds dans les cavités et les troisièmes dans les extrémités des membres. Les muscles présentent en général une partie moyenne charnue et des attaches d'origine et de terminaison ; ils s'attachent sur des os, à des cartilages, directement ou par des tendons, à des aponévroses, à la face profonde de la peau ; cette dernière insertion est très solide. Leur partie moyenne répond au corps des os et ils sont souvent satellites de vaisseaux, tels les muscles sterno-cléido-mastoïdien et le couturier.

Si un gros vaisseau traverse un muscle, il y a à l'endroit de son passage dans le muscle un anneau fibreux empêchant sa compression.

Leurs bords forment souvent sous la peau des gouttières indicatrices de leur contraction (gouttière du biceps, pour la ligature de l'artère humérale).

Les muscles peauciers servent à l'expression des sentiments ; ils s'insèrent directement par leurs fibres à la face profonde de la peau. Le plus généralement, les muscles se terminent par des tendons fibreux à une de leurs extrémités, quelquefois aux deux ; plus rarement, le tendon occupe le milieu du muscle, comme dans le digastrique.

Les muscles sont enveloppés d'*aponévroses*, membranes fibreuses, qui d'abord recouvrent tout le corps au-dessous de la peau et du tissu cellulaire sous-cutané, en formant ainsi l'aponévrose commune d'enveloppe de tout le membre par exemple, de la face interne de laquelle partent des cloisons qui s'irradient et se subdivisent jusqu'à l'os central en formant de véritables loges contentives, une pour chaque muscle isolable, l'aponévrose d'enveloppe spéciale à chacun d'eux, d'où partent encore des cloisons conjonctives qui le divisent à son tour en faisceaux.

Article II. — Description anatomique des muscles

Muscles de la tête et du cou. — Nous renvoyons pour l'étude de ces muscles aux descriptions données dans le volume consacré à l'*Anatomie spéciale* (1).

Muscles de la région postérieure du tronc. — Muscles superficiels de la région lombo-dorso-cervicale. — Les muscles superficiels de la région *lombo-dorso-cervicale* sont au nombre de six, superposés en trois plans. Les plus superficiels sont le *trapèze* et le *grand dorsal*; au-dessous, se trouvent le *rhomboïde* et l'*angulaire*, au-dessous encore les *petits dentelés postérieur*, *supérieur* et *inférieur*.

Le *trapèze* s'insère sur la ligne courbe supérieure de l'occipital, sur les apophyses épineuses des vertèbres depuis la 6e cervicale jusqu'à la 12e dorsale, sur la partie externe du bord postérieur de la clavicule et sur la crète de l'omoplate. Il porte les épaules en arrière.

Le *grand dorsal* s'insère sur l'apophyse épineuse des six dernieres vertèbres dorsales et des vertèbres lombaires, sur la crête sacrée, le coccyx, la crête iliaque et la face externe des quatre dernières côtes et de là dans la coulisse bicipitale. Il porte l'humérus en bas, en arrière et en dedans.

Le *rhomboïde* s'insère sur les apophyses de la dernière cervicale et des quatre premières dorsales et sur le bord spinal de l'omoplate. Il porte l'omaplate en dedans et fait abaisser l'épaule.

L'*angulaire de l'omoplate* s'insère sur les apophyses transverses de l'atlas et de l'axis et sur les

1. Sauvez. *Anatomie de la bouche* in *Manuel du chirurgien dentiste.*

tubercules postérieurs des trois vertèbres suivantes, d'autre part à l'angle supérieur de l'omoplate ; il élève l'omoplate en abaissant l'épaule.

Le *petit dentelé postérieur et supérieur* s'insère aux apophyses épineuses des 6e et 7e cervicales et des 1re, 2e et 3e dorsales et au bord supérieur des 2e, 3e et 4e côtes ; c'est un muscle inspirateur.

Le *petit dentelé postérieur et inférieur* s'insère aux apophyses épineuses des deux dernières dorsales et des trois premières lombaires et au bord inférieur des quatre dernières côtes ; c'est un muscle expirateur.

Muscles de la nuque proprement dits. — Les muscles de la nuque sont au nombre de huit.

Le *splénius*, qui occupe la hauteur de la nuque et la partie supérieure du dos. C'est un extenseur de la tête. Il peut également faire tourner la tête du côté où il se contracte.

Le *grand complexus*, qui occupe la même région est également un extenseur de la tête.

Le *petit complexus*, qui est situé sur la partie latérale de la nuque. Il sert à renverser la tête en arrière ou à l'incliner de côté.

Le *transversaire du cou*, qui est un extenseur du cou.

Le *grand droit postérieur de la tête*.

Le *petit droit postérieur de la tête*.

Le *petit oblique*.

Tous trois sont des extenseurs de la tête.

Le *grand oblique*, qui est un rotateur.

Ces divers muscles s'insèrent d'une part sur l'occipital et d'autre part sur les diverses apophyses des vertèbres supérieures.

Muscles des gouttières vertébrales. — La série des apophyses épineuses et les côtes forment de chaque côté de la ligne médiane des gouttières profondes, qui s'étendent de haut en bas de la colonne vertébrale. Ces gouttières sont comblées par trois muscles le *sacro-lombaire*, le *long dorsal* et le *transversaire épineux*, qui sont confondus en bas en un seul muscle, connu sous le nom de *masse commune*.

Cette *masse commune* va s'insérer en bas sur la face postérieure du sacrum et sur les apophyses épineuses des vertèbres lombaires et sacrées.

Le *sacro-lombaire* se sépare de la masse commune à la région lombaire et se termine par douze tendons sur l'angle des douze côtes et par cinq tendons sur les apophyses transverses des cinq dernières cervicales.

Le *long dorsal* est la portion superficielle et interne de la masse commune ; il se détache de la crête sacrée et des apophyses épineuses des vertèbres lombaires et parcourt le dos en s'attachant aux apophyses transverses des vertèbres lombaires jusqu'au cou.

Le *transversaire épineux* parcourt toute la longueur des gouttières ; il est constitué par une série de faisceaux musculaires, s'étendant chacun d'une apophyse transverse à une apophyse épineuse.

Ces trois muscles sont des extenseurs de la colonne vertébrale.

Les apophyses transverses des vertèbres sont reliées par de petits muscles que l'on nomme *intertransversaires* et que l'on distingue en intertransversaires du cou, du dos et des lombes.

On trouve également des muscles entre les apophyses épineuses ; ce sont les *interépineux* et sur le côté de ces apophyses, ce sont les *épineux*.

En face il y a trois muscles moteurs très rudimentaires naturellement pour le coccyx ; ce sont l'*ischio-coccygien*, le *sacro-coccygien postérieur* et le *sacro-coccygien antérieur*. Ils sont les représentants de l'abducteur, de l'extenseur et du fléchisseur de la queue des mammifères.

Muscles du thorax. — Les muscles du thorax se divisent en deux groupes: celui de la région antéro-latérale et celui de la région costale.

Dans le premier groupe se trouvent le *grand pectoral*, le *petit pectoral*, le *sous-clavier* et le *grand dentelé*.

Le *grand pectoral* va de la face antérieure de la clavicule, du sternum, des cartilages des cinq premières côtes et de la portion osseuse des 6e et 7e côtes à la lèvre antérieure de la coulisse bicipitale sur l'humérus. Il porte l'humérus en avant et en dedans.

Le *petit pectoral* va de la face externe des 3e, 4e et 5e côtes à l'apophyse coracoïde de l'omoplate. Il porte l'épaule en bas et en avant.

Le *sous-clavier* s'insère sur le premier cartilage costal et à la face inférieure de la clavicule. Il abaisse la clavicule.

Le *grand dentelé* va des dix premières côtes au bord spinal de l'omoplate. Il porte l'omoplate en avant.

La région costale comprend les *intercostaux internes*, les *intercostaux externes*, les *surcostaux*, les *sous-costaux*, le *triangulaire du sternum* et le *diaphragme*.

Les *intercostaux* sont des muscles qui réunissent les côtes en s'insérant au bord inférieur de la côte supérieure et au bord supérieur de la côte inférieure. Ils se divisent en intercostaux internes et externes.

Les *surcostaux* sont de petits muscles situés en arrière des intercostaux externes, près de la colonne vertébrale.

Les *sous-costaux* sont situés dans l'intérieur du thorax et en rapport avec la plèvre.

Le *triangulaire du sternum* se trouve en arrière du sternum et des six premiers cartilages costaux.

Ces muscles sont des expirateurs forcés.

Muscles de l'abdomen. — On distingue dans l'abdomen quatre régions.

Une région antéro-latérale.

Une région postérieure.

Une région supérieure.

Une région inférieure.

Dans la région antéro-latérale, la paroi abdominale se trouve être constituée par deux muscles.

Le *grand droit*, qui s'insère en haut au sternum et à la face antérieure des 5e et 6e cartilages costaux et en bas au pubis. Les deux droits sont séparés par un raphé fibreux qu'on appelle la ligne blanche.

Le *pyramidal*, qui s'insère en bas au pubis et vient se perdre en haut sur la ligne blanche.

De chaque côté de ces deux muscles, la paroi abdominale est constituée par trois muscles superposés. Le plus superficiel est le *grand oblique* ; au-dessous se trouve le *petit oblique* et enfin à la surface péritonéale le *transverse*.

Le *grand oblique* s'insère à la face externe des sept dernières côtes d'une part, au pubis, à la ligne blanche, à l'arcade crurale et à la crête iliaque d'autre part.

Le *petit oblique* s'insère à la crête iliaque en dehors, aux quatre derniers cartilages costaux, à la ligne blanche et au pubis en dedans.

Le transverse s'étend de la colonne vertébrale à la ligne blanche.

L'arcade crurale ou ligament de Fallope est une bandelette fibreuse étendue obliquement de l'épine iliaque antéro-supérieure à l'épine du pubis.

La région postérieure de l'abdomen comprend trois muscles :

Le *carré des lombes* est un muscle de forme quadrilatère, qui s'étend de la douzième côte à la crête iliaque.

Le *psoas iliaque* se trouve dans l'abdomen et à la partie antérieure de la cuisse. Il s'insère en haut sur les corps et les apophyses transverses de la 12e vertèbre dorsale et des quatre premières lombaires et, en bas, sur le petit trochanter.

Le *petit psoas*, du haut de la colonne lombaire au bord antérieur du coxal.

La région supérieure ne présente qu'un muscle, le *diaphragme*. C'est une cloison transversale, en portion de sphère à concavité dirigée en bas, séparant la cavité thoracique de la cavité abdominale. Le pourtour s'insère sur la circonférence inférieure du thorax : appendice xyphoïde, face interne des six dernières côtes, corps des vertèbres lombaires. Au centre, est une aponévrose en forme de trèfle, que l'on appelle *centre phrénique*.

Muscles de l'épaule. — Les muscles de l'épaule qui rattachent l'humérus à ce premier segment du membre supérieur sont au nombre de six :

Le *deltoïde* recouvre à la façon d'un demi-cône l'articulation scapulo-humérale. Il s'insère au tiers externe de la clavicule, à l'acromion et à l'épine de l'omoplate d'une part, d'autre part sur l'empreinte deltoïdienne de l'humérus. Il élève le bras.

Le *sus-épineux* s'insère dans la partie externe de la force sous-épineuse de l'omoplate et sur la grosse tubérosité de l'humérus. C'est un élévateur du bras.

Le *sous-épineux* va de la fosse sous-épineuse de l'omoplate à la grosse tubérosité de l'humérus.

Le *petit rond* s'étend du bord axillaire de l'omoplate à la grosse tubérosité de l'humérus.

Ces deux muscles sont deux rotateurs de l'humérus en dehors.

Le *grand rond* s'insère à la moitié inférieure du bord axillaire de l'omoplate et à la lèvre postérieure de la coulisse bicipitale.

Le *sous-scapulaire* s'insère dans toute l'étendue de la fosse sous-scapulaire et à la petite tubérosité de l'humérus.

Muscles du bras. — Les muscles du bras sont au nombre de quatre.

Trois sont en avant de l'humérus.

Le *biceps* est divisé en haut en deux portions inégales, la courte portion s'insère au sommet de l'apophyse coracoïde et la longue portion à la partie supérieure de la cavité glénoïde de l'omoplate. Ces deux portions se portent vers le coude et, chemin faisant, s'accolent et se fusionnent pour se terminer par un tendon commun sur la tubérosité bicipitale du radius. Il est fléchisseur de l'avant-bras et supinateur.

Le *coraco-brachial* va de l'apophyse coracoïde à la partie moyenne de la face interne de l'humérus. C'est un adducteur du bras.

Le *brachial antérieur* part du dessous de l'empreinte deltoïdienne, de la face externe et de la face interne de l'humérus et va se fixer à l'apophyse coronoïde du cubitus. Il est fléchisseur du bras.

La région postérieure de l'humérus ne comprend qu'un muscle, c'est le *triceps brachial* qui se divise en trois portions, la plus longue s'insère au-dessous de la cavité glénoïde de l'omoplate ; la moyenne et la plus courte à la face postérieure de l'humérus, l'une en haut, l'autre en bas et de là ces trois portions vont se fixer par un tendon commun à l'olécrâne. Le triceps est un extenseur de l'avant-bras.

Muscles de l'avant-bras. — Les muscles de l'avant-bras sont beaucoup plus nombreux. On en compte vingt, que l'on répartit en trois régions : antérieure, externe et postérieure.

La région antérieure comprend huit muscles, qui forment quatre plans superposés.

Au premier plan se trouvent le *rond pronateur*, le *grand palmaire*, le *petit palmaire* et le *cubital antérieur*, qui, réunis à l'épitrochlée, leur insertion supérieure, se rendent le premier à la face externe du radius, le second au deuxième métacarpien, le troisième à l'aponévrose palmaire, le quatrième à l'os pisiforme.

Au deuxième plan, se trouve le *fléchisseur commun superficiel des doigts*, qui va de l'épitrochlée aux bords de la deuxième phalange des quatre derniers doigts.

Au troisième plan, sont le *fléchisseur commun profond des doigts*, qui va de la face antérieure du ligament interosseux et du cubitus à l'extrémité supérieure de la dernière phalange des quatre derniers doigts et le *fléchisseur propre du pouce* qui s'insère à la face antérieure du radius, à la moitié externe du ligament interosseux et à la partie antérieure de la dernière phalange du pouce.

Le dernier plan est constitué par le *rond pronateur*, qui s'étend à la face antérieure du cubitus et du radius dans leur quart inférieur.

Dans la région externe de l'avant-bras, nous trouvons :

Le long *supinateur*, qui va du bord externe de l'humérus à la base de l'apophyse styloïde du radius. C'est le plus superficiel.

Au-dessous de lui, se trouve le *premier radial externe*, qui va de l'épicondyle à l'extrémité supérieure du 2e métacarpien.

Le *deuxième radial externe* va de l'épicondyle au troisième métacarpien.

Enfin le *court supinateur*, qui est le plus profondément situé, va de l'épicondyle à la face postérieure et à la face externe du radius dans son tiers supérieur.

Huit muscles, répartis en deux couches, se trouvent dans la région postérieure de l'avant-bras :

Dans la couche superficielle, quatre muscles, l'*extenseur commun des doigts*, l'*extenseur propre du petit doigt*, le *cubital postérieur*, l'*anconé* ont en haut leur origine sur l'épicondyle et de là se rendent, le premier aux phalanges des quatre derniers doigts, le second aux deux dernières phalanges du petit doigt, le troisième, à l'extrémité supérieure du 5e métacarpien, et le quatrième, à la partie supérieure de la face postérieure du cubitus.

Dans la couche profonde, on trouve le *long abducteur du pouce*, qui va de la face postérieure du cubitus à l'extrémité supérieure du 1er métacarpien.

Le *long extenseur du pouce*, qui s'insère à la face postérieure du cubitus et à l'extrémité supérieure de la dernière phalange du pouce.

Le *court extenseur du pouce*, qui s'étend de la face postérieure du cubitus à la première phalange du pouce.

Enfin l'*extenseur propre de l'index*, qui va de la face postérieure du cubitus à l'extrémité supérieure de la 3e phalange de l'index.

Muscles de la main. — Les muscles de la main sont au nombre de dix-neuf, répartis en trois régions :

Dans la région palmaire externe, qui constitue l'éminence thénar, le *court abducteur du pouce* et le *court fléchisseur du pouce* vont de la première rangée du carpe à la première phalange du pouce; l'*opposant* du pouce va du trapèze au 1er métacarpien ; l'*adducteur du pouce* va du grand os et du 3e métacarpien à la première phalange du pouce.

Dans la région palmaire interne, qui forme l'éminence hypothénar, on trouve quatre petits muscles ; ce sont le *palmaire cutané*, l'*adducteur du petit doigt*, le *court fléchisseur du petit doigt* et l'*opposant du petit doigt*.

Dans la région palmaire moyenne, située entre les deux éminences, on trouve une couche musculaire superficielle composée des *lombricaux* et une couche profonde composée des *interosseux*.

Muscles du bassin. — La région du bassin comprend neuf muscles qui sont les suivants :

Le *grand fessier*, qui se détache de la crête iliaque, de la fosse iliaque externe, de la face postérieure du coccyx, du grand ligament sacro-sciatique et va se terminer sur la branche de bifurcation qui se dirige de la ligne âpre vers le grand trochanter ; c'est un rotateur de la cuisse en dehors.

Le *moyen fessier* est situé en-dessous du précédent; il va de la fosse iliaque externe et de la crête iliaque au grand trochanter. Il est abducteur et rotateur de la cuisse.

Le *petit fessier* s'insère à la partie antérieure de la fosse iliaque et au grand trochanter.

Le *pyramidal* va de la face antérieure du sacrum au grand trochanter; c'est un rotateur.

Le *jumeau supérieur* part de l'épine sciatique et se termine dans la cavité digitale du grand trochanter.

Le *jumeau inférieur* va de la tubérosité de l'ischion au fond de la cavité digitale.

L'*obturateur interne* s'insère à la face interne de

la membrane obturatrice et autour du trou obturateur d'une part, dans la cavité digitale d'autre part.

L'*obturateur externe* part de la face externe de la membrane obturatrice et va dans la cavité digitale.

Le *carré crural* s'insère sur la tubérosité de l'ischion et sur le grand trochanter.

Muscles de la cuisse. — On distingue dans les muscles de la cuisse ceux de la région antéro-externe et ceux de la région postéro-interne.

Dans la première région, nous trouvons:

Le *couturier*, long ruban musculaire qui va de l'épine iliaque antéro-supérieure à la partie supérieure de la face interne du tibia.

Le *quadriceps crural*, composé du *droit antérieur* qui s'attache à l'épine iliaque antéro-inférieure, du *vaste externe* qui s'insère sur le grand trochanter, la ligne âpre et la face externe du fémur, du *vaste interne* qui s'attache à la ligne âpre; enfin du *crural* qui se fixe sur les faces antérieure et externe du fémur. De leurs insertions supérieures respectives ces différents muscles se fixent à la rotule par un tendon commun.

Dans la région postéro-interne, nous trouvons :

Le *droit interne*, situé à la partie interne de la cuisse et s'étendant du bassin au tibia.

Le *pectiné*, qui se trouve à la partie supérieure et interne de la cuisse et va du pubis au milieu du corps du fémur.

Les *adducteurs de la cuisse*, au nombre de trois : le *grand*, le *moyen* et le *petit* qui vont de la colonne ischio-pubienne à la ligne âpre du fémur.

Le *demi-tendineux*, qui s'étend superficiellement à la partie postérieure de la cuisse de l'ischion au tibia.

Le *biceps crural,* qui va de l'ischion au péroné.

Le *demi-tendineux,* qui s'étend de l'ischion au côté interne de l'articulation du genou.

Le *demi-membraneux,* qui réunit également l'ischion au côté interne de l'articulation du genou.

Muscles de la jambe. — On répartit les muscles de la jambe en trois régions : région antérieure, externe, postérieure.

Dans la région antérieure, nous trouvons :

Le *jambier antérieur,* qui va de l'extrémité supérieure du tibia au bord interne du pied.

L'*extenseur commun des orteils*, muscle aplati qui prend ses insertions supérieures aux extrémités supérieures du tibia et du péroné et se rend aux quatre derniers orteils.

L'*extenseur propre du gros orteil,* qui s'étend de la partie moyenne du péroné au gros orteil.

Le *péronier antérieur*, qui va de la moitié inférieure du péroné au cinquième métatarsien.

La région externe comprend deux muscles :

Le *long péronier latéral*, qui s'étend de la partie supérieure et externe de la jambe au premier métatarsien.

Le *court péronier latéral*, qui s'étend de la partie moyenne de la jambe au bord externe du pied.

Nous trouvons dans la région postérieure une couche musculaire superficielle, et une couche profonde.

Dans la couche superficielle sont les *jumeaux externe* et *interne,* qui prennent chacun naissance sur un condyle du fémur et se terminent par un tendon commun, le *tendon d'Achille,* sur l'extrémité postérieure du calcanéum. Le muscle *soléaire,* qui est situé au-dessous des jumeaux, s'insère à la partie supérieure du tibia et du péroné et vient en bas se confondre avec le tendon d'Achille. Le *plantaire grêle*, qui va du condyle externe au tendon d'Achille.

Dans la couche profonde, on trouve le *poplité*, qui unit le condyle externe du fémur à la face postérieure du tibia ; au-dessous de lui, trois muscles qui de la jambe descendent dans le pied : le *jambier postérieur*, qui s'étend des deux os de la jambe au bord interne du pied, le *fléchisseur commun des orteils*, qui se rend aux quatre derniers orteils et l'*extenseur propre du gros orteil*, qui va se fixer à l'extrémité postérieure de la 2e phalange du gros orteil.

Muscles du pied. — On compte 20 muscles dans le pied et on les répartit en quatre régions.

Dans la région dorsale, est le *pédieux*, qui s'étend de la racine du pied aux quatre premiers orteils.

Dans la région plantaire interne, nous trouvons l'*adducteur du gros orteil*, le *court fléchisseur du gros orteil*, l'*abducteur du gros orteil*.

Dans la région plantaire externe : l'*abducteur du petit orteil*, le *court fléchisseur du petit orteil*, l'*opposant du petit orteil*.

Dans la région plantaire moyenne : le *court fléchisseur plantaire*. l'*accessoire du long fléchisseur* ; les *lombricaux* du pied ; les *interosseux* du pied.

Article III. — Physiologie des muscles

Les muscles sont très élastiques ; leur *élasticit* est une propriété spéciale dépendant de leur nutri tion. Leur *tonicité*, ou *tonus musculaire*, est lié à l'innervation et est d'ordre réflexe.

Le muscle en se contractant change de forme

mais non de volume ; il gagne en largeur ce qu'il perd en longueur et, s'il est alors dur, c'est qu'à l'état naturel, maintenu par ses attaches tendineuses, il ne peut arriver à la forme globuleuse, qu'il devrait réaliser à l'état actif. L'absence de variation de volume du muscle à l'état passif, ou actif, se démontre en faisant contracter un muscle isolé dans une éprouvette pleine d'eau, dans laquelle le niveau ne change pas.

Le muscle qui travaille est le siège de combustions actives ; il s'échauffe en absorbant de l'O et rejetant du CO^2 avec production d'acide sarcolactique. La chaleur produite se dégage en partie et pour l'autre partie se transforme en travail : ce sont les aliments hydrocarbonés qui sont la principale source des combustions musculaires et, par suite, du travail mécanique. Par suite des déchets de ces combustions, le muscle peut s'encombrer de produits de désassimilation divers, qui peuvent rendre toxique la viande du gibier forcé ; au repos, le muscle est alcalin.

La rigidité cadavérique tient à la coagulation de la musculine de la fibre musculaire ; elle débute entre 1/4 d'heure et 7 heures après la mort par le masséter et dure d'autant plus qu'elle a été plus tardive. Elle peut débuter brusquement, chez les animaux tués à la chasse après une longue course ou chez les soldats frappés mortellement en plein combat et figés dans leur dernière attitude.

Un choc mécanique ou électrique, une excitation brusque, donnent une secousse musculaire comprenant 3 phrases : période d'excitation latente, raccourcissement et retour à l'état antérieur. Des excitations multiples et rapprochées donnent une fusion des secousses, ou tétanos physiologique, ou contraction proprement dite ; pour obtenir ce tétanos, il faut 30 excitations par seconde.

Pour les muscles lisses, leur contraction est lente et involontaire et l'excitation latente dure longtemps; leur contraction, quelle que soit sa durée, représente une seule secousse : le tétanos n'existe donc pas pour eux.

La sensibilité du muscle est assez peu nette. Cependant le sens musculaire contribue à nous fournir des renseignements sur le milieu ambiant.

Article IV. — Physiologie du mouvement (os, articulations, muscles)

Effets mécaniques du travail musculaire. — Les os constituent la partie rigide de la machine animale; ce sont les organes passifs, tandis que les muscles sont les organes actifs.

L'os mobile représente un levier ayant pour point d'appui le point d'union avec l'os fixe ; la puissance est à l'insertion du muscle contracté, la résistance au point d'application de la résultante de la pesanteur et des obstacles au déplacement de l'os mobile. D'après la position de ces points, on a affaire : à un levier du premier genre, du deuxième ou du troisième.

Pour le levier du *premier genre*, le point d'appui est entre la puissance et la résistance ; c'est le levier de la station, celui qui sert à maintenir l'équilibre de la tête sur la colonne vertébrale.

Le levier du *deuxième genre* a sa résistance entre la puissance et le point d'appui ; il produit la force ; c'est le cas du soulèvement du corps sur la pointe des pieds.

Le levier du *troisième genre*, dans lequel la puissance est entre le point d'appui et la résistance, est le plus répandu. C'est celui du mouvement ou de l vitesse (Ex: flexion de l'avant-bras sur le bras) C'est autour des articulations qu'ont lieu tous le mouvements ; aussi faut-il que le frottement soi presque nul ; c'est ce qui a lieu grâce aux cartilage et à la synovie. Le contact est assuré par les liga ments.

Station. — La *station* est l'état du corps qui s tient en équilibre pendant un certain temps ; sui vant les différentes positions, on a la station debout assise, couchée. La première réclame comme condi tion essentielle que la verticale passant par le centr de gravité du corps tombe sur la base de susten tation déterminée par les pieds ; grâce à certaine dispositions, les articulations favorisent l'équilibre e réduisent de beaucoup l'intervention de la contrac tion.

Marche. — La *marche* est le mouvement pa lequel le corps progresse en reposant toujours sur l sol par une des jambes ; chaque jambe support alternativement le corps et peut être considéré comme le grand côté d'un triangle rectangle, don l'hypoténuse est la jambe étendue et le petit côt la partie du sol comprise entre les deux pieds ; ce espace donne la longueur du pas.

Le moment où les deux pieds touchent le sol es le *temps de double appui* ; quand il n'y a qu'un pied en contact avec le sol, c'est le *temps d'appu unilatéral.*

Les mouvements des jambes sont accompagnés des oscillations du grand trochanter et le tronc lui même s'incline alternativement du côté où le mem bre appuie sur le sol.

Course. — Dans la *course*, le temps de double appui est remplacé par un *temps de suspension*, pendant lequel les deux jambes quittent terre ; ce temps augmente avec la rapidité de la course.

CHAPITRE V

ANGÉIOLOGIE et APPAREIL DE LA CIRCULATION

Définition. — L'*angéiologie* a pour objet l'étude des organes, cœur et vaisseaux, destinés à porter à travers toute l'économie des liquides nourriciers, véritables milieux intérieurs, tels que le sang et la lymphe, qui apportent aux éléments anatomiques leur nourriture et emportent leurs produits d'excrétion.

Nous étudierons successivement le cœur, les artères, les veines et les lymphatiques.

ARTICLE I. — ANATOMIE DU CŒUR

Le *cœur* est un muscle creux, jouant le rôle d'une pompe foulante placée à l'origine de l'arbre circulatoire artériel, dans lequel il chasse à chaque contraction une quantité de sang d'environ 180 grammes.

De forme conique, couché par son côté droit sur le diaphragme, obliquement dirigé de haut en bas et de droite à gauche, avec sa pointe répondant au-dessous et en dehors du mamelon, il a le volume approximatif du poing ; ses dimensions vraies sont environ, d'après Bouillaud, 0m,26 pour la circonférence de la base des ventricules, 0m,10 pour la longueur des ventricules, 0m,11 pour la largeur, 0m,05 pour l'épaisseur. Son poids est de 250 grammes.

Situé dans le médiastin antérieur, entre les deux poumons, en s'appuyant plus spécialement sur le gauche qui présente une dépression pour le recevoir, il est maintenu par les vaisseaux qui en émanent : l'aorte, l'artère pulmonaire et les 2 veines caves supérieure et inférieure ; il est contenu dans un sac, le *péricarde*, séreuse qui l'enveloppe en totalité, se réfléchit sur le pédicule vasculaire de suspension et présente à son extérieur des points d'attache avec les parties voisines, sternum, diaphragme, etc.

Péricarde. — C'est un sac fibreux ayant la forme d'un cône, dont la base est fixée au centre phrénique par des ligaments et dont le sommet se termine sur les gros vaisseaux formant le pédicule de suspension du cœur en s'y confondant insensiblement avec leur tunique externe. Il est en rapport en avant avec les 4, 5, 6, 7es cartilages costaux du côté gauche, avec le muscle triangulaire du sternum, les vaisseaux mammaires internes et les muscles intercostaux internes ; la plèvre et le bord du poumon le recouvrent un peu ; chez le fœtus il est en rapport avec le thymus, organe transitoire. En arrière, il est en rapport avec l'œsophage, les 2 pneumogastriques, la veine azygos, le canal thoracique, des ganglions, l'aorte descendante, enfin, sur les côtés, avec la plèvre médiastine, dont le sépare le nerf phrénique et avec les vaisseaux diaphragmatiques supérieurs, qui le séparent du poumon.

La face interne du péricarde, lisse et polie, est recouverte par un mince *feuillet pariétal* réduit à son épithélium pavimenteux simple ; le *feuillet viscéral* de cette séreuse tapisse la surface extérieure du cœur en passant comme un pont au-dessus des vaisseaux qui cheminent dans les sillons ménagés à sa surface. Les 2 feuillets viscéral et pariétal se réunissent au pédicule. Comme structure nous voyons que le péricarde est un sac fibreux, dont la trame est formée de fibres lamineuses de fibres élastiques, tapissé d'épithélium pavimenteux.

Endocarde. — C'est une autre membrane séreuse, qui tapisse la face interne des cavités que nous allons décrire tout à l'heure à l'intérieur du cœur et qui se continue avec la tunique interne des artères et des veines, qui en émanent.

Il y a un endocarde droit et gauche pour tapisser chacune des 2 moitiés du cœur et communiquant, ainsi d'ailleurs que les cavités qu'elles revêtent, par le trou de Botal chez le fœtus. Au niveau des valvules inter-auriculo-ventriculaires ou sigmoïdes, l'endocarde les tapisse sur les deux faces en se repliant.

L'endocarde est formé d'une membrane feutrée de fibres conjonctives et élastiques, recouverte d'un épithélium pavimenteux simple.

Cavités et cloisons. — Au point de vue de la conformation intérieure, le cœur est divisé en 4 cavités par 4 cloisons, dont 1 complète qui le partage en 2 moitiés droite et gauche. Chacune de ces moitiés se compose d'une *oreillette* et d'un *ventricule* communiquant ensemble par l'orifice auriculo-ventriculaire ; les 2 oreillettes sont séparées par la cloison inter-auriculaire (perforée chez le fœtus), les 2 ventricules par la cloison inter-ventriculaire.

Les ventricules ont comme caractères communs de constituer une cavité fermée à la pointe et présentant à la base un orifice auriculo-ventriculaire et un orifice artériel. Les parois internes montrent 3 ordres de colonnes charnues : celles de 1er ordre sont des faisceaux puissants émanés du cœur et s'attachant par des cordages tendineux aux bords libres des valvules auriculo-ventriculaires ; celles de 2e ordre fixées aux 2 extrémités sont libres au milieu comme une anse de panier ; celles de 3e ordre sont de simples sculptures en relief de la paroi. Les orifices de la base sont munis de valvules, les valvules auriculo-ventriculaires, mitrale et tricuspide, fibro-séreuses à 2 bords, un libre, un adhérent, et les valvules des orifices artériels appelées *valvules sigmoïdes,* en forme de nid de pigeon, présentant au milieu de leur bord libre un nodule cartilagineux, le *nodule d'Arantius.*

Les 2 ventricules présentent des caractères particuliers à chacun d'eux. Le ventricule gauche est ovoïde, le droit en forme de prisme triangulaire ; la section transversale des deux ventricules donne l'aspect d'un O embrassé par un C. Les colonnes charnues de 2e et 3e ordre y sont semblables, mais celles de 1er ordre sont au nombre de 2 pour la valvule mitrale à gauche, qui a 2 dentelures comme une mitre et 5 pour la valvule tricuspide à droite, qui a 3 dentelures.

L'épaisseur des parois musculaires du cœur est de 15 millimètres à gauche et 5 millimètres à droite. Le cœur gauche est donc plus solide que le cœur droit, condition nécessaire pour produire le travail considérable qui lui est dévolu ; de même la valvule mitrale est plus épaisse que la tricuspide et les valvules sigmoïdes et leurs nodules sont plus résistants à gauche qu'à droite.

L'orifice auriculo-ventriculaire et l'orifice artériel sont sur le même plan et contigus à gauche, séparés par un faisceau charnu à droite, et l'orifice artériel est situé 1 centimètre plus haut, avec un infundibulum pour y accéder.

Les oreillettes présentent comme caractères communs qu'elles n'occupent pas toute la base du cœur, car en avant le plan est occupé par les artères aorte et pulmonaire ; elles sont irrégulières à 6 faces et offrent en avant un prolongement en forme d'oreille de chien, l'auricule, qui montre sur sa face interne de belles colonnes charnues de 3e ordre.

Comme caractères particuliers à chacune d'elles nous pouvons dire qu'elles diffèrent surtout par la nature et le nombre des orifices qu'elles présentent ; dans l'oreillette gauche, on voit les 4 orifices sans valvules des veines pulmonaires et l'orifice de l'auricule ; dans l'oreillette droite, on trouve l'orifice de la veine cave supérieure, l'orifice de l'auricule, l'orifice da la veine cave inférieure avec la valvule d'Eustache et l'orifice de la veine coronaire avec la valvule de Thébésius.

La conformation extérieure du cœur est la suivante : il a la forme d'un cône aplati en avant et en arrière ; les oreillettes sont visibles seulement en arrière.

Sur sa base, quand on a enlevé les oreillettes et les artères, on voit, d'avant en arrière, 3 parties : l'orifice de l'artère pulmonaire, en arrière celui de l'artère aorte, et enfin les 2 orifices auriculo-ventriculaires correspondant à l'aire d'insertion des oreillettes. Le sommet du cœur est formé par le ventricule gauche ; au-dessus de la pointe, est une indication de division, marque de séparation des 2 pointes ventriculaires. La face antérieure est formée par les ventricules séparés par le sillon inter-ventriculaire avec l'infundibulum à droite. La face postérieure est formée à la fois par les ventricules et les oreillettes avec le sillon inter-auriculaire et le sillon inter-ventriculaire verticaux et séparant le cœur en 2 moitiés puis par le sillon inter-auriculo-ventriculaire.

Le bord droit du cœur, mince, horizontal, est couché sur le diaphragme, le bord gauche, épais, vertical, est appuyé sur le poumon où il forme une dépression.

L'étude de la structure du cœur nous fait voir un squelette fibreux formé par 4 anneaux d'insertion en zone fibreuse correspondant à chacun des orifices décrits, celui de l'artère pulmonaire situé sur un plan plus élevé. Les fibres musculaïres qui constituent la masse charnue du cœur sont sans myolemme, striées et anastomosées; leur contraction est brusque et involontaire. Les ventricules ont des fibres propres et des fibres communes s'insérant sur les zones fibreuses par les 2 bouts et formant une anse.

Les fibres propres en anse n'atteignent pas la pointe du ventricule; les fibres communes externes allant obliquement de la zone fibreuse d'un ventricule à la pointe de l'autre ventricule se retournent en pénétrant dans cette pointe pour tapisser la face interne de cet autre ventricule et réciproquement, de telle sorte que la contraction des 2 cœurs est forcément synergique.

Les oreillettes ont comme fibres communes une bande sur leur face antérieure embrassant les artères; leurs fibres propres forment des faisceaux annulaires autour de chacun des orifices que nous avons énumérés.

Vaisseaux du cœur. — Les vaisseaux du cœur sont les 2 artères coronaires pour les parois et une veine coronaire avec la valvule de Thébésius; les lymphatiques vont aux ganglions de bifurcation de la trachée.

Nerfs du cœur. — Les nerfs émanent du pneumogastrique et du grand sympathique formant le plexus cardiaque à la base du cœur.

Article II. — Physiologie du cœur

Le cœur est un muscle doué, comme tous les autres muscles, d'*élasticité* et de *contractilité*, dont les cavités se contractent (*systole*) et se relâchent (*diastole*) alternativement, suivant un rythme déterminé. Les deux oreillettes se contractent d'abord simultanément, puis les deux ventricules ensuite simultanément aussi à cause des fibres communes que nous avons décrites, et enfin le cœur se repose pour recommencer le même cycle, qu'on appelle une *révolution cardiaque.* Chez les batraciens, le *repos* est très long.

Le sang arrive lentement dans l'oreillette, qui se laisse distendre comme une bulle de savon ; quand sa cavité est pleine, elle se contracte en un clin d'œil et se vide dans le ventricule en relâchement complet, sans refluer dans les veines qui sont pleines de sang. Après sa systole, l'oreillette se relâche et se laisse distendre de nouveau par le sang en agissant comme une saignée à l'extrémité centrale de l'arbre circulatoire veineux.

Le ventricule ainsi rempli est excité et se contracte brusquement à son tour, mais avec plus de force et plus de durée, puisqu'il doit faire pénétrer avec effort un jet de sang de 180 grammes dans les artères, qui sont déjà pleines de ce liquide sous pression. Le reflux du sang dans les oreillettes est empêché par les valvules auriculo-ventriculaires, attirées en bas et accolées par leurs bords par la contraction des muscles papillaires, qui s'insèrent par des cordages tendineux sur leurs bords libres, de telle sorte qu'elles forment une espèce de piston creux, qui descend dans le ventricule, dont les parois également en contraction forcent le sang, pressé entre elles et la valvule, à s'échapper par le seul chemin libre, l'orifice artériel.

Le ventricule, après s'être contracté, se relâche, mais le sang, lancé dans les artères, ne peut y refluer; car les 3 valvules sigmoïdes en forme de nid de pigeon, qui en garnissent l'entrée et qui s'étaient aplaties contre leur paroi au passage de l'ondée sanguine, se remplissent de sang, se distendent et en obstruent complètement le calibre avec l'aide du nodule d'Arantius, au moment où le sang cherche à retomber dans le cœur. Après ces 2 contractions, ou systoles consécutives de l'oreillette et du ventricule, nous avons le repos général du cœur.

Le cœur chez l'adulte bat environ 70 à 80 fois par minute; on note 110 pulsations, à 1 an; 100 à 80, dans l'enfance; 60, chez le vieillard.

Une révolution cardiaque comprend donc 3 temps: contraction des oreillettes, du ventricule, repos. Si on divise la durée d'une révolution cardiaque en 10 parties, on voit que la longue systole des ventricules occupe la moitié de la durée totale, ou 5/10, tandis que celle des oreillettes n'en occupe que 2/10 et le repos 3/10.

Le *cardiographe* de Marey est formé essentiellement d'un jeu de 2 ampoules de caoutchouc réunies par un tube, l'une placée dans une cavité du cœur, l'autre en rapport avec un levier terminé par un stylet inscrivant sur un cylindre enregistreur et permettant d'obtenir et de vérifier les indications ci-dessus données.

Le cœur a besoin pour mettre en jeu sa contractilité d'avoir l'excitation de son endocarde par la présence du sang; si le cœur est vidé de sang, comme certaines personnes peuvent le faire par des mouvements respiratoires spéciaux, l'excitation réflexe disparaissant, il cesse de battre; mais alors la syncope prochaine abolit la volonté et le sang retombant dans le cœur ramène le mouvement général.

C'est de cette façon que se produit la mort dans les foules ; la compression thoracique vide le cœur, qui s'arrête, mais, la compression continuant, l'arrêt se prolonge et l'individu meurt.

Les mouvements du cœur sont sous la dépendance du système nerveux, qui, par le bulbe rachidien et la moelle épinière, lui fournit des nerfs modérateurs donnés par le pneumogastrique, qui paralyse et arrête le cœur en agissant sur les centres nerveux propres, et des nerfs accélérateurs, donnés par le grand sympathique, qui a une action accélératrice directe, en outre de l'action réflexe obtenue par l'intermédiaire du nerf de Cyon, rameau du pneumogastrique, situé dans le cœur et qui est dépresseur de la circulation, son action amenant la dilatation paralytique des vaisseaux viscéraux.

En outre, le cœur renferme dans son épaisseur même de véritables centres d'innervation, consistant en 3 ganglions de Remak dans le sinus de l'oreillette droite, de Bidder dans la cloison auriculo-ventriculaire gauche et de Ludwig dans la cloison inter-auriculaire : le ganglion de Ludwig serait un centre modérateur ; les 2 autres seraient accélérateurs. La présence de ces centres nerveux nous explique comment le cœur arraché de la poitrine peut continuer à battre ; les battements ont continué jusqu'à 1 heure chez un supplicié.

Toutefois la nature rythmique des contractions du cœur est une propriété de la fibre cardiaque elle-même, car elle se produit quand on excite la pointe du cœur détaché par section du reste de l'organe et ne contenant, par conséquent, pas d'éléments nerveux.

Chaque révolution cardiaque s'accompagne d'un *choc* et de deux *bruits*.

Le choc du cœur est l'ébranlement qu'il produit sur le thorax, principalement au niveau de sa pointe, vers la 6e côte. Ce choc n'est pas dû à un recul du cœur, comme un canon au moment de sa décharge, ou à une torsion sur son pédicule, car il se sent dans tous les sens, par exemple sous le diaphragme dans une laparotomie, ou quand on tient dans la main un cœur attiré hors du thorax : le phénomène est simplement produit par le changement d'état du muscle, le ventricule devenant brusquement dur et tendu au moment de sa systole.

Les 2 bruits perceptibles à l'auscultation sont produits : le premier, par la contraction des parois ventriculaires et la tension des valvules auriculo-ventriculaires par leurs muscles papillaires : il est sourd et il a son maximum à la pointe du cœur ; le second, par le claquement des valvules sigmoïdes, qui se déplient brusquement sous le poids du sang qui voudrait refluer dans le cœur ; il est sec et a son maximum au niveau de la base du cœur. Il suit donc immédiatement la fin de la contraction des ventricules.

Le tableau suivant résumera les faits que nous venons d'énumérer au sujet de l'étude de la révolution cardiaque divisée en 10 parties.

<table>
<tr><th></th><th>1</th><th>2</th><th>3</th><th>4</th><th>5</th><th>6</th><th>7</th><th>8</th><th>9</th><th>10</th></tr>
<tr><td>Oreillettes..</td><td colspan="2">Systole</td><td colspan="8">Diastole ou Repos</td></tr>
<tr><td>Ventricules.</td><td colspan="2">Repos</td><td colspan="5">Systode</td><td colspan="3">Repos</td></tr>
<tr><td>Bruit. . .</td><td colspan="2">Silence</td><td colspan="5">1er bruit</td><td colspan="3">2e bruit</td></tr>
<tr><td>Choc. . .</td><td colspan="2"></td><td colspan="5">Choc</td><td colspan="3"></td></tr>
</table>

Article III. — Anatomie des vaisseaux, Artères, Veines et Lymphatiques

§ 1. *Artères.*

Les artères (αηρ air, τερεἰν garder) tirent leur nom de ce fait que sur les cadavres on les trouve vides de sang qu'elles ont chassé, par l'élasticité de leurs parois, dans les veines au moment de la mort.

Elles naissent des ventricules et forment là 2 systèmes, d'où partent de nombreuses divisions et subdivisions : le *système de l'artère pulmonaire*, qui prend naissance dans le ventricule droit et va aux poumons, et le *système de l'artère aorte*, qui se distribue à tout le reste de l'économie. Ces 2 systèmes communiquent chez le fœtus.

On peut comparer le système de la grande circulation à un arbre, dont le tronc serait représenté par l'aorte et dont les branches représenteraient les divisions.

La direction des artères principales suit le trajet des membres : elle est rectiligne, avec de légères flexuosités au niveau des articulations pour permettre l'extension. Les artères occupent en général le sens de la flexion dans les articulations.

Elles se divisent à leur extrémité ou donnent latéralement des branches collatérales par où se rétablit la circulation, en cas de ligature d'un tronc principal ; elles s'anastomosent par inosculation, communication transversale, convergence, etc.

Elles ont une forme cylindrique ou cylindro-conique et sont entourées d'une gaine de tissu cellulaire lâche, dans lequel elles se meuvent : elles sont en rapport : avec les os, sur lesquels on peut les comprimer ; avec des muscles, qui les protègent et dont quelques-uns sont leurs satellites. On trouve quelquefois des artères sous-cutanées ou sous-aponévrotiques en un point.

Chaque artère est accompagnée d'une ou deux veines et d'un nerf.

La structure des artères nous montre 3 tuniques : 1° une tunique externe celluleuse, formée de tissu conjonctif sans graisse et ne cassant pas sous la ligature ; 2° une tunique moyenne, formée de fibres musculaires lisses, prédominant dans les petites artères, et de tissu élastique disposé en lames fenêtrées, la constituant presque exclusivement dans les gros troncs ; la tunique moyenne se coupe sous la ligature ; 3° une tunique interne, constituée par une membrane basilaire de nature conjonctive, tapissée en dedans par un endothélium et se coupant par la ligature en même temps que la tunique moyenne qu'elle accompagne dans son recroquevillement.

Les vaisseaux sont nourris eux-mêmes par des vaisseaux : les *vasa-vasorum.*

Système de l'artère pulmonaire. — L'*artère pulmonaire* se détache de la base du cœur et, après un trajet de 3 à 4 centimètres, se partage en deux branches : l'*artère pulmonaire droite*, pour le poumon droit, et l'*artère pulmonaire gauche*, pour le poumon gauche.

Système de l'artère aorte. — L'aorte se détache du ventricule gauche et s'étend de la base du cœur à la 4e vertèbre lombaire, où elle se divise en une branche médiane, l'*artère sacrée moyenne* et deux autres latérales, les *iliaques primitives*. On la divise en trois parties : aorte ascendante, crosse de l'aorte et aorte descendante. Elle abandonne sur son parcours de nombreuses branches collatérales.

La crosse de l'aorte fournit dans son trajet :

Les *artères coronaires gauche et droite,* qui se distribuent au cœur et en sont les vasa-vasorum.

Le *tronc brachio-céphalique,* d'où émanent les artères *carotides primitives,* destinées à l'extrémité céphalique, qui ne fournissent pas de collatérales, mais se bifurquent en deux branches terminales : la *carotide externe* et la *carotide interne.*

La *carotide externe,* qui se distribue dans la face et la boîte crânienne.

Les branches collatérales sont la *thyroïdienne supérieure,* qui donne naissance à l'artère *sterno-mastoïdienne,* la *laryngée supérieure,* et la *laryngée inférieure* ; l'*artère linguale,* avec l'*artère dorsale de la langue,* la *sublinguale* et la *ranine* qui en émanent ; l'*artère faciale,* qui fournit la *palatine inférieure,* la *ptérygoïdienne,* la *sous-mentale,* la *sous-maxillaire,* la *maxillaire inférieure,* les *coronaires inférieure* et *supérieure* pour les lèvres, l'*artère de l'aile du nez* ; l'*artère occipitale,* d'où partent la *sterno-mastoïdienne supérieure,* la *stylo-mastoïdienne* ; l'artère *méningée,* qui traverse le crâne et va se perdre dans la dure-mère ; l'artère *auriculaire postérieure,* qui donne naissance à des branches parotidiennes pour la glande parotide, et à des branches terminales : antérieure ou *auriculaire,* pour le pavillon de l'oreille, et une branche postérieure ou *mastoïdienne* pour les téguments de la région mastoïdienne ; l'artère *pharyngienne supérieure,* qui abandonne des branches pharyngiennes prévertébrales et l'artère *méningée postérieure,* qui se distribue dans la dure-mère.

Les branches terminales de la carotide externe sont la *temporale superficielle* avec ses collatérales, la *transversale de la face,* destinée aux parties molles de la joue, la *temporale profonde* moyenne, qui irrigue le muscle temporal, des rameaux pour le pavillon de l'oreille et le muscle *orbiculaire des paupières,* une branche frontale et une pariétale ; et l'artère *maxillaire interne* d'où partent la *tympanique,* pour la caisse du tympan, la *méningée moyenne,* la *petite méningée,* pour la dure-mère, la *temporale profonde postérieure,* qui se perd dans le muscle temporal, la *temporale profonde antérieure,* la *dentaire inférieure,* qui se rend au menton, aux racines de la canine et des incisives, aux muscles ptérygoïdien et mylo-hyoïdien, la *massétérine*, pour le muscle masséter, la *buccale*, la *ptérygoïdienne*, qui va aux muscles ptérygoïdiens, la *palatine supérieure*, pour la voûte palatine, l'*alvéolaire*, pour les racines des molaires, la *sous-orbitaire*, pour la joue et la lèvre supérieure, la *vidienne*, qui se distribue dans le pharynx, la *ptérygo-palatine*, qui se rend également au pharynx; la maxillaire interne se termine par la *sphéno-palatine*, qui se ramifie dans la muqueuse pituitaire.

La *carotide interne* se distribue à la partie antérieure et supérieure de l'encéphale, au globe oculaire et à ses annexes. Elle a une branche collatérale, l'*artère ophtalmique*, d'où partent la *lacrymale*, la *centrale de la rétine*, la *sus-orbitaire*, les *ciliaires courtes postérieures*, les *ciliaires longues postérieures*, les *palpébrales inférieure* et *supérieure* pour les paupières, la *frontale* et la *nasale;* ses branches terminales sont les *cérébrales antérieure* et *moyenne*, la *communicante postérieure*, la *choroïdienne* et l'*hexagone artériel de Willis* destinés au cerveau.

La *sous-clavière* se détache également de la crosse de l'aorte. Elle fournit l'*artère vertébrale*, qui monte dans le crâne et fournit des rameaux à la dure-mère, au cervelet et à la moelle ; le *tronc basilaire*, d'où partent les artères cérébrales postérieures pour le cervelet; la *thyroïdienne inférieure*, qui va au corps thyroïde, la mammaire interne, qui se distribue dans les espaces intercostaux; l'*intercostale supérieure* ; les *scapulaires supérieure* et *postérieure*, la *cervicale profonde.*

La sous-clavière est continuée par l'*artère axillaire*, qui fournit les artères *acromio-thoracique,*

thoracique inférieure, sous-scapulaire et *circonflexes postérieure* et *antérieure*, qui se distribuent aux muscles de l'épaule et aux muscles environnants.

Elle est continuée par l'*artère humérale*, qui donne des rameaux aux muscles du bras et deux collatérales interne et externe ; elle se divise au pli du coude en *radiale* et *cubitale*.

Ces deux artères envoient des branches aux muscles de l'avant-bras et se terminent dans la main par des branches, qui prennent les noms de *transverse du carpe, radio-palmaire, dorsale du pouce, interosseuses, etc.*

La portion thoracique de l'aorte émet de nombreuses branches. Ce sont les *artères bronchiques*, qui, au nombre de deux à cinq, se rendent aux poumons en suivant les bronches, dont elles sont les vaisseaux nourriciers ; les artères *œsophagiennes moyennes*. qui se distribuent aux parois de l'œsophage ; les artères *médiastines postérieures* ; enfin les *artères intercostales* aortiques, qui cheminent entre les espaces intercostaux et, comme eux, sont au nombre de douze.

L'aorte émet dans sa portion abdominale deux sortes de branches : des branches pariétales et des branches viscérales.

Les branches pariétales sont :

Les artères *diaphragmatiques inférieures*, qui irriguent la face inférieure du diaphragme, et les *artères lombaires*, qui, au nombre de cinq, sont les analogues des intercostales aortiques et en continuent la série.

Les branches viscérales comprennent :

Le *tronc cœliaque*, qui, après un parcours de 10 à 15 millimètres, se divise en trois branches : une branche droite, l'*artère hépatique*, destinée au foie, dans lequel elle pénètre après avoir fourni plusieurs collatérales : la *pylorique*, la *gastro-épiploïque droite* et la *cystique* ; une branche gauche, l'*artère splénique* pour la rate qui, chemin faisant, fournit les *pancréatiques* et la *gastro-epiploïque gauche*; enfin une branche moyenne, l'*artère coronaire stomachique*, destinée à la petite courbure de l'estomac avec ses rameaux œsophagiens, ses rameaux cardiaques et ses rameaux gastriques.

L'*artère mésentérique supérieure* avec ses rameaux pancréatiques, duodénaux, les artères *coliques droites supérieure, moyenne* et *inférieure* et les branches de l'intestin grêle.

Les artères *capsulaires moyennes,* qui vont aux capsules surrénales.

Les *artères rénales*, qui fournissent la *capsulaire inférieure* pour la capsule surrénale, des rameaux musculaires pour les piliers du diaphragme, des rameaux adipeux pour la couche graisseuse qui entoure les reins et enfin se terminent dans le parenchyme rénal.

Les artères *spermatiques*, destinées aux testicules, ou les *utéro-ovariennes* de la femme, destinées aux ovaires et à l'utérus.

Enfin l'*artère mésentérique inférieure,* qui fournit les trois *coliques gauches supérieure moyenne,* et *inférieure* pour le gros intestin et qui se termine par les *hémorroïdales supérieures*, qui descendent sur les faces latérales du rectum jusqu'à l'anus.

L'aorte, arrivée à la quatrième vertèbre lombaire, se divise, comme nous l'avons vu, en trois branches terminales, une moyenne, l'*artère sacrée moyenne* et deux latérales, les *artères iliaques primitives*.

La *sacrée moyenne*, après avoir distribué quelques menues branches, va se terminer dans la glande coccygienne.

Les artères *iliaques primitives* s'étendent, obliquement, du bord inférieur de la quatrième vertèbre lombaire à la symphyse sacro-iliaque, où elles se terminent en se bifurquant après un trajet de 5 à 6 centimètres.

L'*artère iliaque interne*, branche de bifurcation de l'iliaque primitive, donne : 1° des branches, qui partent du bassin pour se distribuer à des organes plus ou moins éloignés de cette cavité, les artères *ilio-lombaire* et *sacrée vertébrale* ; 2° des branches, qui se terminent dans le bassin lui-même ; elles sont intrapelviennes viscérales comme l'*ombilicale*, la *vésicale inférieure*, l'*hémorroïdale moyenne*, l'*utérine* et la *vaginale*, ou bien extrapelviennes, comme l'*obturatrice*, la *fessière*, l'*ischiatique*, la *honteuse interne*, qui se subdivise elle-même en *hémorroïdales inférieures*, *périnéales supérieure* et *profonde*, *caverneuse* et *dorsale de la verge*.

L'autre branche de bifurcation de l'iliaque primitive est l'*iliaque externe*, qui fournit quelques branches, l'*artère épigastrique* et l'*artère circonflexe iliaque* et se termine par la *fémorale*, qui va de l'arcade crurale jusqu'au-dessous de l'anneau du 3e abducteur, où elle devient artère *poplitée* ; elle fournit l'artère *tégumenteuse abdominale*, qui va à la peau de l'abdomen, les *honteuses externes supérieures* et *inférieures* destinées à la peau du pubis et du scrotum ou des grandes lèvres ; l'artère *musculaire superficielle*, qui va aux trois chefs du triceps ; l'artère *fémorale profonde*, qui va au biceps et au demi-membraneux ; les *artères circonflexes interne* et *externe*, qui contournent l'articulation coxo-fémorale et fournissent aux muscles trochantérieurs et postérieurs de la cuisse.

L'*artère poplitée* continue la fémorale ; elle va de l'anneau du 3e adducteur à l'anneau du soléaire où elle se divise en artère *tibiale antérieure* et *tronc tibio-péronier*. Ses collatérales sont les *artères jumelles*, pour les muscles jumeaux, et six *artères articulaires* qui cheminent dans le creux poplité, deux *supérieures*, deux *moyennes* et deux *inférieures*.

La *tibiale antérieure* va jusqu'au tarse où elle prend le nom de *pédieuse;* elle fournit la *récurrente tibiale antérieure* et les *artères malléolaires*.

L'*artère pédieuse*, qui est située au dos du pied, passe au-dessous dans le 1er espace interosseux; elle fournit la *dorsale du tarse*, la *dorsale du métatarse*, d'où partent les *interosseuses dorsales* et les *collatérales dorsales des orteils*.

Le *tronc tibio-péronier* se divise après un trajet de 2 à 3 centimètres en *tibiale postérieure* et *péronière*.

L'*artère péronière* se divise, au niveau du pied, pour s'y distribuer, en *péronière antérieure* et *péronière postérieure*.

La *tibiale postérieure* descend jusqu'au talon et va se ramifier dans la plante du pied en fournissant la *plantaire interne*, la *plantaire externe*, d'où partent les perforantes et les interosseuses plantaires.

§ 2. *Veines.*

Nous ne signalerons que les principales veines.

Les veines du corps, se réunissant les unes aux autres, forment deux gros troncs veineux, qui débouchent dans l'oreillette droite du cœur et y apportent le sang veineux. Ce sont la *veine cave inférieure* et la *veine cave supérieure*.

Les *veines coronaires* sont les seules qui se

jettent directement dans le cœur. Ainsi, après avoir cheminé dans le sillon longitudinal antérieur, puis dans le sillon auriculo-ventriculaire gauche, la *grande veine coronaire* vient déboucher près de la cloison interauriculaire.

Les *troncs brachio-céphaliques veineux*, composés eux-mêmes des veines *sous-clavières* et *jugulaires*, forment par leur union la veine cave supérieure, qui ramène au cœur le sang de la partie sus-diaphragmatique du corps : tête et cou, membre supérieur et thorax.

Nous trouvons dans la dure-mère des canaux veineux creusés dans l'épaisseur même de cette enveloppe du cerveau et qui ont sensiblement une forme cylindrique, c'est ce qu'on appelle les *sinus de la dure-mère* ; ils communiquent avec les veines des parois crâniennes et avec les veines rachidiennes et aboutissent à la veine jugulaire interne. Ils sont au nombre de 15. Il y en a 5 impairs et médians et 5 pairs. Les premiers sont : le *sinus longitudinal supérieur*, le *sinus longitudinal inférieur*, le *sinus droit*, le *sinus occipital transverse*, le *sinus circulaire* ; les autres sont les *sinus latéraux*, les *sinus caverneux*, les *sinus pétreux supérieur* et *inférieur*, les *sinus occipitaux postérieurs*.

Les veines jugulaires sont au nombre de quatre :

La *jugulaire antérieure* se jette dans la sous-clavière. La *jugulaire postérieure* s'ouvre dans le tronc brachio-céphalique. La jugulaire externe, née de la temporale superficielle et de la maxillaire interne, reçoit également la *faciale*. La jugulaire interne reçoit les *sinus de la dure-mère*, les *veines linguales*, *occipitales*, *thyroïdienne supérieure*, *etc.*

Dans la main, nous trouvons, entre autres veines, la *céphalique du pouce* et la *salvatelle du petit doigt* ; dans l'avant-bras, les veines *radiales*, les veines *cubitales* et une veine *médiane* ; au pli du coude, cette veine médiane se bifurque en *médiane basilique* et *médiane céphalique*, qui, s'unissant à leur tour, la première aux veines cubitales et la seconde aux veines radiales, forment la veine *basilique* et la veine *céphalique* qui se terminent dans l'*axillaire*, à laquelle fait suite la *sous-clavière*.

Le *tronc brachio-céphalique* reçoit la *veine jugulaire postérieure*, la *vertébrale*, la *thyroïdienne inférieure*, la *mammaire interne*, la *diaphragmatique supérieure*, la *thymique*, la *péricardique* et la *médiastine*.

La *veine azygos* réunit les deux veines caves. Elle est le confluent des veines de la région lombaire ; elle reçoit les veines *intercostales droites*, la *petite azygos supérieure* et la *petite azygos inférieure*. Cette disposition permet au sang d'arriver au cœur par la veine azygos, quand la voie directe de la veine cave inférieure est interceptée.

La *veine cave inférieure* est formée par l'union des deux *veines iliaques primitives* ; elle traverse le diaphragme et ramène au cœur le sang de la partie sous-diaphragmatique du corps : *veine porte, veines du bassin, veines du membre inférieur*. Elle reçoit également la *veine spermatique droite*, les *veines rénales, capulaires moyennes, diaphragmatiques inférieures, sus-hépatiques*..

La *veine grande mésaraïque* reçoit les veines *coliques droites* et les veines de l'intestin grêle. La *veine splénique* reçoit la *petite mésaraïque*, qui naît des *hémorroïdales* et reçoit les *veines coliques gauches*. Ces deux veines, la grande mésaraïque et la splénique, s'unissent et forment la *veine porte*. Celle-ci, longue de 10 centimètres, vient se perdre dans le foie, où elle forme un réseau de capillaires qui ramènent le sang dans les veines sus-hépatiques.

Les veines du bassin sont la veine *iliaque primitive* et les deux veines qui la forment : l'*iliaque interne* ou *hypogastrique* et l'*iliaque externe*.

Les veines profondes du membre inférieur sont doubles pour chaque artère, excepté pour la *poplitée* et la *fémorale*, qui n'en ont qu'une.

Les veines superficielles sont la *saphène interne* et la *saphène externe*.

§ 3. *Lymphatiques.*

Vaisseaux lymphatiques et ganglions lymphatiques. — Le système lymphatique se compose des *vaisseaux* et des *ganglions lymphatiques*. Les lymphatiques partent de tous les points de l'économie, où ils naissent par des capillaires, qui prennent leur origine dans les espaces lacunaires interposés aux éléments anatomiques et, principalement, dans les vacuoles du tissu conjonctif. Ils forment des troncs successifs, qui suivent le trajet des artères et des veines et viennent finalement aboutir au système veineux, dans lequel ils se jettent par 2 troncs collecteurs, qui sont : 1° la *grande veine lymphatique* droite, de 4 centimètres d'étendue, située à la racine du cou et se jetant à l'union des veines sous-clavière et jugulaire interne droites ; 2° le *canal thoracique*, situé au-devant de la colonne vertébrale, où il commence au niveau de la 2e vertèbre lombaire par une dilatation la *citerne de Pecquet*, et se jette à l'union des veines sous-clavière et jugulaire interne gauches.

Structure des lymphatiques. — Les lymphatiques ont 3 tuniques, comme les veines ; les capillaires lymphatiques, une seule.

Les ganglions lymphatiques sont situés sur le trajet des lymphatiques qui les traversent, véritables lacs où les matières septiques absorbées à la suite d'une plaie de la peau, après avoir donné une *lymphangite* visible ou non, sous l'aspect de traînées rouges indiquant le trajet des vaisseaux, viendront former un gonflement localisé, une *adénite*, qui pourra se terminer par un abcès chaud ou froid suivant le cas. Ces ganglions ont l'apparence d'un haricot, avec un *hile* pour l'entrée et la sortie des vaisseaux afférent et efférent ; ils sont constitués par une enveloppe, feutrage de fibres lamineuses avec des fibres élastiques, de la face interne de laquelle partent des cloisons, qui vont en s'acheminant et se coupant vers le centre, pour donner naissance à des *aréoles*, à parois formées de tissu adénoïde de His ; dans ces aréoles, naissent les leucocytes ou globules blancs.

Lymphatiques du membre supérieur. — Pour le membre supérieur, on trouve à sa racine des *ganglions axillaires* divisibles en superficiels et profonds, comme les lymphatiques eux-mêmes, et séparés par l'aponévrose du creux de l'aisselle.

Ils reçoivent les lymphatiques du membre supérieur, du dos, du thorax et de la mamelle. Les lymphatiques du bras naissent par un réseau superficiel, très abondant surtout à la pulpe des doigts, et suivent la face interne du membre pour aboutir aux ganglions du creux de l'aisselle ainsi que les lymphatiques profonds, qui suivent les artères et se distinguent en lymphatiques radiaux, cubitaux, huméraux, etc.

Lymphatiques du membre inférieur. — On trouve 8 à 12 ganglions superficiels à l'aine, dans le triangle de Scarpa, au-dessus de l'aponévrose, communiquant à travers les trous du fascia crebriformis avec les 2 à 4 ganglions profonds du canal crural. Les ganglions superficiels reçoivent les lymphatiques du membre inférieur, de la fesse, de l'abdomen au-dessous de l'ombilic, du scrotum, de l'urètre, de la verge, de la vulve, du vagin, du périnée et de l'anus. Les lymphatiques superficiels du membre inférieur vont aux ganglions de la pointe du triangle de Scarpa et ceux des parties situées au-dessus de la racine du membre vont aux ganglions de la base, de telle sorte qu'à première vue, d'après l'aspect de l'adénite, (ovoïde à grand axe vertical et bas située pour le membre inférieur et ovoïde à grand axe horizontal et haut située pour les parties sous-jacentes) on peut reconnaître si le bubon a son origine dans une écorchure au pied ou une lésion des organes génitaux. Les lymphatiques profonds suivent les artères et traversent en route des ganglions, au creux poplité par exemple, avant d'aboutir aux ganglions du canal crural.

Lymphatiques de la tête. — Nous trouvons des ganglions sous-occipitaux, parotidiens, sous-maxillaires, mentonniers, recevant les lymphatiques du cuir chevelu, de la face, des paupières, des lèvres, des joues.

Pour le cou, de nombreux et volumineux ganglions forment un chapelet le long de la jugulaire interne, de la carotide, et en avant du muscle sterno-cléido-mastoïdien, et reçoivent les lymphatiques des gencives, de la voûte palatine, du pharynx, du larynx, du corps thyroïde et de la langue.

Lymphatiques du thorax. — Nous trouvons des ganglions disséminés sans ordre dans le médiastin derrière le sternum, au-devant de la colonne vertébrale, autour de l'œsophage et des gros vaisseaux. Les ganglions œsophagiens, bronchiques, cardiaques, diaphragmatiques reçoivent les lymphatiques des organes correspondants.

Dans l'abdomen, des ganglions disséminés autour de l'aorte et de ses branches, reçoivent les lymphatiques des organes abdominaux, pelviens et du testicule.

Chylifères. — Ce sont des vaisseaux lymphatiques, nés de l'intestin, contenant le *chyle*, et allant aux ganglions mésentériques.

Grande veine lymphatique. — Elle reçoit les lymphatiques de la moitié droite du corps au-dessus du diaphragme (tête, cou, thorax, membre supérieur) ; elle ne mesure que 2 centimètres environ et résulte de l'union des troncs venant du cou et du membre supérieur droit.

Canal thoracique. — C'est un conduit flexueux, bosselé, allant de la 2e vertèbre lombaire, où il commence par la dilatation appelée *citerne de Pecquet*, croisant la colonne vertébrale et formant une crosse pour se jeter dans le système veineux ; il traverse le diaphragme avec l'aorte, en se plaçant en arrière de l'œsophage et à droite de l'aorte. Il reçoit tous les lymphatiques du corps (sauf ceux de la moitié droite sus-diaphragmatique qui vont à la grande veine lymphatique) par 5 troncs originels, dont les vaisseaux s'anastomosent et traversent de nombreux ganglions et qui sont les 2 troncs des membres inférieurs et des organes pelviens, les 2 troncs du thorax et le tronc qui ramène les lymphatiques du foie, de la rate, de l'estomac et de l'intestin, ces derniers appelés *chylifères*.

Article IV. — Physiologie de la circulation

Cœur. — L'appareil circulatoire constitue un système de canaux ramifiés, dans lesquels le sang est sans cesse en circulation par suite des contractions propulsives du cœur, qui forme l'organe central d'où partent les artères à parois épaisses et élastiques, comme un tube de caoutchouc, et où aboutissent les veines à parois minces et molles, s'affaissant après la section. Intermédiaires entre les artères et les veines sont les capillaires, dont la lumière très fine n'est quelquefois pas plus grosse qu'un globule du sang.

Le sang, lancé dans l'aorte par la systole ventriculaire, est du sang revenant du poumon où il s'est chargé d'oxygène qu'il va distribuer dans toute l'économie, pour y entretenir la chaleur et la vie résultant des oxydations et des dédoublements qui s'effectuent au niveau des éléments anatomiques entre lesquels cheminent les capillaires; là se produisent les échanges organiques; les éléments nutritifs sont pris dans ce milieu intérieur, tandis que les produits de déchet et de désassimilation y sont versés. Le sang, qui a cédé son oxygène, est alors devenu du sang veineux qui va revenir au cœur par les veines; celles-ci se jettent les unes dans les autres pour former des troncs, de plus en plus volumineux, qui suivent le trajet des artères, dont elles portent souvent le nom, et finalement se jettent dans les 2 veines cave supérieure et inférieure ramenant à l'oreillette droite du cœur tout le sang du corps. De l'oreillette droite l'ondée sanguine passe dans le ventricule droit, dont la contraction le chasse dans l'artère pulmonaire, qui se distribue dans le parenchyme du poumon, en formant à sa surface un riche réseau capillaire, ou les globules, circulant à la surface des alvéoles pulmonaires, fixent l'oxygène, qui y est introduit par la respiration. Le sang est alors devenu rutilant, artériel et il est ramené au cœur par des veines qui se jettent les unes dans les autres pour constituer finalement les 4 troncs veineux pulmonaires aboutissant à l'oreillette gauche du cœur. Il est à remarquer ici que, par exception à ce que nous rencontrons dans le reste de l'économie, l'artère pulmonaire charrie du sang veineux et les veines pulmonaires ramènent du sang artériel. Cette première section de l'arbre circulatoire constitue la *petite circulation* ou *circulation pulmonaire* ; la seconde section de l'arbre circulatoire, 5 ou 6 fois plus étendue que la première, constitue la *grande circulation* ou *circulation générale*. Elle commence au ventricule gauche ; celui-ci, après avoir reçu le sang artériel de l'oreillette gauche, se contracte et lance dans l'aorte ce liquide vivifiant, allant se distribuer, par les nombreuses et volumineuses branches artérielles qui en émanent, dans tous les recoins de l'économie. Ces branches se résolvent en capillaires, qui se continuent par des veines, aboutissant finalement aux 2 veines caves, se terminant dans l'oreillette droite.

Le cœur peut donc, au point de vue physiologique, être divisé en 2 moitiés, le *cœur droit*, qui ne renferme que du sang veineux et le *cœur gauche*, que du sang artériel.

Comme nous le verrons plus loin, si tout le sang est bien ramené au cœur par les veines caves, au niveau des capillaires, il se produit deux voies de retour, l'une par les veines, l'autre par les lymphatiques, qui ne prennent que le partie liquide du sang. Les capillaires lymphatiques forment des troncs de plus en plus volumineux, les vaisseaux lymphatiques, qui suivent le trajet des veines profondes et superficielles, en épousant leur distribution et, après avoir traversé des ganglions rassemblés dans certaines régions spéciales, aboutissent à deux gros troncs, la grande veine lymphatique et le canal thoracique, qui, d'ailleurs, se jettent dans le système veineux avant sa terminaison.

La circulation du sang dans les vaisseaux est due aux contractions du cœur, d'où résulte dans l'arbre circulatoire des inégalités de pression faisant cheminer le sang des artères, où la pression est forte, dans les veines où elle est de plus en plus faible pour arriver à être nulle dans les oreillettes.

Artères. — Quand une artère se divise, la somme des surfaces de section de ses branches est plus grande que la surface de section du tronc primitif. On peut donc comparer schématiquement l'arbre artériel à un cône, dont le sommet est au ventricule et la base au niveau du système capillaire, au delà duquel on trouverait un autre cône disposé en sens inverse, dont le sommet est à l'oreillette droite, représentant le système veineux. Les deux bases très évasées juxtaposées, avec même un court cylindre interposé, représentent les capillaires. On peut donc comparer l'arbre artériel à un fleuve dont le lit va en s'élargissant pour se terminer dans le lac des capillaires, où le cours presque insensible permet la facilité des échanges.

La tunique moyenne des artères renferme du tissu élastique et du tissu musculaire ; le premier domine presque exclusivement dans les grosses artères et il va en diminuant dans les petites, tandis que, par un balancement inverse, le tissu musculaire augmente dans les petites artères pour constituer presque à lui seul la tunique moyenne des fines divisions. Dans les artères de moyen calibre, les deux tissus se partagent à peu près également la constitution de la tunique moyenne ; leur forme est alors rubannée par la lutte des 2 éléments, l'un tendant à rendre l'artère arrondie, l'autre à réduire sa cavité ; sur les sujets d'amphithéâtre, servant aux exercices de médecine opératoire, on reconnaît l'artère à son toucher analogue à celui que produirait un tube de caoutchouc aplati, c'est-à-dire un ruban avec 2 saillies légères latérales. Les artères aspirent l'air après la mort et, coupées, elles s'arrondissent.

Le tissu élastique sert à régulariser la circulation générale, en transformant le jet intermittent, que donnerait chaque contraction cardiaque, en un jet continu, comme le ferait un tube de caoutchouc assez long fixé à un robinet d'eau qu'on ouvrirait par saccades et au bout duquel, malgré cela, on observerait un écoulement continu. Cet écoulement continu est indispensable à la bonne irrigation et à la nutrition des organes fragiles comme le système nerveux. En somme, au moment où le cœur fait entrer avec force le sang du ventricule gauche dans l'aorte, celle-ci se dilate (diastole artérielle), puis son tissu élastique revient sur lui-même, rendant la force emmagasinée qui est utilisée à pousser le sang vers les capillaires. Ce qui a lieu pour l'aorte se produit successivement par segments dans toutes les branches.

En outre, cette élasticité des artères favorise l'action du cœur, car, d'une part, dans le cas d'écoulement intermittent les quantités de liquide débité dans un temps donné sont, sous une même pression, plus considérables par un tube élastique que par un tube rigide (Marey) et, d'autre part, on sait que quand cette élasticité de l'aorte diminue pathologiquement, par athérome, le cœur s'hypertrophie pour subvenir au surcroît de travail qu'il est obligé de fournir.

A chaque contraction du ventricule gauche, une ondée de sang entre donc avec un choc dans l'aorte, qui se dilate et durcit, puis reprend sa forme, pendant que le même phénomène se reproduit dans les segments successifs, jusque dans les fines divisions artérielles.

Pouls. — Il est précisément la sensation de soulèvement brusque, que le doigt éprouve, lorsqu'il palpe une artère reposant sur un plan osseux, comme la radiale au-dessus du poignet par exemple. Le doigt déprimant légèrement l'artère perçoit alors l'*onde* sanguine, c'est-à-dire la transmission vibratoire du choc que cause sur la colonne liquide remplissant l'arbre artériel l'*ondée* du sang, entrant de force dans l'aorte par la pression énergique et brusque du ventricule ; cette onde se transmet rapidement, comme se transmet de molécule à molécule, d'une paroi à l'autre, le choc imprimé à une vessie pleine d'eau que l'on percute d'un côté, tandis que la main appliquée au pôle opposé perçoit presque immédiatement la vibration transmise. On comprendra bien le phénomène qui se produit, en alignant successivement des billes de billard tangentes ; un coup donné à la première de la série transmet immédiatement le choc à la dernière qui se déplace.

L'onde pulsative marche avec une vitesse de 9 mètres par seconde, tandis que celle du sang ou de l'ondée sanguine n'est que de $0^m,40$ à $0^m,50$.

Le pouls se produit donc un peu après le choc du cœur.

L'élasticité des parois artérielles épuise la pulsation ; l'inflammation la fait prolonger plus loin par paralysie des muscles des artères, comme le prouvent par exemple les battements douloureux isochrones au pouls, que l'on perçoit dans un doigt atteint de panaris.

Dans un tube manométrique, le sang tressaute à chaque onde ; s'il y a un flotteur muni d'un crayon se déplaçant en rotation sur un cylindre noirci, on peut inscrire ces soulèvements et ces abaissements : c'est là le principe du Kymographion.

Le *sphygmographe* est un appareil quelquefois

employé en clinique et destiné à analyser le tracé du pouls présentant des caractères particuliers à certaines affections cardiaques ou vasculaires, qu'il permet de mettre en évidence pour aider l'auscultation et en contrôler les résultats avec la certitude et l'impersonnalité qui est toujours l'apanage de la méthode graphique. Cet appareil consiste essentiellement en un petit levier, dont le petit bras appuie sur l'artère et dont le grand bras libre, muni d'une pointe, inscrit sur une carte noircie, se déplaçant horizontalement d'avant en arrière par un mouvement d'horlogerie, les oscillations du pouls. Ces tracés présentent une ligne d'ascension brusque, suivie d'une ligne de descente plus couchée, avec, près de son début, un rebondissement formant ce qu'on appelle le *dicrotisme*, qui s'exagère dans certaines affections. Le dicrotisme du pouls est dû à l'élasticité de l'artère, qui, d'abord dilatée, revient ensuite à son calibre habituel ; l'encoche sur la ligne de descente correspond au moment où l'élasticité de l'artère entre en jeu. Quelquefois le pouls est polycrote.

L'intensité du soulèvement artériel, ou amplitude du pouls, varie avec la tension du sang et la fréquence du pouls ; elle décroît avec l'augmentation de ces deux facteurs. La fréquence du pouls est plus grande chez la femme ; elle s'accroît pendant la digestion, le travail manuel ou intellectuel, la fièvre, etc.

Le tissu musculaire des artères sert à régler les circulations locales ; nous avons vu qu'il existait surtout dans les petites artères qui, sous l'influence du nerf grand sympathique, par l'intermédiaire des nerfs vaso-moteurs, se dilatent ou se resserrent, produisant ainsi l'anémie ou l'hyperthémie des départements irrigués. Grâce à cet élément musculaire les artères présentent aussi des contractions rythmiques, sans importance d'ailleurs, mais elles peuvent se contracter par le froid (arrêt des hémorrhagies des blessés) ou la chaleur (air chaud, eau chaude dans les hémorrhagies).

Capillaires. — Les capillaires, avec leur paroi formée d'une simple membrane endothéliale à cellules aplaties, juxtaposées, ont un calibre variable, tantôt à peine du diamètre d'un globule sanguin, qui les traverse en s'allongeant, tantôt plus volumineux, montrant au centre un courant rapide de globules et à la périphérie une sorte de couche inerte, presque immobile, contenant les globules blancs. Les capillaires ont quelquefois une sorte de contractilité due à des mouvements cellulaires de leur membrane endothéliale. L'onde ne s'y prolonge pas.

La richesse des réseaux capillaires d'une région est en rapport direct avec son activité fonctionnelle.

Les capillaires sont le siège des échanges organiques ; dans les suppurations pathologiques, ils laissent s'effectuer à travers leur paroi la migration des globules blancs qu'on appelle *diapédèse*, prélude de la phagocytose, la théorie de l'inflammation faisant aujourd'hui place à celle de l'infection.

Veines. — Elles ont des parois plus minces que les artères, avec moins de tissu élastique et un tissu musculaire irrégulièrement disposé. Elles sont aussi *contractiles* par le froid, la chaleur (l'action de la chaleur est préférable à celle du froid, pour arrêter les hémorrhagies, car elle n'est pas suivie de la dilatation paralytique, avec échauffement consécutif, comme on le sent se produire après la confection des boules de neige) ou par d'autres excitants, tels que les chocs (gifle sur la joue avec pâleur par contractilité des vaisseaux, suivie de rougeur par dilatation paralytique consécutive).

Les veines sont aussi très *élastiques* et elles forment souvent à côté des articulations des plexus servant de réservoirs de sang, pour faciliter le dégorgement des capillaires, ou maintenir la chaleur de certains organes. Elles renferment, surtout aux membres inférieurs, des valvules, dont le bord libre est tourné du côté du cœur, qui permettent au sang d'aller du côté du cœur, mais mettent obstacle à toute progression du sang en sens inverse, en utilisant par leur présence toute pression sur leur paroi provenant de mouvements musculaires ou d'actions externes, pour faire circuler le sang dans le sens normal, c'est-à-dire de la périphérie au centre.

Le sang progresse dans les veines par la *vis à tergo*, c'est-à-dire par suite de la pression permanente exercée par le cœur en arrière et par la diminution graduelle de pression en avant, où elle devient nulle dans l'oreillette. L'aspiration, produite dans le système veineux au moment de l'inspiration, qui tend à faire le vide dans la cage thoracique, est encore un facteur de la circulation veineuse.

Le pouls veineux se voit bien dans la jugulaire, qui présente des alternatives de gonflement et d'affaissement, correspondant à la systole des oreillettes, puis des ventricules.

Les veines du cou font aussi quelquefois entendre, principalement sous la pression du stéthoscope, des bruits liquidiens, des souffles variables de timbre et d'intensité, dans certains états pathologiques (anémie).

Innervation des vaisseaux. — Elle a lieu par l'intermédiaire des *nerfs vaso-moteurs*, présidant à la contraction des fibres musculaires lisses, qui entrent dans la constitution de leur paroi et qui sont surtout développées dans les artères. Ces nerfs vaso-moteurs, qui entrent en jeu sous des influences diverses intérieures ou extérieures, agissant sur le système nerveux central, se subdivisent en nerfs *vaso-constricteurs* et *vaso-dilatateurs*, tous deux appartenant au système du grand sympathique et ayant une grande influence sur la pression du sang, la chaleur du corps, les sécrétions et en général la nutrition.

Cl. Bernard a montré que la section du grand sympathique au cou produisait l'hyperhémie du côté correspondant de la tête avec tous les signes d'une paralysie vasculaire et que la galvanisation du bout périphérique produisait une action inverse ; le même phénomène fut ensuite vérifié pour d'autres régions du corps. La section d'une moitié latérale de la moelle dorsale produit le même résultat, dans le membre postérieur correspondant, c'est-à-dire hyperhémie, puis anémie, après galvanisation du segment isolé. Les nerfs vaso-constricteurs prennent donc leur origine dans la moelle ou le sympathique et sont tantôt isolés comme au cou, tantôt confondus dans leur distribution avec le système nerveux de la vie de relation.

Inversement la section de la corde du tympan, suivie de la galvanisation du bout périphérique, amène l'hyperhémie de la région qui est sous sa dépendance avec hypersécrétion de la glande sous-maxillaire ; c'est donc un nerf vaso-dilatateur. Le même phénomène se produit par la galvanisation de la branche auriculo-temporale du trijumeau, du nerf de Cyon, qui dilate les vaisseaux des viscères abdominaux, etc.

Peut-être, les nerfs vaso-dilatateurs n'ont-ils qu'une action d'arrêt sur les vaso-constricteurs, semblable à celle du pneumogastrique sur le cœur.

Les nerfs vaso-moteurs maintiennent les vaisseaux dans un état de demi-contraction, qu'on appelle le *tonus vasculaire.*

Les actions vaso-motrices sont le plus souvent réflexes, succédant à des impressions sensorielles ou d'ordre émotif.

Pression du sang. — Elle s'évalue à l'aide d'appareils tels que le cardiomètre ou l'hémodynamomètre, qui sont des manomètres à mercure, spécialement disposés pour cet usage. La pression maxima est au ventricule, la minima à l'oreillette où elle est nulle. Dans le cœur, elle varie à tout moment par les mouvements thoraciques respiratoires ; elle est 5 fois plus forte dans le ventricule gauche. Dans l'aorte, elle est d'environ 1/4 d'atmosphère (ou 25 centièmes) ; elle est égale à zéro dans l'oreillette et, dans un point quelconque du système circulatoire, la pression est fonction directe de sa distance aux deux points extrêmes ; ainsi dans l'humérale, elle est de 1/6 d'atmosphère ; dans les capillaires, elle sera moitié de celle de l'aorte ou de 12 centièmes d'atmosphère et dans les veines entre 12 centièmes et 1 centième (veines caves), suivant le point considéré.

La véritable cause de la circulation réside dans cette inégalité de pression, qui détermine le courant des artères vers les veines.

Vitesse du sang. — Elle ne dépend pas de la pression, mais de la largeur et de la forme des conduits ; elle est d'autant plus grande que le conduit est plus étroit dans le schéma que nous avons indiqué ; par conséquent, au niveau du lac des capillaires, il y a presque une stagnation d'autant plus favorable aux échanges que nous avons vu que la pression y était de 12 centièmes d'atmosphère. On peut voir directement à l'ophtalmoscope la circulation dans les vaisseaux du fond de l'œil et sur le mésentère de la grenouille préparée pour l'examen microscopique.

Les quantités de sang écoulées sont entre elles comme la 4e puissance des diamètres et en raison inverse de la longueur des tubes.

On peut mesurer cette vitesse du sang au moyen de l'hémodromètre de Volkmann, ou de l'hémato-chronomètre de Vierordt.

On trouve ainsi par exemple expérimentalement que la vitesse du sang est de $0^m,45$ par seconde dans l'aorte, de $0^m,33$ dans la carotide, de $0^m,001$ dans les capillaires, de $0^m,20$ dans les veines caves.

On appelle *vitesse générale du sang* le temps que met un globule sanguin parti du cœur à y revenir. On peut la calculer approximativement en divisant la totalité du sang du corps, environ 5 kilogrammes, par la quantité de sang (180 grammes) que lance le cœur à chaque contraction, s'effectuant à raison de 60 par minute.

On trouve 30 pulsations, c'est-à-dire à peu près 30 secondes. Expérimentalement on vérifie ces données fournies par le calcul, en montrant que l'acide prussique déposé sur la conjonctive tue en 10 secondes et que le cyanure jaune de potassium injecté dans l'aorte donne partout en 15 secondes la réaction du bleu de Prusse, c'est-à-dire parcourt la moitié de l'arbre circulatoire.

On nomme *vaisseau porte*, *système porte*, toute partie de l'appareil circulatoire où le sang marche directement d'un système capillaire vers un autre système capillaire, exemple la veine porte hépatique, le vaisseau efférent du glomérule dans le rein. Le système capillaire, interposé en un point du système artériel ou veineux, y ralentit le cours du sang et y donne une pression plus ou moins forte que dans les capillaires généraux, suivant qu'il est interposé dans le système artériel ou veineux.

Lymphe. — Elle remplit les cavités du tissu cellulaire et circule dans les vaisseaux lymphatiques ; c'est un liquide à peu près incolore, légèrement jaunâtre, salé, alcalin, charriant des leucocytes et quelques granulations graisseuses dans un plasma formé, comme celui du sang, de fibrine et de sérum, donnant un caillot après la sortie des vaisseaux. Le sérum de la lymphe comparé à celui du sang se montre moins riche en matières albuminoïdes, mais plus riche en produits excrémentitiels, en urée par exemple. La lymphe renferme aussi de l'acide carbonique et de l'azote.

Chyle. — C'est la lymphe contenue dans les lymphatiques de l'intestin, ou *chylifères* ; à jeun, sa composition est identique à celle de la lymphe, mais, pendant la période digestive, le chyle devient blanchâtre par l'émulsion des matières grasses absorbées à la surface de l'intestin, qui donnent aux vaisseaux qui le renferment une opalescence, qui les a fait désigner sous le nom de *vaisseaux lactés*.

Au point de vue fonctionnel, les systèmes lymphatique et veineux font suite au système artériel, bien que les vaisseaux lymphatiques, à leur origine, ne communiquent pas directement avec les vaisseaux sanguins ; au niveau des capillaires, une partie du plasma du sang transsude dans les aréoles du tissu conjonctif, d'où les lymphatiques, après l'avoir drainé, le ramènent aux veines sous-clavières.

Circulation lymphatique. — Elle est due à la vis à tergo (qui tire son origine de la pression sanguine) aidée de l'action des valvules qui utilisent, comme pour les veines, les contractions des muscles voisins ; de l'inspiration ; enfin, les vaisseaux lymphatiques sont eux-mêmes contractiles.

La lymphe, comme nous l'a d'ailleurs fait pressentir sa composition, est un intermédiaire entre les tissus et le sang.

Organes lymphoïdes. — On réunit sous ce nom des organes dans la structure desquels prédomine le tissu adénoïde de His, ou tissu lymphoïde, ou tissu conjonctif réticulé, dont les lacunes communiquent avec les capillaires lymphatiques, tels que les follicules clos de l'intestin, simples ou agminés (plaques de Peyer), les amygdales, le thymus, les ganglions lymphatiques, la rate. Dans le tissu réticulé passe la lymphe, dont le cours ralenti permet la fixation des principes infectieux que peuvent charrier les lymphatiques et qui donnent naissance, pour les ganglions, aux adénites. Dans les mailles de ce tissu réticulé, la lymphe se charge de nombreux globules blancs, qui s'y produisent par un mécanisme encore mal déterminé.

Dans la rate, la pulpe rougeâtre et ses corpuscules de Malpighi sont aussi formés de tissu adénoïde, dans les mailles duquel le sang circule et s'y charge de nombreux globules blancs, qui s'y forment. La rate est probablement en même temps un lieu de destruction des globules rouges et un lieu de transformation des leucocytes en globules rouges. La rate présente des variations de volume rapides, actives ou passives ; c'est un lieu de formation de l'urée et de réserve pour les matières albuminoïdes.

CHAPITRE VI

APPAREIL DE LA RESPIRATION

L'appareil de la respiration est composé des organes suivants : 1° les fosses nasales, 2° le larynx, 3° la trachée, 4° les bronches, 5° les poumons enveloppés par les plèvres.

Pour les fosses nasales, leur étude se confond avec celle du sens de l'odorat, auquel nous renvoyons le lecteur.

Article I. — Anatomie du larynx

Le larynx a la forme d'une pyramide triangulaire, à base supérieure, située en arrière de la langue surmontée d'un couvercle, l'épiglotte, qui obstrue son orifice au moment de la déglutition ; son sommet se confond avec la trachée. Sa face postérieure constitue la face antérieure du pharynx, dont la muqueuse passe directement à celle du larynx ; ses faces latérales, formées par les cartilages cricoïde, thyroïde et des muscles, sont en rapport avec le corps thyroïde ; son bord antérienr saillant est la pomme d'Adam ; ses bords latéraux correspondent à la colonne vertébrale et à l'artère carotide.

Glotte. — L'intérieur du larynx, vu d'en haut, par exemple au laryngoscope, nous montre au milieu un point rétréci, la *glotte*, avec au-dessus et au-dessous des parties dilatées, le vestibule ou portion sus-glottique et la portion sous-glottique continue avec la trachée. La glotte est un espace en forme de triangle isocèle, de 24 millimètres d'étendue d'avant en arrière, et de 2 à 15 millimètres à la base, limitée par les 2 cordes vocales inférieures, tranchant par leur couleur blanc nacré sur le fond rouge de la muqueuse de l'organe. C'est la *glotte interligamenteuse*, en arrière de laquelle on voit un espace qui se développe surtout à la puberté et qui est la glotte *intercartilagineuse* ou *respiratoire*, comprise entre les cartilages aryténoïdes.

Cordes vocales. — Elles sont au nombre de 2 supérieures et 2 inférieures. Les supérieures s'étendent de l'angle du thyroïde à la face antérieure de l'aryténoïde; les inférieures, insérées 3 millimètres au-dessous, vont de l'angle du thyroïde à l'apophyse interne ou antérieure du cartilage aryténoïde.

Les ventricules de Morgagni, espaces résonnateurs, séparent les 2 cordes vocales de chaque côté.

Le larynx est composé de 9 pièces cartilagineuses, 3 paires et 3 impaires.

Les cartilages impairs sont l'épiglotte, le thyroïde et le cricoïde; les pairs sont les aryténoïdes, les c. corniculés de Santorini et les c. de Wrisberg.

Epiglotte. — C'est un fibro-cartilage, situé en avant du larynx, sur l'angle antérieur duquel il s'insère par son sommet, tandis que sa base est libre ; ses bords donnent insertion aux replis aryténo-épiglottiques ; la muqueuse qui la recouvre est criblée d'orifices glandulaires.

Thyroïde. — Il est en forme de livre demi-ouvert, constituant la pomme d'Adam par l'extrémité supérieure de son dos; il présente sur ses faces latérales une corde fibreuse donnant attache à des muscles ; son angle rentrant donne insertion à des muscles et ses faces internes sont en rapport avec les ventricules. Son bord supérieur donne insertion à la membrane thyro-hyoïdienne, l'inférieur à la crico-thyroïdienne. Les cornes qui surmontent ses angles supérieurs sont en rapport avec celles de l'os hyoïde et celles des angles inférieurs avec le cricoïde.

Cricoïde. — C'est un anneau, semblable à une bague chevalière, dont le chaton serait tourné en arrière et sur le bord supérieur duquel les cartilages aryténoïdes sont à cheval, avec une apophyse ou jambe dans le cercle et l'autre en dehors ; il s'articule en bas avec la trachée.

Les *aryténoïdes*, en forme de pyramide triangulaire, ont leur base à cheval sur le chaton du cricoïde, avec une apophyse interne ou antérieure et une externe ou postérieure ; le sommet incliné vers celui du cartilage du côté opposé est surmonté du cartilage corniculé de Santorini. Ces cartilages ont sur le cricoïde un mouvement de sonnette par l'action des muscles du larynx.

La cavité laryngienne est tapissée par une membrane fibreuse se continuant sur ses replis. Les replis aryténo-épiglottiques contiennent les cartilages de Wrisberg inconstants.

Muscles du larynx. — Les *muscles intrinsèques* du larynx sont au nombre de 9, dont 1 impair et 4 pairs.

L'impair est le muscle *ary-aryténoïdien*, situé en arrière entre les 2 aryténoïdes, qu'il rapproche par sa contraction ; il a des fibres profondes transversales et des fibres obliques en X : c'est un constricteur de la glotte.

Les muscles pairs sont le crico-thyroïdien en avant, le crico-aryténoïdien postérieur en arrière, le crico-aryténoïdien latéral et le thyro-aryténoïdien.

Le crico-thyroïdien est étendu de la face antérieure du cricoïde à la petite corne du thyroïde ; il est tenseur des cordes vocales et par suite constricteur de la glotte. Le crico-aryténoïdien postérieur va de la face postérieure du cricoïde à l'apophyse externe de l'aryténoïde ; c'est le seul dilatateur de la glotte, dont il maintient l'écartement pendant l'inspiration et la phonation. Le muscle crico-aryténoïdien latéral s'étend du bord supérieur du cricoïde à l'apophyse externe de l'aryténoïde ; c'est un constricteur de la glotte. Le muscle thyro-aryténoïdien va de l'angle du thyroïde au bord externe de l'aryténoïde ; c'est un constricteur de la glotte.

La muqueuse du larynx est lisse, de coloration rosée et donne 3 replis allant de l'épiglotte à la langue, les replis glosso-épiglottiques, médian et latéraux, en dehors desquels elle se réfléchit en arrière du larynx pour passer à la muqueuse pharyngienne. Elle présente un épithélium à cils vibratiles et contient de nombreuses glandes en grappe (glandes épiglottiques, glandes en L des replis aryténo-épiglottiques, ou glandes aryténoïdiennes, autour des cartilages de Wrisberg).

Corps thyroïde. — Le corps thyroïde est une glande vasculaire sanguine à 2 lobes séparés par un isthme et se terminant en 2 cornes. Il est formé d'une enveloppe de tissu conjonctif, contenant au centre des vésicules closes de 1/10 de millimètre à 1 millimètre, se réunissant en lobules. Les capillaires embrassent les lobules et forment un réseau autour des vésicules closes.

Cette glande située au-dessous et en avant du larynx, qu'elle accompagne dans ses déplacements d'ascension et de descente, s'hypertrophie dans la grossesse et son développement pathologique produit le goitre, tumeur du cou que l'on traite par l'iode ou l'ingestion de corps thyroïde de mouton.

Article II. — Physiologie du larynx. Phonation

Le larynx est une modification de l'extrémité supérieure du conduit aérifère; il est destiné à mettre l'homme en relation avec ses semblables en s'accompagnant des mouvements des membres et de la face.

Le larynx est un défilé de la trachée, qui peut être agrandi ou diminué. On y note trois rétrécissements successifs : les replis aryténo-épiglottiques, les cordes vocales supérieures et les cordes vocales inférieures, ou vraies cordes vocales, constituant le véritable orifice phonateur.

L'épithélium de la glotte est pavimenteux, stratifié, avec ligament élastique sous-jacent pour la corde vocale, afin d'éviter le plissement de la muqueuse lors de sa contraction.

Les muscles du larynx sont des muscles striés.

La *glotte* est un triangle isocèle à base postérieure, dont les côtés sont formés pour 3/5 par les cordes vocales et pour 2/5 par les cartilages aryténoïdes, qui, à cheval sur le chaton du cricoïde, ont une apophyse interne ou vocale, donnant attache à la corde vocale et une externe ou postérieure qui donne attache aux muscles du larynx. Ces cartilages présentent sous l'influence de la contraction de ces muscles des mouvements de bascule ou mouvements de sonnette et des mouvements de translation, qui amènent des variations dans la forme de la glotte d'un espace losangique à une fente linéaire. Le muscle crico-thyroïdien est tenseur des cordes vocales; le crico-aryténoïdien latéral, l'ary-aryténoïdien et le thyro-aryténoïdien ferment la glotte, ce dernier ayant comme fonction spéciale de vibrer en même temps que la corde vocale qu'il constitue en grande partie; le crico-thyroïdien postérieur est le seul muscle dilatateur de la glotte.

Phonation. — C'est l'ensemble des phénomènes qui concourent à la production de la voix, fonction de la vie de relation, restreinte chez les animaux qui n'ont que le son vocal, développée chez l'homme qui a la parole.

La glotte dont les bords vibrent peut être comparée à un tuyau à anche.

Les cordes vocales inférieures possédant en elles-mêmes le muscle destiné à produire leur tension vibrent sous l'influence du courant d'air expiré et produisent le son, comme l'orbiculaire des lèvres dans le sifflement, son qui est plus ou moins aigu suivant le degré de contraction du muscle. Le courant d'air destiné à ébranler les cordes vocales doit être sous une pression assez élevée, ce qui explique que la voix ne peut se produire que pendant l'expiration et cesse chez les trachéotomisés. Les ventricules renforcent les sons.

La section du nerf laryngé inférieur abolit la phonation.

Le larynx monte pour les sons aigus et descend pour les sons graves. Les fosses nasales, les sinus, la trachée, les bronches, les poumons, la cage thoracique vibrent.

L'articulation des sons dépend des modifications dans les ouvertures du nez et de l'arrière-gorge.

Voix. — Le son glottique n'a que des différences de hauteur, d'intensité et de timbre, mais son mélange avec les bruits produits dans les conduits donne la *voix*. L'intensité varie avec la force des muscles expirateurs; la hauteur dépend de la tension de la glotte et le timbre du nombre et de l'intensité des harmoniques.

Pour la voix de poitrine, la glotte vibre dans toute son étendue et, pour la voix de tête, seulement dans sa partie ligamenteuse et peut-être avec abaissement des cordes vocales supérieures, qui touchent les inférieures en faisant l'office de la rasette des tuyaux à anche.

L'étendue de la voix est en moyenne de 2 octaves 1/2, rarement 3, dans un registre moins ou plus élevé, ce qui a fait classer les voix d'homme en basse, baryton, ténor, celles de femme en contralto, mezzo-soprano, soprano. La voix, plus aiguë chez la femme, tient à ce que ses cordes vocales n'ont que les 4/5 de la longueur de celles de l'homme. Chez l'enfant, la longueur est de moitié, d'où l'acuité de la voix ; mais, à la puberté, le larynx se développe assez brusquement pour que les cordes malhabiles donnent la voix discordante caractéristique de la *mue*, qui s'accompagne d'un abaissement de tonalité d'un octave chez les garçons, de 2 tons seulement chez les filles. En vieillissant, les cartilages s'ossifient, les muscles deviennent moins forts ; les ténors deviennent barytons.

Le son glottique avec son timbre déjà spécial à la vibration de ses propres lèvres, modifié par les parties annexées jouant le rôle de résonnateurs, donne la *parole*, qui peut être chuchotée ou articulée ; dans le 1er cas, l'air frotte seulement sur la glotte respiratoire ; dans le second, il engendre le son, en faisant vibrer les cordes vocales. Parmi ces parties annexées, les fixes servent surtout au renforcement des sons, les mobiles à l'articulation.

Les voyelles sont des sons glottiques renforcés par les cavités buccale et pharyngienne, qui prennent une disposition différente selon la lettre à émettre, ce qu'il est facile de vérifier en disposant sa bouche comme si on voulait proférer cette lettre et la plaçant devant une soufflerie.

Les consonnes ne sont que des bruits d'accompagnement des voyelles ; elles ébranlent toujours un obstacle, d'où les noms de labiales, linguales, gutturales, suivant la région vibrante, avec des subdivisions en explosives (labiales p, linguales t, gutturales k), résonnantes (labiales m, linguales l), tremblottantes (r).

Czermak découvrit le laryngoscope en voulant étudier la production des vraies gutturales de la langue arabe.

Les labiales explosives sont les plus faciles à prononcer, d'où les premiers mots *papa, maman,* qui se rapprochent du bèlement.

La voix articulée est le son glottique modifié par les bruits des consonnes. L'association des voyelles et des consonnes forme les syllabes et celles-ci les mots.

La parole donne des sons, qui varient peu de hauteur ; c'est l'inverse dans le chant.

Le larynx est innervé par le nerf laryngé supérieur, qui paraît venir du pneumogastrique, mais vient en réalité de l'accessoire de Willis ou branche interne du spinal ; par sa branche externe, celui-ci innerve le sterno-cléido-mastoïdien et le trapèze (langage du cou). Le spinal est donc le nerf de la mimique et de la phonation et, en outre, par ces 2 muscles, il lutte contre l'expiration pour ménager le soufflet thoracique (lutte vocale de Mandl).

Le centre nerveux de la phonation a son origine dans le bulbe rachidien (cris d'anencéphales), tandis que le centre du langage articulé est dans le cerveau au 1/3 postérieur de la 3e circonvolution frontale ou de Broca, dont la lésion produit l'aphasie, qu'il ne faut pas confondre avec l'amnésie.

La phonation est un corollaire de l'audition ; le sourd-muet n'est muet que parce qu'il est sourd.

Article III. — Anatomie de la trachée, des bronches, du poumon, des plèvres

Trachée. — La trachée va du larynx aux bronches, sa direction est verticale et elle comprend une portion cervicale et une portion thoracique ; au point de vue de la structure, on y distingue une portion cartilagineuse et une portion membraneuse occupant la face postérieure plane.

La trachée est étendue de la 6e vertèbre cervicale à la 4e dorsale. Elle est en rapport, dans le cou, en avant avec le corps thyroïde et des muscles, en arrière, avec l'œsophage, sur les côtés avec la carotide primitive, la jugulaire interne et le nerf récurrent et, dans le thorax, en avant, avec les troncs brachiocéphaliques artériels et veineux, en arrière avec l'œsophage, sur les côtés avec les poumons dont le séparent les plèvres.

Elle est formée de 16 anneaux cartilagineux incomplets, représentant seulement 3/4 d'anneau ; le dernier article est terminé en bas en éperon, de chaque côté duquel viennent les premiers anneaux des bronches. Ces anneaux sont englobés dans une zone fibreuse générale, qui se dédouble à leur niveau et forme une sorte de tube étendu du larynx aux bronches. Dans la portion membraneuse, on trouve une couche fibreuse élastique mince, continue sur les côtés avec les bords de la portion cartilagineuse, et des fibres musculaires transversales réunissant les extrémités des anneaux. La trachée est tapissée par une muqueuse, à épithélium cylindrique, à cils vibratiles, renfermant des glandes.

Bronches. — Les bronches sont deux tubes étendus de la trachée au hile du poumon ; leur direction est oblique, mais peu pour la bronche droite qui est presque horizontale. La bronche droite a une longueur de 3 centimètres, la gauche de 5 centimètres. Les bronches sont cylindriques en avant et aplaties en arrière, comme la trachée. Elles font partie du pédicule pulmonaire et y sont en rapport avec les artères et veines pulmonaires, les artère et veine bronchiques, les lymphatiques, les nerfs, le tout réuni en faisceau par du tissu cellulaire et recouvert par la plèvre, qui se réfléchit sur ce pédicule pulmonaire en passant du feuillet pariétal au feuillet viscéral.

Poumons. — Les poumons sont des organes spongieux servant à la respiration et séparés l'un de l'autre par la cloison antéro-postérieure du médiastin.

Le poumon d'un enfant qui n'a pas respiré constitue une masse rougeâtre refoulée au sommet du thorax par le diaphragme qui remonte à la 3e côte; il a alors la couleur du foie.

Le poumon du nouveau-né est d'une couleur rouge vif; il est rose chez l'enfant, rosé chez l'adulte, noirâtre chez le veillard par les poussières et les particules de charbon inhalées.

Le poumon d'un enfant qui n'a pas respiré pèse environ 65 grammes, soit 1/50 du poids du corps, et celui d'un enfant qui a respiré 95 grammes, soit 1/34 du poids du corps. Le poumon, plus léger que l'eau, surnage à sa surface, chez l'enfant qui a respiré; il est plus lourd que l'eau et tombe au fond, chez l'enfant qui n'a pas respiré.

Le poumon droit est plus long, le gauche plus large. Le poumon en général a la consistance d'une éponge et surnage sur l'eau. Son tissu est très élastique, car insufflé il revient sur lui-même, et doué d'une grande cohésion, car sain il est très difficile à déchirer; pressé entre les doigts, il donne une sensation de crépitation due au passage de l'air d'une vésicule dans une autre.

Chaque poumon a la forme d'un cône aplati sur la région regardant celui du côté opposé qui présente le hile et est en rapport avec le médiastin, le cœur, l'œsophage, la trachée. Le bord antérieur est tranchant, le postérieur plus long; la base est moulée sur le diaphragme. Le sommet déborde de 1 ou 2 centimètres l'orifice du thorax. Les poumons présentent des scissures interlobaires, 2 à droite, 1 à gauche, délimitant 3 lobes à droite et 2 à gauche.

La structure du poumon nous montre les ramifications bronchiques issues des bronches, qui se divisent en 2 branches à gauche et 3 à droite;

ces divisions donnent des subdivisions irrégulières jusqu'à la surface du poumon, où elles aboutissent aux lobules. Les divisions bronchiques sont formées de cartilages, qui existent en segments d'anneaux dentelés contenus dans la membrane fibreuse élastique, faisant suite à celle de la trachée et se continuant elle-même avec la substance de la paroi des canalicules respirateurs. Ces subdivisions bronchiques renferment aussi des fibres musculaires, muscles de Reissessen, dont la contracture donnerait l'accès d'asthme ; elles sont tapissées par une muqueuse à épithélium vibratile.

Le tissu pulmonaire propre contient des fibres lamineuses, des fibres élastiques et quelques fibres musculaires lisses. Les canalicules respirateurs et les lobules pulmonaires sont tapissés d'épithélium pavimenteux, recouvrant un tissu élastico-musculaire avec capillaires à l'extérieur et sans muqueuse à l'intérieur.

Les lobules pulmonaires ont 1 centimètre d'épaisseur ; ils sont cloisonnés, polyédriques ; les canalicules respirateurs s'y terminent en se divisant, pour aller à une quinzaine de culs-de-sac ou alvéoles.

Un poumon de grenouille est l'analogue d'un lobule pulmonaire de l'homme. Si on en étale la paroi sous le microscope, on y voit un riche réseau capillaire, dont les mailles représentent seulement 1/4 de la surface totale, en dedans duquel l'imprégnation au nitrate d'argent décèle un épithélium pavimenteux simple, dont les noyaux se logent dans les interstices des vaisseaux, en dehors desquels nous trouvons la paroi propre avec ses fibres lamineuses, élastiques et musculaires, ces dernières rares. L'épithélium pulmonaire, en proliférant et en desquamant, parait jouer un grand rôle dans les pneumonies catarrhale et fibrineuse.

Plèvres. — Les plèvres sont 2 séreuses thoraciques indépendantes, facilitant le glissement du poumon dans le thorax et séparées par le médiastin. Chaque poumon est recouvert du feuillet viscéral, qui adhère à l'organe sorti de la poitrine ; le feuillet pariétal tapisse la paroi interne du thorax, la face supérieure du diaphragme, le médiastin, avec un cul-de-sac supérieur en calotte à l'orifice supérieur de la cage thoracique.

La communication entre les 2 feuillets pariétal et viscéral se fait au niveau du pédicule pulmonaire.

La plèvre est une membrane composée d'un feutrage de fibres lamineuses, avec fibres élastiques, tapissée d'une couche de cellules d'épithélium pavimenteux simple, décelable par l'imprégnation au nitrate d'argent. L'inflammation de cette séreuse donne d'abord la pleurésie sèche, caractérisée par la chute de l'épithélium, qui donne un dépôt se traduisant par des frottements pleurétiques superficiels, puis par une transsudation de liquide séro-fibrineux qui s'accumule dans les parties déclives, où il est reconnaissable à une zone de matité et à la disparition du murmure vésiculaire, en refoulant le poumon en haut ; c'est la pleurésie avec épanchement. S'il y a de l'air dans la plèvre, nous aurons un pneumothorax et si, comme toujours, il s'ajoute du liquide nous aurons un hydro-pneumothorax.

Article IV. — Physiologie de la respiration

La respiration consiste en un échange gazeux entre l'air et le sang, avec fixation d'oxygène sur le globule rouge et exhalation de CO^2 produisant l'hématose, ou artérialisation du sang veineux, qui, de noir, devient rutilant. La peau et les tissus respirent pour leur compte ; mais, chez les animaux supérieurs, la fonction respiratoire est dévolue à un appareil respiratoire, dans lequel, pour assurer l'hématose, se passent des phénomènes mécaniques, puis chimiques.

Les fosses nasales, le larynx, la trachée, les bronches servent à donner à l'air inspiré la chaleur et l'humidité nécessaires avant d'entrer dans le poumon. Les cornets du nez surtout réchauffent et humidifient l'air, en retenant en plus les poussières et les microbes, d'où l'utilité de ne pas respirer par la bouche.

Le poumon est une véritable glande en grappe représentée par les lobules divisés en alvéoles (acini) et les bronches (canaux excréteurs). A la surface des alvéoles, formées d'une membrane à fibres conjonctives et élastiques tapissée en dedans par un épithélium pavimenteux simple, il existe un riche réseau capillaire, dont les mailles, de la dimension d'un globule, occupent les 3/4 de la surface. Or les alvéoles, qui en se pressant à la surface du poumon y forment des polygones bien visibles, sont au nombre de 18 millions. Elles représentent étalées une surface de 200 mètres carrés, ce qui nous donne pour la surface occupée par les capillaires 150 mètres carrés équivalant à 2 litres de sang sans cesse renouvelé par la circulation. Celle-ci fait passer dans le poumon, en 24 heures, 20,000 litres de sang qui sont en contact avec 10,000 litres d'air, que la respiration fait circuler dans son intérieur ; on conçoit l'importance des échanges gazeux, une simple paroi épithéliale faisant séparation.

Phénomènes mécaniques. — L'ensemble schématique des canaux aérifères donne ici aussi un cône, dont le sommet est au larynx et la base au niveau des alvéoles. Dans le cône, le courant est d'autant plus rapide que l'étroitesse est plus grande, tandis qu'il y a stagnation à la base correspondant aux alvéoles, où il n'y a jamais d'air pur, mais toujours environ 8 pour 100 de CO^2 et 4 pour 100 dans les zones moyennes.

Il faut au moins 5 mouvements respiratoires doubles pour renouveler complètement l'air dans le poumon.

L'*inspiration* fait pénétrer l'air dans le poumon en allongeant le cône, en le dilatant et en déplissant sa base. Ce résultat est obtenu par l'ampliation de la cage thoracique, dont tous les diamètres augmentent. Les côtes en s'élevant et en se déjetant en dehors augmentent les diamètres antéro-postérieur et transverse par l'action des muscles surcostaux, scalènes et dentelés et, pour les inspirations énergiques, par les muscles sterno-cléido-mastoïdiens, pectoraux, grand dorsal : les intercostaux jouent le rôle d'attelles.

Le diaphragme produit la dilatation verticale (action comparable à celle du piston d'un corps de pompe), en abaissant les viscères abdominaux et en soulevant le ventre; en outre, n'ayant pas d'insertion fixe, il relève ses extrémités et, par conséquent, à lui seul, il dilate les 3 diamètres. Il a par suite la plus grande part dans l'inspiration chez l'homme et les jeunes sujets (type abdominal ou costo-inférieur), qui respirent surtout du ventre, tandis que, chez les femmes à la puberté (type costo-supérieur), l'inspiration a lieu surtout par le haut de la poitrine pour ne pas gêner les grossesses ultérieures.

En résumé, nous constatons une dilatation dans tous les sens avec action prédominante du diaphragme.

Par suite du vide pleural, le poumon adhère aux parois, comme le caillou sur le cuir mouillé, et suit leurs incursions passivement; il en résulte l'inégalité de pression, qui produit l'entrée de l'air dans le poumon.

L'*expiration* se produit par le simple retour des parties à leur état primitif, le poumon étant formé de tissu élastique.

La forme naturelle du poumon n'est jamais réalisée pendant la vie; même après la mort, le poumon très rétracté ne l'est pas au maximum et, pour l'obtenir, il faut ouvrir le thorax d'un animal vivant; le poumon se réduit alors à une petite masse presque sans air et sans sang, comme le poumon d'un enfant qui n'a pas encore respiré. Dans l'épanchement pleurétique, nous avons une rétraction analogue, mais moins prononcée. La forme naturelle du poumon est violentée par la première inspiration et les suivantes continuent. Lors de l'expiration, l'élasticité pulmonaire tend à reprendre ses droits et, vu le vide pleural existant, le poumon entraîne avec lui la paroi thoracique et le diaphragme. L'élasticité des parois thoraciques violentées et des viscères abdominaux déplacés s'ajoute aux causes précédentes. Dans l'expiration forcée, dans la toux, par exemple, le phénomène devient plus actif par l'entrée en jeu de la contraction des muscles de l'abdomen, du petit dentelé inférieur, etc.

Le *rôle des voies aériennes* a déjà été indiqué. Les narines se dilatent activement dans la dyspnée. Le larynx, la trachée, les bronches sont élastiques, soutenus par des cerceaux cartilagineux, des lames élastiques, avec en arrière des fibres musculaires lisses, qui, à mesure que tout le reste disparait, finissent par rester seules aux ultimes divisions bronchiques (muscles de Reissessen, dont la crampe donnerait l'accès d'asthme ?).

La trachée descend pendant l'inspiration et monte

dans l'expiration; la glotte s'élargit dans l'inspiration, se rétrécit dans l'expiration, se ferme dans l'effort.

L'air va donc plus vite à l'expiration, ce qui est utile pour le rejet des mucosités.

La toux est une expiration brusque, succédant à une inspiration lente ; ce courant d'air rapide balaie les mucosités qui, d'ailleurs, en tout temps, sont amenées par les cils vibratiles, qui tapissent la trachée, les bronches et leurs divisions, jusqu'au larynx où elles sont senties et expulsées par la toux.

L'éternuement et l'action de se moucher sont des expirations brusques.

Résultats physiques et mécaniques. — Le cône pulmonaire tient de 4 à 5 litres, dont 1/2 à 1 litre ne peut être chassé; la capacité vitale pulmonaire ou respiratoire est donc de 3 litres 1/2. Ce nombre indique la grandeur des échanges, dont résulte la vie et il peut en être considéré comme une mesure. Pour effectuer cette mesure, on a fait un appareil, le *spiromètre*, qui n'est qu'un gazomètre modifié, dans lequel on souffle.

Dans la respiration ordinaire, il n'y a qu'un 1/2 litre d'air mis en mouvement.

C'est l'*air courant* par opposition à l'*air résidual*, ou litre d'air, qui ne peut être chassé, à l'*air de réserve*, ou quantité d'environ un litre 1/2 en plus du litre résidual qui reste dans le poumon après une expiration ordinaire, à l'*air complémentaire*, environ un litre 1/4, qu'une inspiration forcée peut faire entrer en supplément.

Un 1/3 environ de l'air inspiré est rejeté avec 2/3 d'air vicié, et 2/3 d'air pur entrent et renouvellent le contenu du poumon. Le coefficient de la ventilation du poumon est de 1/10.

Plusieurs petites inspirations renouvellent moins bien l'air qu'une grande (maladies à rythme respiratoire fréquent, mais peu ample).

On respire 14 à 16 fois par minute, soit 20,000 fois en 24 heures ; c'est donc 10,000 litres d'air mis en contact avec 20.000 litres de sang ou 10.000 litres de globules.

La pression à l'inspiration normale est de 99,5 et à l'expiration, de 100,5 ; à l'inspiration et à l'expiration forcées, respectivement de 75 et 135. L'expiration forcée a donc plus de puissance.

L'inspiration est toujours de la même vitesse ; l'expiration va plus vite en commençant, mais elle se ralentit ensuite ; comme durée totale, elle est plus longue.

Le bruit inspiratoire dure tout le temps ; l'expiratoire n'a lieu que dans la première partie, ce qui pourrait induire en erreur.

Le murmure respiratoire est dû au décollement des alvéoles humides, aux vibrations de l'air sur les éperons bronchiques, au retentissement des bruits de la glotte.

Pendant l'expiration forcée, le cœur mou est comprimé et se vide de sang ; on peut volontairement réaliser ce phénomène, mais alors la perte de connaissance se produit et la circulation et la vie reprennent malgré la volonté ; tandis que la compression thoracique, dans les foules, amène aussi la syncope, mais, l'effet se continuant, la mort en résulte.

Par l'expiration, la pression intra-thoracique augmente et les veines ne peuvent plus se dégorger, d'où une stase veineuse, comme dans l'effort, la défécation, l'accouchement, amenant la turgescence de la face. La pression augmente aussi dans le système artériel ; d'où les hémorrhagies, les ruptures d'anévrismes.

Dans l'inspiration, c'est l'inverse ; ainsi, quand on ouvre une veine traversant une aponévrose qui la maintient béante, l'air est aspiré avec sifflement et produit la mort subite ; pour les artères, il y a faiblesse du pouls et arrêt des hémorrhagies.

Phénomènes chimiques. — Les 10,000 litres d'air qui passent par jour dans nos poumons contiennent 1/5 d'oxygène, soit 2^{kgr},500 d'O, dont la D = 1,4, dont 750 grammes sont retenus. Nous expirons 400 litres de CO^2, soit 850 grammes.

L'O se fixe sur le globule et CO^2 sur le liquor

100 vol. de sang contiennent. . .	artériel		veineux	
	O = 20	CO^2 = 35	O = 12	CO^2 = 47

Par l'O le sang devient rutilant par changement de coloration de l'hémoglobine, ou de la forme du globule. Le sang dégage en outre 300 grammes d'eau en vapeur par 24 heures ; il se rafraîchit au contact de l'air pulmonaire.

La respiration se passe essentiellement au niveau des éléments anatomiques ; ainsi un morceau de muscle absorbe de l'O et dégage du CO^2 en travaillant.

Les cellules respirent pour elles-mêmes ; il y a des animaux uni-cellulaires.

Les insectes respirent directement par leurs tissus l'air amené par leurs trachées ; pour les animaux supérieurs, le sang sert d'intermédiaire ; chez le fœtus, ce rôle est double.

Les végétaux respirent comme les animaux ; les animaux, dans l'intimité de leurs tissus, effectuent la combustion organique des végétaux en produisant CO^2, HO, de la chaleur et de la force.

Plus un animal a de sang, plus il résistera à la privation d'air, le sang constituant, comme l'a montré P. Bert, un magasin d'oxygène combiné.

Le sang s'hématose là où il est en contact avec de

l'O (peau de la grenouille, intestin de la loche); ainsi, chez l'homme, la peau elle-même est le siège d'échanges.

L'*asphyxie* peut se produire par défaut d'air respirable ou par intoxication.

1° Dans une atmosphère limitée, les animaux meurent quand ils ont épuisé la plus grande partie de l'oxygène, pourvu qu'on enlève CO^2. Dans ces conditions, les reptiles meurent quand $O = 0$; les mammifères, quand l'O n'est plus que de 2 pour 100; les oiseaux, de 4 pour 100. Cela explique la mort des aéronautes dans les ascensions et la lassitude du mal des montagnes.

La proportion trop grande de CO^2 fait mourir les animaux, non comme poison, mais en empêchant les molécules de CO^2, que l'animal doit expulser, de trouver une issue facile entre celles qui l'environnent.

Dans l'asphyxie, ces deux causes s'ajoutent.

Dans la mort naturelle, le sang ne contient plus d'oxygène; d'où l'énoncé de Paul Bert : on meurt toujours d'asphyxie.

2° Dans l'intoxication, comme par l'oxyde de carbone CO, par exemple (réchaud de charbon), le globule chargé de CO ne peut plus reprendre ultérieurement d'O ; il est mort pour l'hématose.

D'autres éléments toxiques n'agissent que sur les éléments anatomiques, comme l'acide prussique : ce sont des poisons.

Par l'oxygène sous pression, les combustions ou oxydations sont ralenties et la mort arrive après refroidissement.

Résultats généraux de la respiration. — Les combustions se font partout, dans l'intimité des tissus, au contact des éléments anatomiques ; les échanges n'ont lieu qu'au niveau du poumon. Comme respirer c'est vivre, la somme des échanges mesure l'énergie vitale et son activité. Le sommeil diminue les échanges ; après le repas, il y a augmentation de l'O absorbé et du CO^2 exhalé. Le travail manuel et le travail intellectuel augmentent l'O absorbé.

Le tissu nerveux est le premier atteint dans l'asphyxie, dans laquelle on note des tintements d'oreille, de l'obscurcissement de la vue, de la perte de connaissance, des réflexes de fuite, de l'excrétion d'urine et de sperme. L'acide carbonique semble exciter le système nerveux et aviver l'intelligence (souvenirs des noyés). Accumulé dans l'économie il donne le besoin de respirations fréquentes (dyspnée) ; l'oxygénation du sang diminue au contraire ce besoin (truc des plongeurs).

L'homme robuste produit plus d'acide carbonique que le malingre et l'enfant plus que l'adulte, à poids égal.

L'acide carbonique exhalé augmente jusqu'à 30 ans, pour décroître ensuite ; chez la femme, il augmente jusqu'au moment où elle commence à être réglée, reste ensuite stationnaire jusqu'à la ménopause, puis, après une courte période d'arrêt, décroît ; cette différence tient à ce que le sang menstruel emporte des produits d'oxydation ; en effet l'acide carbonique augmente pendant la grossesse.

L'homme adulte exhale 850 grammes ou 400 litres de CO^2 en 24 heures. Or CO^2 à la proportion de 4/1,000 est déjà nuisible ; 16 litres de CO^2 exhalé par heure vicient 4 mètres cubes d'air. D'après ces données, en tenant compte des autres combustions, des odeurs, etc., il faut à un homme 10 mètres cubes d'air pur par heure.

L'étude de l'*influence du système nerveux* sur la respiration nous montre que celle-ci est un réflexe, dont le centre est au bulbe, à l'origine réelle du pneumogastrique et du spinal, au *nœud vital* de

Flourens. Ces noyaux sont près de ceux de la langue et des lèvres (paralysie labio-glosso-laryngée de Duchenne).

Le besoin de respirer du fœtus est dû à l'accumulation de CO^2 dans le sang, après interruption de la circulation placentaire.

Les conducteurs centripètes du réflexe sont les pneumogastriques et les nerfs sensitifs de la peau. L'action des nerfs de la peau se démontre en enduisant de vernis un animal : la respiration se ralentit et le refroidissement, puis la mort arrivent. Les brasseurs qui tombent dans la cuve d'eau bouillante, ayant les filets nerveux de la peau altérés sur une grande étendue, respirent sous l'influence de la volonté, mais s'ils s'endorment, la respiration se ralentit, puis vient le refroidissement et enfin la mort. Cette action des filets nerveux de la peau sur la respiration explique l'utilité des frictions cutanées, du marteau de Mayor, pour rappeler la respiration chez les noyés.

Les voies centrifuges de la respiration sont les nerfs moteurs des parois thoraciques et le nerf phrénique.

CHAPITRE VII

APPAREIL DE LA DIGESTION

L'*appareil digestif* comprend l'ensemble des organes qui ont pour fonction de recevoir les aliments, de les digérer en partie et de rejeter au dehors les portions qui ont résisté aux sucs digestifs.

L'appareil digestif se compose du *tube digestif* et de *glandes annexes*.

Article I. — Anatomie du tube digestif

Le tube digestif se compose de la bouche, du pharynx ou arrière-bouche, de l'œsophage, de l'estomac et de l'intestin.

Les glandes annexes qui déversent leurs sécrétions dans le tube digestif sont les glandes salivaires, le foie et le pancréas.

L'anatomie de la bouche, du pharynx, des glandes salivaires, etc., en un mot, tout ce qui se rapporte à l'anatomie de la tête et du cou, a été déjà traité ailleurs [1].

Œsophage. — C'est un tube cylindrique, situé dans le médiastin postérieur, qui réunit le pharynx à l'estomac; sa longueur moyenne est de 23 centimètres, son diamètre de 23 millimètres. Il va de la cinquième vertèbre cervicale à la onzième dorsale; il répond, en avant, à la trachée, et, en arrière, à la colonne vertébrale. Ses parois comprennent une membrane fibreuse et une membrane muqueuse séparées par une tunique musculeuse. La tunique musculeuse joue un rôle important dans la progression du bol alimentaire. La muqueuse possède un épithélium pavimenteux stratifié, renfermant quelques glandes en grappes. La direction de l'œsophage est à peu près rectiligne. Il est longé par les nerfs pneumogastriques.

Il est en rapport dans sa portion cervicale, qui mesure 4 centimètres, avec la trachée en avant, la colonne vertébrale en arrière, l'artère carotide primitive, le nerf récurrent, les lobes du corps thyroïde;

1. Voyez Dr Sauvez, *Anatomie de la bouche* in *Manuel du chirurgien-dentiste.*

dans sa portion thoracique, avec la trachée et le péricarde en avant, avec la colonne vertébrale en arrière, dont le séparent le canal thoracique, la veine azygos, l'aorte en bas, et, sur les côtés, avec les plèvres qui le séparent des poumons; dans sa portion abdominale, après avoir traversé le diaphragme, il est en rapport avec le lobe de Spiegel du foie.

Estomac. — Il fait suite à l'œsophage, avec lequel il communique par un orifice étroit, appelé *cardia*. C'est, en somme, une dilatation du canal alimentaire. Sa direction est oblique en bas, à droite et en arrière. Le volume de l'estomac est variable suivant son état de plénitude ou de vacuité.

La paroi stomacale comprend une tunique séreuse, qui n'est autre que le péritoine, une tunique musculeuse comprenant trois plans, dans lesquels les fibres ont des directions différentes; c'est cette tunique qui préside aux contractions de l'estomac; enfin une tunique muqueuse, la plus importante par son rôle physiologique. Elle comprend un chorion et un épithélium de transition, se rapprochant du cylindrique, et renferme de nombreuses glandes, parmi lesquelles on distingue les glandes à pepsine, sécrétant le suc gastrique et les glandes muqueuses ne fournissant que le mucus stomacal; toutes sont des glandes en grappes.

L'estomac répond, en avant, au diaphragme et à la paroi abdominale; en arrière, au pancréas, à la troisième portion du duodénum et au côlon transverse. Les replis péritonéaux le rattachent aux parties voisines.

La forme de l'estomac a été comparée à celle d'une cornemuse, ou mieux à celle d'un cône à base gauche, arrondie, située dans l'hypocondre gauche et à axe courbe, concave en haut. On lui distingue deux tubérosités : la grande, située à gauche et la petite, située au voisinage du *pylore*, orifice muni d'une valvule circulaire, admettant seulement le petit doigt, qui fait communiquer l'estomac avec la portion supérieure de l'intestin grêle, le *duodénum*. Les bords ont reçu les noms de *grande courbure* pour le bord inférieur, et de *petite courbure* pour le bord supérieur. Les dimensions moyennes sont : 25 centimètres dans le sens transversal, 12 centimètres d'avant en arrière, et 9 centimètres de haut en bas.

Intestin. — C'est la partie du canal digestif qui fait suite à l'estomac; on le divise en deux parties : intestin grêle et gros intestin.

Le tube intestinal, d'une manière générale, est cylindrique. La constitution de ses parois, analogues d'ailleurs à celles de l'estomac, comprend trois tuniques : une tunique séreuse, dépendance du péritoine, une tunique musculeuse et une tunique muqueuse à épithélium cylindrique. Cette dernière joue un rôle important au point de vue physiologique. On y remarque de petites saillies appelées villosités propres à l'intestin grêle. Ces villosités renferment un chylifère central, agent important dans la fonction d'absorption. Quant aux glandes, on trouve des glandes en tube, des *glandes de Lieberkühn* et des *glandes de Brünner* (ces dernières n'existent que dans le duodénum). Il faut citer aussi les *follicules clos* qui, par leur assemblage, constituent les *plaques de Peyer*.

Intestin grêle. — L'intestin grêle, de 8 mètres de long, de 3 à 4 centimètres de diamètre, décrit des flexuosités appelées circonvolutions intestinales et se divise lui-même en trois portions : le *duodénum*, le *jéjunum* et l'*iléon*. Ces deux derniers sont généralement décrits ensemble sous le nom de *jéjuno-iléon*.

L'intestin grêle présente un grand nombre de circonvolutions. Il est relié à la paroi abdominale postérieure par un repli spécial du péritoine appelé *mésentère*, contenant les vaisseaux et nerfs de l'intestin. Sa longueur moyenne est comprise entre 4 et 8 mètres. Son diamètre moyen est de 3 centimètres; il diminue à mesure que l'on considère l'intestin plus près de son extrémité inférieure. La surface interne de l'intestin présente à considérer les valvules conniventes, replis transversaux, qui affectent la forme d'un croissant et dont la structure est identique à celle de la muqueuse.

On peut décrire au duodénum trois portions : la première horizontale, la seconde oblique en dedans et à droite, la troisième oblique de droite à gauche. Le duodénum est fixé grâce aux replis péritonéaux qui l'unissent au foie.

La seconde partie de l'intestin grêle est plus mobile; elle remplit tout l'espace abdominal laissé libre par les organes fixes.

Gros intestin. — Il va de la valvule *iléo-cæcale* à l'anus, en remontant au foie, puis en allant transversalement à la rate et en redescendant à l'S iliaque. Il comprend trois parties mesurant $1^{m},65$, qui sont : le cæcum, le côlon et le rectum, présentant 3 dépressions longitudinales (bandes dissociées de la couche musculaire superficielle), entre lesquelles on voit une série de saillies et de dépressions. Le cæcum est un cul-de-sac, logé dans la fosse iliaque droite qui fait suite à l'iléon dont il est séparé par la valvule iléo-cæcale, ou de Bauhin, ou barrière des apothicaires, parce qu'elle empêche les lavements de passer du gros intestin dans l'intestin grêle. L'*appendice vermiculaire*, vestige du pédicule de la vésicule ombilicale du fœtus, long de 10 centimètres et du calibre d'une plume d'oie, le continue par le bas. La pénétration exceptionnelle d'une partie de bol fécal ou la formation d'un calcul y provoque une inflammation plus ou moins localisée connue sous le nom d'*appendicite*.

Côlon. — Il se divise lui-même en trois parties : *côlons ascendant, transverse* et *descendant* qui encadrent l'intestin grêle. Le côlon descendant décrit à sa terminaison une double courbe, appelée, en raison de sa forme, *S iliaque*.

S iliaque. — Il est étendu depuis la crête iliaque jusqu'à la symphyse sacro-iliaque, où il se continue avec le rectum ; il est recouvert par les circonvolutions intestinales et est croisé par les vaisseaux spermatiques et iliaques, ce qui explique la fréquence plus grande des varices et du varicocèle à gauche, par l'obstacle que sa réplétion oppose à la circulation en retour des veines correspondantes dans le petit bassin.

Rectum. — Il a 20 centimètres de long et est étendu de la symphyse sacro-iliaque à l'anus ; il est aplati d'avant en arrière et n'a qu'une cavité virtuelle en dehors du passage normal des matières ou de leur stagnation dans la constipation ; il présente deux courbures antéro-postérieures, une grande, supérieure, concave en avant et une petite, inférieure, contournant le coccyx, concave en arrière. Il est en rapport, en arrière, avec le sacrum et le coccyx, et, en avant, avec la vessie ; en avant et en bas, avec l'utérus et le vagin chez la femme, avec les vésicules séminales et la prostate chez l'homme. Après s'être renflé en ampoule rectale, il se termine à l'anus, qui est maintenu fermé par la contraction d'un muscle sphincter.

Péritoine. — Les organes contenus dans la cavité abdominale sont pour la plupart en totalité ou en partie enveloppés par le *feuillet viscéral* d'une membrane séreuse, dont le *feuillet pariétal* tapisse les parois de la cavité abdominale. On appelle *péri-*

toine l'ensemble des 2 feuillets, ou péritoine pariétal et péritoine viscéral réunis, dont le mouvement de glissement l'un sur l'autre est très doux et facilité par un peu de liquide péritonéal exhalé à sa surface libre par la séreuse. L'exsudation pathologique très abondante de ce liquide constitue l'ascite.

Cette membrane séreuse adhérente à sa face interne est constituée par un feutrage plus ou moins serré, suivant les points, de faisceaux de tissu conjonctif avec fibres élastiques, contenant des vaisseaux à sa face profonde et est tapissée sur sa face libre externe par un endothélium pavimenteux simple : au-dessous du centre phrénique du diaphragme, on trouve des fentes aboutissant à des puits lymphatiques faisant communiquer la cavité péritonéale avec les lymphatiques sous-pleuraux, d'où la transmission à la plèvre de certaines infections hépatiques.

Le péritoine est un sac clos, qui, par une seule exception, communique chez la femme avec la cavité de la trompe, d'où le danger d'une injection intra-utérine sous pression qui pourrait tomber dans le péritoine. Ce sac envoie des prolongements à ce qui sort de la cavité abdominale, par suite du développement embryologique normal, comme le testicule qui en pousse un diverticulum au-devant de lui, qui sera la tunique vaginale, ou, par suite de désordres pathologiques, comme dans la hernie, où l'intestin, sortant anormalement sous la peau par un orifice anormalement agrandi de la paroi, pousse devant lui le péritoine, qui devient le sac herniaire.

Le feuillet pariétal, plus épais que le viscéral, recouvre la paroi abdominale, les fosses iliaques, les parois du petit bassin et le diaphragme, auxquels il est uni par l'intermédiaire d'une couche de tissu cellulaire lâche.

Le feuillet viscéral partout continu recouvre les viscères auxquels il est très adhérent; il est transparent et même réduit à son épithélium sur certains organes.

Les points de réunion des 2 feuillets sont des *ligaments*, s'ils se rendent à des viscères, comme le foie, autres que les intestins; des *méso*, s'ils vont aux intestins (meso-rectum, meso-côlon, mésentère); des *épiploons*, si les replis adossés vont d'un viscère à un autre viscère. Les replis péritonéaux résultant de l'adossement des 2 feuillets renferment souvent des vaisseaux et des nerfs dans un tissu cellulaire, qui se charge d'une énorme quantité de graisse chez les obèses. De l'ombilic le péritoine descend, en tapissant la face interne de la cavité abdominale vers le bassin, où il passe sur la vessie, soulevé par 3 cordons qui partent de son sommet et qui sont l'ouraque et les 2 artères ombilicales fœtales oblitérées. Sur la vessie, il recouvre seulement la partie supérieure de la face antérieure, le fond, la face postérieure jusqu'à 2 centimètres de la prostate chez l'homme, où il se réfléchit sur le rectum avec le cul de-sac vésico-rectal, tandis que, chez la femme, il se réfléchit sur l'utérus dont il tapisse la face antérieure, le fond et la face postérieure; il revêt un peu de la face postérieure du vagin, puis de là il passe sur le rectum, en formant le cul-de-sac recto-vaginal, ou de Douglas, où tombent quelques anses intestinales et où s'accumulent des sérosités pathologiques.

Sur les parties latérales, le péritoine descend sur les parties latérales des organes, pour aller tapisser les fosses iliaques et se continuer avec celui qui revêt les faces latérales de l'abdomen. Chez la femme, cette membrane s'étend des bords latéraux de l'utérus à la fosse iliaque, comme une serviette tendue sur trois cordes, dont une médiane transversale, une antérieure et une postérieure; au niveau de la corde médiane, représentée par les trompes, les feuillets s'adossent sur une certaine hauteur et constituent les *ligaments larges*, étendus de l'utérus au bassin et qui contiennent, outre leurs 2 feuillets séreux, 2 lames de fibres musculaires lisses et une lame centrale de tissu cellulaire: les 2 cordes antérieure et postérieure s'appellent l'aileron antérieur, correspondant au ligament rond et l'aileron postérieur, correspondant à l'ovaire.

Au niveau du rectum, le péritoine le tapisse et sur sa face postérieure s'adosse à lui-même pour former le méso-rectum, qui le fixe au sacrum ; de même, au-dessus à gauche, il forme le méso-côlon iliaque et à droite le méso-cæcum.

Au-dessus des fosses iliaques, le péritoine recouvre le côlon ascendant et descendant, le rein, le pancréas, l'uretère, l'aorte, la veine cave inférieure, la colonne vertébrale, au niveau de laquelle il s'adosse à lui-même pour former le mésentère. On peut donc atteindre les organes, le rein par exemple (néphrectomie, néphrotomie, néphropexie), sans pénétrer dans la cavité péritonéale. Le mésentère, qui part de la colonne vertébrale comme nous venons de le dire, est une membrane formée par l'accolement du péritoine à lui-même, ayant la forme d'un triangle tronqué, au sommet correspondant à la colonne vertébrale, et une base de 8 mètres plissée, dont les sinuosités suivent celles des circonvolutions intestinales. Entre les deux feuillets péritonéaux du mésentère, cheminent les branches de l'artère mésentérique supérieure, celles de la grande veine mésaraïque, et les chylifères. Ces 2 feuillets se séparent en haut, au duodénum, pour se porter à droite et à gauche, pour former le feuillet inférieur du méso-côlon transverse.

Au-dessus de l'ombilic, le péritoine monte et

tapisse la paroi abdominale, puis la face inférieure du diaphragme jusqu'au bord postérieur du foie, où il se réfléchit à la surface supérieure de cet organe qu'il recouvre et qu'il relie ainsi par le ligament coronaire en arrière et par les ligaments triangulaires sur les côtés. La veine ombilicale, qui allait de l'ombilic au sillon antéro-postérieur du foie, entraine là encore la membrane comme une corde tendue et donne lieu à la formation du ligament falciforme ou suspenseur du foie, repli triangulaire étendu de la paroi abdominale au bord antérieur du foie et donnant aussi une cloison verticale entre le diaphragme et la face supérieure du foie.

Le péritoine hépatique, au bord antérieur du foie, se réfléchit et tapisse la face inférieure de cet organe jusqu'au hile, où arrêté par les organes du pédicule, il descend en avant d'eux jusqu'à la petite courbure de l'estomac, en formant le feuillet antérieur du petit épiploon. De l'estomac, dont il tapisse la face antérieure, il descend presque jusqu'en bas de la cavité abdominale formant le feuillet antérieur du grand épiploon, puis remonte jusqu'au còlon transverse, en formant le feuillet postérieur du grand épiploon. L'épiploon est donc une sorte de tablier, tombant au-devant des circonvolution de l'intestin grêle et unissant l'estomac au côlon transverse. Le côlon transverse est réuni au péritoine pariétal par un méso-côlon à feuillet inférieur, fourni par la séparation des 2 feuillets du mésentère et à feuillet supérieur continu avec celui du grand épiploon. Les 2 feuillets du grand épiploon sont séparés par 2 autres. En effet, au-dessous du foie, si on suit avec le doigt le bord droit du petit épiploon, on trouve en arrière de la veine porte un trou, l'hiatus de Winslow, qui nous conduit dans l'arrière-cavité des épiploons, limitée en haut par le foie, en bas par le méso-còlon transverse, en avant par l'estomac, en arrière par le pancréas. Le péritoine s'enfonce dans l'arrière-cavité des épiploons, en tapisse toutes les parois et envoie 2 prolongements dans l'épiploon gastro-splénique et dans le grand épiploon, ce qui lui fait 2 autres feuillets, soit 4 en tout.

Glandes annexes du tube digestif. — Au tube digestif sont annexées différentes glandes, qui lui versent leurs produits, nécessaires à l'acte de la digestion; ce sont les glandes salivaires, le pancréas et le foie.

Glandes salivaires. — Il y a trois sortes de *glandes salivaires* : les *glandes parotides*, les *glandes sous-maxillaires* et les *glandes sublinguales*[1].

Pancréas. — Le *pancréas* est une glande en grappe, analogue à une glande salivaire, d'un blanc grisâtre, de 60 à 90 grammes, de 12 à 16 centimètres de longueur sur 4 de hauteur et 1 d'épaisseur. Disposé en travers de la colonne vertébrale, au niveau de la 12e vertèbre dorsale, entre le fer à cheval du duodénum qui embrasse sa tête et sa queue qui aboutit à la rate, il est en rapport avec l'estomac et la colonne vertébrale. La partie qui confine au duodénum est renflée; c'est la *tête* du pancréas, une partie rétrécie lui fait suite, c'est le *col*, puis vient le *corps* et la *queue*. L'organe est parcouru dans toute sa longueur par son canal excréteur, le *canal de Wirsung*; celui-ci reçoit les canaux propres des lobules et acini qui composent la glande. Il vient s'ouvrir dans le duodénum au fond d'une dépression appelée *ampoule de Vater*.

Foie. — Le foie est un organe volumineux, pesant environ 1,500 grammes, situé dans l'hypocondre

1. Sauvez, *Anatomie et Physiologie de la bouche et des dents*, in *Manuel du Chirurgien-Dentiste*.

droit et un peu dans l'épigastre; sa couleur est rouge brun; son tissu dur, mais friable, laisse voir sur la déchirure un aspect granuleux dû à la saillie des lobules hépatiques représentant de petits grains visibles à l'œil nu, bien nets dans le foie de porc. C'est la plus grosse glande de l'économie.

Le foie a l'aspect d'un segment d'ovoïde, taillé obliquement de bas en haut et de droite à gauche. Sa surface supérieure convexe, unie, est en contact avec la surface inférieure du diaphragme, auquel elle est reliée par un ligament suspenseur ou falciforme (voir *Péritoine*) qui la divise en lobe droit et lobe gauche. Sa face inférieure présente l'H de Meckel, formée d'un sillon transverse ou *hile,* par où pénètrent dans le foie ou en sortent la veine porte, l'artère hépatique et les canaux biliaires, qui se réunissent pour former le canal hépatique, et de deux sillons longitudinaux antéro-postérieurs allant du bord antérieur au bord postérieur du foie. Dans le sillon droit, on trouve en avant la vésicule biliaire et rien en arrière où il est peu marqué; dans le sillon gauche, on trouve en avant le cordon fibreux, reste de la veine ombilicale, et en arrière le cordon fibreux vestige du canal veineux. Ces sillons délimitent sur la surface inférieure du foie, légèrement concave, des lobes, tels que le lobe droit, à droite du sillon droit, sur la surface inférieure duquel on trouve les empreintes du rein et du coude du côlon; le lobe gauche, à gauche du sillon gauche, dont la face inférieure recouvre une partie de la face antérieure de l'estomac; entre les deux branches de l'H, en avant, le lobe carré recouvrant la première portion du duodénum, en arrière, le lobe de Spiegel en rapport avec le cardia et le pilier droit du diaphragme : on désigne encore ces deux lobes médians sous le nom d'*éminence porte antérieure et postérieure.* Ces sillons donnent deux échancrures sur le bord antérieur mince et une sur le bord postérieur mousse du foie, cette dernière logeant la veine cave inférieure.

Le foie est enveloppé par le péritoine. Il est formé d'une membrane fibreuse, la capsule de Glisson, qui, au niveau du hile, fournit des gaines conjonctives aux vaisseaux ou canaux biliaires qui se continuent dans le parenchyme, tandis que de sa face interne partent des cloisons conjonctives qui se rendent aussi dans le tissu propre du foie. Ce tissu consiste en grains, que nous avons déjà signalés sur une déchirure du foie et qui sont les lobules hépatiques. Nous pourrions grossièrement comparer le foie à un sac plein de fins grains de plomb. Les vaisseaux et canaux pénétrant par le hile viennent former, à la surface des grains, un riche réseau représenté surtout par les divisions de la veine porte, ou veines interlobulaires. et accessoirement par les divisions de l'artère hépatique, qu'accompagnent les origines des canaux biliaires. Tous ces vaisseaux ou canaux cheminent dans le tissu conjonctif qui sépare les lobules et qui se continue avec la capsule de Glisson, et les gaines, qu'elle fournit au niveau du hile.

Au centre du lobule, on trouve l'origine d'une veine dite interlobulaire, qui en sort en un point et qui, unie successivement aux veines semblables issues des lobules voisins, constitue les origines des veines sus-hépatiques qui se jettent dans la veine cave inférieure, au moment où celle-ci chemine dans l'échancrure postérieure du foie.

Dans l'intérieur du lobule, entre les veines extralobulaires et la veine intralobulaire, on trouve un réseau capillaire (système porte veineux) serré, reliant les deux ordres de veines ; dans les mailles sont les *cellules hépatiques,* au contact desquelles nais-les canalicules biliaires, qui sortent du lobule pour se jeter les uns dans les autres et former l'origine des canaux biliaires.

Les cellules hépatiques, qui, à la fois, emmagasinent le glycogène et sécrètent la bile, sont polyédriques, nucléées sans membrane d'enveloppe, contenant toujours des granulations graisseuses plus ou moins abondantes; leurs faces touchent celles des voisines et plusieurs capillaires. Le réactif teinture d'iode iodurée les colore en violet, en y décelant la matière glycogène; l'acide azotique les verdit, en agissant sur la matière colorante de la bile. Elles contiennent un ferment qui transforme la matière glycogène en glucose. Elles peuvent subir la dégénérescence amyloïde. Le tissu conjonctif, sous l'influence d'irritants comme l'alcool, peut s'hypertrophier (cirrhose hypertrophique), puis se rétracter (cirrhose atrophique) en étouffant les cellules hépatiques. Sur une coupe de foie, on voit les lobules polygonaux séparés par des travées sombres, d'où partent des arborisations vasculaires, tandis que au centre est une étoile sombre également vasculaire à branches et entre les deux une zone plus claire du lobule, où se fait la jonction des deux systèmes.

Au sortir du foie, les deux canaux biliaires se réunissent pour former le canal hépatique, long de 2 centimètres, qui se joint au canal cystique pour former le canal cholédoque qui descend dans l'épiploon gastro-hépatique et se joint au canal pancréatique, pour se jeter avec lui, à l'ampoule de Vater, dans la deuxième portion du duodénum. L'ampoule de Vater a un orifice unique dans le duodénum, par lequel s'écoulent à la fois la bile et le suc pancréatique, qui sont versés dans son fond, chacun par un orifice séparé.

La vésicule biliaire est une sorte de poire allongée située dans le sillon droit du foie; son fond, qui déborde le foie, touche la paroi abdominale au-dessous des huitième et neuvième cartilages costaux et de l'insertion supérieure du grand droit de l'abdomen du côté droit, où la pression détermine une douleur en cas de coliques hépatiques ; son corps est appliqué sur le foie par le péritoine ; son col contourné en S se continue avec le canal cyotique qui s'unit avec le canal hépatique pour former le canal cholédoque.

La vésicule biliaire a une tunique séreuse, une fibreuse, une musculeuse formée de fibres lisses et une muqueuse à épithélium cylindrique avec quelques glandes.

Thymus. — Le *thymus* est un organe transitoire, qui occupe la partie inférieure du cou ; contenu dans l'épaisseur du médiastin antérieur, il est situé derrière le sternum et au-devant des gros vaisseaux. Son aspect rappelle celui des glandes salivaires ; bilobé surtout à sa partie supérieure, il présente une forme triangulaire et une coloration rosée. On ne le rencontre que chez le fœtus, où il apparaît vers la septième semaine ; à l'âge de dix ou douze ans, il a complètement disparu et on ne trouve plus à sa place que du tissu adipeux.

Cet organe est constitué par du tissu conjonctif lymphoïde, dont les cellules sont renfermées dans les mailles d'un fin réseau traversé par des vaisseaux sanguins.

Rate. — La rate forme à gauche dans la cavité abdominale le pendant du foie ; c'est un organe moins consistant que le foie, couleur lie de vin, pesant environ 200 grammes. Arrondie et lisse sur sa face externe, qui est en rapport avec le diaphragme la séparant des fausses côtes, elle présente sur sa face interne le *hile*, par où pénètrent les vaisseaux, artère et veine spléniques, et les nerfs venus du plexus cœliaque. Cette face interne est en rapport avec l'estomac, le rein et le coude du côlon à gauche. La rate est formée d'une enveloppe conjonctive, d'où partent en dedans des trabécules dont l'enchevètrement produit des aréoles remplies de boue splénique, substance molle, rougeâtre, formée par du tissu conjonctif réticulé. contenant dans ses mailles des leucocytes et des globules rouges. On trouve dans le parenchyme de la rate, au milieu de la pulpe splénique, des corpuscules de Malpighi, granulations grisâtres à structure de ganglion lymphatique dans lesquelles se terminent les extrémités des artères, qui perdent à leur niveau leur paroi propre pour s'entourer d'une gaine lymphoïde.

Article II. — Physiologie de la digestion

La digestion a pour but de transformer les matières extérieures introduites dans les voies digestives pour les faire passer dans l'économie par absorption, puis dans la circulation en rejetant au dehors, par la défécation, les déchets, en même temps que les matières excrémentitielles qui proviennent de leurs transformations ; elle fournit la chaleur indispensable à la vie et maintient le statu-quo de l'organisme, en réparant ses pertes et en pourvoyant à son fonctionnement.

Aliments. — Ces matériaux reconstitutifs s'appellent des *aliments*, dont la privation prolongée amène l'*inanition*, qui se traduit par la diminution du poids du corps (par autophagie) et de la chaleur et qui se termine par la mort après la perte des 4/10 du poids, ou des 2/10 dans le jeune âge. Les animaux à sang froid résistent mieux à la privation d'aliments (crapaud, 2 à 3 ans) que les animaux à sang chaud (oiseaux, 2 à 3 jours). Nous sommes avertis de la nécessité d'absorber des aliments par des sensations générales : la faim et la soif.

Parmi les aliments, les uns sont directement absorbables, les autres doivent d'abord subir des actions physico-chimiques à leur passage dans le tube digestif. On en distingue quatre espèces qui, par leur association bien entendue, fournissent à l'économie tous les éléments dont elle a besoin et qui sont précisément ceux qui entrent dans sa composition : 1° l'eau et les sels alcalins ou alcalino-terreux ; parmi ceux-ci, le chlorure de sodium est le plus indispensable et des accidents graves suivent sa suppression ; il existe partout : dans la bile, le suc gastrique pancréatique, les larmes, etc. ; les éleveurs de bestiaux ont soin de placer dans l'étable des blocs de sel gemme que viendront lécher les animaux ; les gigots de pré-salé doivent leur qualité aux pacages, voisins de la mer et plus riches en sel, où broutaient les moutons qui les ont fournis ; 2° les matières albuminoïdes quaternaires azotées de nature animale ou végétale (caséine, légumine), renfermant O. H. C. Az. + Ph. S. Fe. ; 3° les principes ternaires hydrocarbonés, renfermant O. H. C. tels que le sucre, l'amidon, la gomme, la matière glycogène ; 4° les corps gras, qui sont absorbés en nature comme les huiles et les graisses que la peau même absorbe directement par friction (frictions mercurielles). Ces aliments se trouvent aussi bien dans les végétaux que dans les animaux ; ainsi on fait de l'alcool avec du lait de jument fermenté et du fromage avec de la légumine extraite des pois ; les abeilles nourries avec du sucre donnent de la cire.

Les aliments des deux règnes renferment des substances réfractaires aux liquides digestifs, comme le tissu élastique et le ligneux, qu'on retrouve dans les excréments.

A côté des aliments, nous devons signaler des substances, comme le café, la kola, la coca, l'alcool, qui sont des *aliments d'épargne* et jouent le rôle d'antidéperditeurs, permettant une utilisation plus parfaite des matériaux ingérés.

Les aliments proprement dits sont complexes, représentant une association des principes séparés ci-dessus ; tantôt aliments complets comme le lait, ils ont le plus souvent besoin d'être associés pour réunir l'ensemble des produits nécessaires à l'organisme. Les proportions suivant lesquelles on doit associer les principes alimentaires et la quantité totale à livrer à l'organisme, pour maintenir son bon fonctionnement, constituent ce qu'on appelle la *ration alimentaire*, qui se divise en ration d'entretien et ration de travail, cette dernière naturellement plus importante.

Préhension des aliments. — Elle s'effectue, pour les aliments solides, par les mains, les lèvres, les dents; pour les aliments liquides, par la succion, dans laquelle la langue se déplace dans la bouche d'avant en arrière, comme le piston d'un corps de pompe en faisant le vide, par le humage, comme quand on boit dans un verre ou enfin en déposant le liquide dans la bouche, par exemple avec une cuiller.

Mastication. — Les aliments solides sont, par la *mastication*, divisés de façon à être mis en contact plus intime avec les liquides digestifs ; la viande, facilement attaquable par ces sucs, n'a besoin que d'être déchirée, comme le font les carnassiers dont la mâchoire n'a que des mouvements de ciseaux, tandis que les fourrages, les graines doivent être l'objet d'une trituration prolongée, d'où les mouvements antéro-postérieurs de la mâchoire, chez les rongeurs et de latéralité, chez les ruminants. Pour cela, la mâchoire inférieure forme un levier qui pivote autour d'un axe passant par le milieu des branches condyliennes ; les condyles se déplacent en avant, tous les deux dans les mouvements d'abaissement et un seul dans les mouvements de latéralité.

Les incisives divisent, les molaires broient ; l'alimentation de l'homme étant mixte, sa mastication participe de celle du carnivore, du ruminant et du rongeur.

La langue, les lèvres et les joues aident la mastication, en rassemblant entre les dents les débris alimentaires pour un nouveau broiement ; la langue les réunit alors en une boule, devenue pâteuse par l'imbibition de la salive, qui constitue le *bol alimentaire*.

La mastication est un acte volontaire, mais mettant en mouvement une série de réflexes qui se coordonnent et dont le centre est dans le bulbe et la protubérance.

Insalivation. — Elle a pour organes les glandes salivaires et tout l'appareil glandulaire disséminé dans la cavité buccale. Les glandes salivaires sont des glandes en grappe, dont les cellules tapissant les acini fournissent la salive, soit par fonte cellulaire, soit par expression après remplissage par puisement dans le sang. La salive ordinaire est de la *salive mixte*, provenant du mélange des 3 salives, dont chacune a une fonction spéciale.

La *salive parotidienne* est très liquide, albumineuse, alcaline, riche en phosphate et en carbonate de chaux, dont le dépôt dans les interstices dentaires forme avec des débris de leptothrix le tartre dentaire ; elle sert à la *mastication*, car elle est d'autant plus développée que l'animal triture davantage.

La salive *sous-maxillaire* est filante, visqueuse, alcaline : elle sert surtout à la *gustation* et sa sécrétion est provoquée par le dépôt d'un corps sapide sur la langue ; elle disparaît quand l'animal ne goûte pas, comme chez les granivores.

La salive *sublinguale* est très épaisse, très visqueuse, analogue aux produits des glandes mucipares ; elle sert à la *déglutition* en agglutinant les particules alimentaires et favorisant le glissement du bol alimentaire.

La salive mixte, mélange des salives précédentes, est alcaline, quelquefois acide à jeun par décomposition, dans les interstices dentaires, des détritus alimentaires. La quantité sécrétée en 24 heures oscille de 500 à 1,500 grammes. Elle renferme des traces de sulfocyanure de potassium (poison) et principalement un ferment soluble organique azoté, la *ptyaline* ou *diastase salivaire*, découverte en 1831 par Leuchs, transformant l'amidon en glucose, comme la diastase végétale dans les graines en germination. Ce ferment ne se produit que par le mélange des 3 salives et cette propriété saccharifiante n'apparaît qu'avec la première dentition, d'où l'inanité de l'administration des féculents aux nourrissons avant l'apparition des dents.

On obtient la ptyaline en précipitant ce ferment par l'alcool et reprenant par l'eau ; elle n'agit que dans un milieu neutre ou alcalin. Son action cesse dans l'estomac en digestion pour reprendre dans l'intestin.

La salive renferme en outre des cellules épithéliales des parois buccales, des globules pyoïdes, analogues aux globules blancs, jouant peut-être le rôle de ferments, et des microbes très abondants et d'espèces diverses. Les sels de la salive sont ceux du sang.

La sécrétion de la salive est un exemple de réflexes ; les nerfs centripètes sont des filets du trijumeau, qui vont à la moelle allongée et l'ordre part par des filets du facial, spécialement par la corde du tympan. Elle se produit consécutivement à la présence des aliments dans la bouche, ou à la suite d'excitations gustatives ou olfactives, ou même à la vue, voire même au souvenir d'un bon plat, faisant, comme on dit, venir l'eau à la bouche ; par contre, une émotion vive peut arrêter cette sécrétion et amener la sécheresse de la gorge, couper la parole (cauchemars, etc.).

Les glandes salivaires prennent leur liquide partout, même par imbibition ; l'état de la pression artérielle n'est donc que secondaire pour leur fonctionnement. Leur sécrétion résulte, soit d'une simple expression de cellules gonflées par imbibition qui tapissent leurs acini, comme l'a décrit Ranvier dans la parotide, soit d'une fonte cellulaire, comme on le voit dans la glande sublinguale où l'on rencontre au fond des culs-de-sac glandulaires des croissants de Gianuzzi, amas de jeunes cellules non encore bien individualisées destinées à remplacer celles qui auront desquamé. L'excrétion de la salive a lieu seulement par la vis de tergo.

La salive est sécrétée en tout temps pour maintenir l'humidité de la bouche nécessaire à la parole, à la gustation, d'où les mouvements de déglutition, même dans l'intervalle des repas.

Déglutition. — C'est l'acte qui fait passer de la bouche dans l'estomac le liquide ou l'aliment insalivé, devenu fluide comme un liquide. Le principe de ce passage est celui d'une pression en un point et de l'absence de pression dans un autre. On peut y distinguer 3 temps. Dans le 1er temps volontaire, le bol insalivé se met sur la pointe de la langue qui, en s'appliquant sur le palais graduellement d'avant en arrière, le fait filer dans ce sens contre le voile du palais jusqu'à l'isthme du gosier. A ce moment, se produit le 2e temps involontaire, dans lequel le pharynx saisit convulsivement le bol alimentaire, qu'il escamote, en montant au-devant de lui, et le fait cheminer en se contractant circulairement. Dans le pharynx, les deux canaux digestif et aérien se croisent; il faut au moment du passage du bol que les deux bouts, fosses nasales et larynx, soient bouchés. Pour fermer les orifices postérieurs des narines, les piliers postérieurs du voile du palais se rapprochant comme deux rideaux et si on déglutit, le nez bouché, l'ouïe devient dure par raréfaction de l'air dans la trompe d'Eustache, comme dans l'expérience de Massiat. L'oblitération du larynx est obtenue par l'épiglotte; au moment de l'ascension du pharynx, le larynx vient se cacher derrière la base de la langue, qui lui forme en arrière une saillie protectrice; en butant contre cette base, l'épiglotte se rabat sur le larynx et le ferme. D'ailleurs l'épiglotte n'est indispensable que pour la déglutition des liquides, dont les dernières gouttes restées sur la langue pourraient, si elle manquait, tomber dans le larynx, d'où elles seraient expulsées par des efforts de toux. La sensibilité du larynx protège donc l'animal.

De plus à chaque déglutition la glotte se ferme.

La déglutition est un acte réflexe; on ne peut avaler à vide, s'il n'y a pas de salive; de même on ne peut arrêter un acte de déglutition commencé. Son centre est dans la moelle allongée.

Enfin, dans le 3e temps, le bol alimentaire descend dans l'œsophage, non sous l'influence de la pesanteur, mais par la contraction de ses fibres musculaires, puisqu'on peut boire et manger la tête en bas. En dernier lieu, il franchit le cardia, pour tomber dans l'estomac.

Digestion stomacale. — L'*estomac*, dans lequel tombent ainsi les aliments, est une poche où ils trouvent asile pour un temps assez long et où ils subissent des actions mécaniques et chimiques, comme d'ailleurs dans le reste du tube digestif. Les liquides ne font guère que le traverser en suivant la petite courbure pour aller à l'intestin. L'estomac ne se meut que par des contractions douces, rares, faibles et lentes, de nature réflexe, qui brassent les aliments, les mélangent intimement au suc gastrique et finalement les font passer par le pylore, quand la digestion stomacale est complète : la durée du séjour des aliments dans l'estomac est d'ailleurs variable et en rapport avec leur digestibilité. Quelquefois le mouvement du contenu stomacal peut se faire en sens inverse, c'est le *vomissement*, qui a lieu par contraction des parois abdominales et non de l'estomac, car Magendie ayant remplacé celui-ci chez un animal par une vessie, le vomissement se produisit de même en injectant de l'émétine dans ses veines : les fibres musculaires stomacales préparent seulement la voie en ouvrant le cardia. Le vomissement est un acte réflexe et l'émétine fait vomir en agissant sur les centres nerveux.

Dans l'estomac, les aliments sont soumis à des actions chimiques de la part du *suc gastrique* sécrété par des glandes situées dans l'épaisseur de la muqueuse et de deux ordres différents : les *glandes à pepsine*, disséminées dans toute l'étendue de l'estomac, sauf le pylore, et les *glandes à mucus*, localisées à l'antre du pylore.

Le suc gastrique est un liquide inodore, ténu, de saveur aigrelette, de réaction acide analogue à celle que donneraient 2 grammes d'HCl dans un litre d'eau. L'odeur repoussante des matières vomies, la brûlure de gorge qu'elles produisent au passage, sont dues à des décompositions putrides. On l'obtient à l'état de pureté par des fistules gastriques et on estime au dixième du poids du corps la quantité sécrétée en 24 heures. Il renferme seulement 4 pour 100 de matières solides, dont les 2/3 sont représentés par une matière albuminoïde, la *pepsine* ou *gastérase*, poudre blanche soluble dans l'eau, insoluble dans l'alcool, qui sert à la précipiter du suc gastrique et qui, abondante surtout vers la fin de la digestion, transforme les matières albuminoïdes en *peptones*, directement assimilables et diffèrant des albuminoïdes en ce qu'elles ne se coagulent plus par la chaleur ou les acides. Cette action ne peut avoir lieu qu'en milieu acide, ce qui est le cas pour le suc gastrique normal, qui renferme de l'*acide chlorhydrique*, démontré véritable principe actif de l'estomac et non les acides lactique ou phosphorique, comme on l'avait indiqué jadis qui proviennent de résidus des digestions précédentes. Le suc gastrique contient encore un ferment de la présure ou *lab-ferment*, qui coagule la caséine du lait.

L'estomac à jeun ou fatigué ne sécrète que du *mucus stomacal*, liquide incolore, alcalin, filant, riche en mucine, qui se produit continuellement et forme à sa surface interne une sorte d'enduit protecteur contre son auto-digestion. D'autres auteurs attribuent ce rôle protecteur à l'épithélium cylindrique, qui, en tous cas, s'oppose à l'absorption ; car, si on boit, le pylore étant lié ou bouché par un cancer, la soif reste la même ; enfin la circulation active de liquide sanguin alcalin dans les parois stomacales empèche probablement cette attaque, qui se produit, si l'épithélium est entamé ou la circulation troublée, en donnant l'ulcère rond.

La sécrétion du suc gastrique proprement dit est au contraire intermittente et réflexe, provoquée par la présence des aliments, surtout des albuminoïdes jouant le rôle d'excitants : elle serait le résultat d'une sensibilité spéciale sous la direction du grand sympathique. D'après Schiff, il ne s'agirait pas là d'une intuition spéciale de l'estomac, mais il faudrait, pour que le suc gastrique se produisit, qu'il y ait eu absorption préalable de matières peptiques ; d'où l'utilité du bouillon pris un peu avant le repas. Une tasse de bouillon, une solution de dextrine, prises une heure avant les repas, peuvent de cette façon, guérir certaines dyspepsies. La pepsine et l'acide chlorhydrique provenant des chlorures du sang sont ainsi sécrétés par les glandes à pepsine, sous l'influence de ces excitations peptogéniques.

Le suc gastrique dissocie les matières albuminoïdes, les porphyrise, puis il les liquéfie et les transforme en peptones directement assimilables et différentes même dans leur couleur suivant la matière initiale. La caséine, d'abord coagulée, est fluidifiée ensuite. Les viandes crues, les albumines crues sont plus vite digérées que les cuites. Il faut environ 25 de suc pour transformer 1 d'albumine.

En outre, dans l'estomac, les matières amylacées sont transformées en glucose par la ptyaline déglutie avant l'arrivée de l'acide ; les matières grasses sont dissociées et d'autre part les fibres élastiques, la cellulose des plantes résistent à l'action du suc gastrique. Le *chyme*, produit ultime de la digestion stomacale, très complexe et très variable, une fois constitué, va passer dans l'intestin où s'achèvera la digestion et où se produira l'absorption.

Des *gaz* (H, CO^2, O, Az) existent aussi dans l'estomac, provenant soit des fermentations alimentaires, soit d'air ingéré en même temps que les aliments, ou bien exhalés du sang à travers les parois vasculaires.

Digestion intestinale. — Dans *l'intestin grêle*, où

le chyme arrive de l'estomac par ondées, la contraction des fibres musculaires donne lieu à des *mouvements péristaltiques*, ou vermiculaires, lents et faibles à l'état normal, qui chassent graduellement son contenu vers l'intestin grêle. Ces contractions sont réflexes et s'exagèrent en devenant douloureuses, dans certains cas pathologiques ou par l'action des purgatifs, constituant ce qu'on appelle des *coliques*. Dans le duodénum et le jéjunum, la marche des matières est rapide, elle se ralentit dans l'iléon, où se produit un tassement avec concentration, diminution de la quantité, avec augmentation de la consistance. La traversée de l'intestin grêle, encore retardée par les valvules conniventes, dure 2 à 3 heures pendant lesquelles s'effectue en grande partie l'absorption digestive.

Le *suc intestinal*, sécrété par les glandes en grappe de Brunner, dans le duodénum, et par les glandes en tube de Lieberkühn, disséminées dans tout l'intestin, est alcalin jaunâtre, albumineux, renfermant un ferment inversif qui dédouble le sucre de canne en glucose et en lévulose : peut-être agit-il sur la fibrine du sang pour la transformer en peptone et saccharifie-t-il l'amidon. Dans les diarrhées séreuses, le suc intestinal est sécrété en abondance et le système nerveux a une grande influence sur sa production : la paralysie réflexe des nerfs vaso-moteurs produite, par exemple, par la peur (conscrits au premier feu, candidats à un examen) en détermine la superproduction. Une anse intestinale isolée entre 2 ligatures se remplit de liquide si on sectionne les filets nerveux qui s'y rendent et reste sèche dans le cas contraire.

Dans l'intestin grêle, le suc pancréatique et la bile viennent ajouter leur action à celle des autres liquides digestifs : ils arrivent par l'ampoule de Vater.

Le *suc pancréatique*, donné par la vaste glande en grappe salivaire abdominale, est un liquide incolore, visqueux, alcalin, coagulable par la chaleur; sa production est d'environ 300 grammes en 24 heures. Il renferme 10 pour 100 de matières solides, au lieu de 1 pour 100 que contenait la salive. Par son alcalinité, il neutralise le suc gastrique et renferme un ferment soluble, la *pancréatine*, qui est lui-même formé de 3 ferments solubles, la *trypsine*, qui agit sur les albuminoïdes qu'elle transforme en *tryptones*, l'*amylopsine*, qui agit sur les féculents qu'elle saccharifie et la *stéapsine* qui agit sur les graisses qu'elle dédouble. En somme le suc pancréatique est le seul suc digestif complet et c'est celui qui agit le plus énergiquement dans un milieu d'ailleurs neutre acide ou alcalin. La sécrétion du pancréas, probablement continue, s'exagère par réflexe lors du passage du chyme et, de même que l'estomac a besoin de peptogènes, le pancréas a besoin, pour sa sécrétion, de pancréatogènes, dont la production, d'après Schiff, exigerait le concours de la rate.

Fonction biliaire. — La *bile* sécrétée par le foie, obtenue par fistule biliaire expérimentale, est jaune (ictère), amère, alcaline : elle verdit et devient visqueuse après la mort par altération cadavérique, par addition du mucus fourni par la vésicule biliaire. Les perroquets ont seuls de la bile verte. N'arrivant qu'après le passage du chyme dans l'intestin, elle sort plutôt à l'absorption qu'à la digestion. Sa sécrétion est rémittente, avec exacerbation à la fin des digestions; sa quantité est d'environ 1,200 grammes en 24 heures. Elle renferme 15 pour 100 de matières solides.

Eau 85 p. 100.	Sels et acides biliaires.	8
Matières solides 15 p. 100	Cholestérine.	4
	Matières colorantes. .	2
	Sels minéraux. . . .	1

Les sels sont le taurocholate (ou choléate) de soude, dont les acides taurocholique et glycocholique résultent de l'union de l'acide cholalique avec la taurine, dans le 1er cas, avec le glycocolle, dans le 2e.

La cholestérine, alcool hexatomique, est solubilisée dans la bile, à la faveur des sels biliaires, d'où elle se précipite en cas d'insuffisance pour former les calculs dont le centre renferme des microbes emmurés, ce qui ferait voir dans leur formation un procédé de défense de l'organisme contre une infection. La cholestérine est un produit de désassimilation des centres nerveux.

Les matières colorantes ou pigments biliaires sont la bilirubine et la bilifulvine, dérivées de la matière colorante des globules rouges du sang ou hémoglobine. Elles se décomposent facilement en donnant de la bilifuscine, biliprasine et surtout la biliverdine, qui colore en vert les vomissements bilieux.

La bile se forme dans les cellules hépatiques : les sels et acides biliaires s'y fabriquent et aident à la destruction des globules rouges, tandis qu'aux dépens de leur hémoglobine se produit également le pigment biliaire.

La bile s'écoule dans l'intestin, chassée par la vis à tergo ; elle s'écoule directement par le canal cholédoque, ou après s'être mise en réserve un certain temps dans la vésicule biliaire. Si les conduits biliaires sont obstrués, par exemple momentanément par un calcul hépatique, qui provoque ce qu'on appelle la colique hépatique, débutant 4 heures après le repas dans l'hypocondre droit, on observe le passage de la bile dans le sang donnant l'ictère ou jaunisse.

Quand on fait à un animal une fistule biliaire, il maigrit par absorption incomplète, surtout des graisses qu'on retrouve dans les fèces ; il perd ses poils, car la bile renferme du soufre nécessaire au développement du système pileux et les matières fécales deviennent fétides.

La bile a une action douteuse cependant sur la digestion et l'absorption; elle détermine l'érection des villosités intestinales, émulsionne les graisses et favorise leur passage à travers les membranes intestinales; pour d'autres auteurs elle ne ferait que donner le coup de balai terminal dans l'atelier de la digestion, en entraînant l'épithélium qui desquame en abondance lors de son passage. Quoi qu'il en soit, une partie de ses éléments est résorbée dans l'intestin; seules la cholestérine et une partie des matières colorantes se retrouvent dans les matières fécales.

Le foie, en dehors de sa *fonction biliaire*, a encore: une *fonction hématopoïétique*, principalement caractérisée par la destruction des globules rouges;

Une *fonction uropoïétique* par laquelle il achèvera la transformation complète en urée des matières albuminoïdes incomplètement oxydées par les tissus, fait démontré d'abord par la prédominance de l'urée contenue dans les veines sus-hépatiques par rapport à la veine porte et par sa diminution dans les urines à la suite des dégénérescences du foie (dans le diabète, l'urée augmente par une sorte de balancement si le sucre diminue);

Une *fonction antitoxique*, consistant en un arrêt des poisons minéraux et végétaux qu'il emmagasine (analyse du foie de première importance en toxicologie) et une diminution de la toxicité des produits de désassimilation de la circulation ou des substances dangereuses formées dans l'intestin aux dépens des substances albuminoïdes, comme l'indol, le scatol que le foie transforme en acides sulfo-conjugés éliminés par les urines;

Une *fonction glycogénique*, la plus importante de toutes.

La fonction glycogénique du foie a été découverte par Claude Bernard en dosant le sucre dans le foie. On avait déjà signalé l'augmentation du sucre dans le foie après la mort. Cl. Bernard, en faisant passer de l'eau dans les vaisseaux, lava le foie jusqu'à ce qu'il ne décelât plus de sucre à l'analyse, il le laissa ensuite de côté, puis, le reprenant au bout de quelque temps, il remarqua que de nouvelles quantités de sucre postérieurement formées pouvaient y être dosées. Il démontra donc ainsi dans le foie l'existence d'un corps particulier, le *glycogène* ou *amidon animal,* précipitable par l'alcool de la macération du foie dans l'eau en une poudre blanche prenant par la teinture d'iode une coloration rouge acajou. Dans une autre expérience, Cl. Bernard montra que le sucre apporté au foie par la digestion y est arrêté, puis emmagasiné sous forme de glycogène, car, en injectant du glucose dans la veine porte, on n'augmente pas le sucre du sang, tandis qu'en l'injectant dans un autre vaisseau on obtient de la glycémie. Avant l'âge de 4 mois, la fonction glycogénique est localisée dans le placenta. La transformation du glycogène en sucre a lieu par un ferment ; si ce ferment agit trop, il y a glycémie et glycosurie consécutive, dès que le sang renferme plus de 3/1,000 de glucose : c'est le diabète.

Le sucre, absorbé dans l'intestin, est amené dans l foie par la veine porte, emmagasiné sous forme d glycogène, puis distribué par ce même foie au sang sous forme de glucose, au fur et à mesure des besoin de l'organisme, où il est brûlé et détruit sous l'actio d'un ferment glycolytique, au niveau des capillair et des éléments anatomiques. En effet, si l'on e pêche le sang venant de l'intestin de passer par foie, il circule par les anastomoses et alors si on fa manger du sucre ou des matières amylacées à l'an mal il urine du sucre ; les altérations pathologiqu du foie donnent dans certains cas en étouffant s éléments des phénomènes analogues : c'est une aut pathogénie du diabète.

L'irritation produite par le passage de substanc comme l'éther, le chloroforme, l'alcool, les matièr putrides donne aussi de la glycosurie momentané

Enfin la piqûre du 4e ventricule donne le diabète p surcroît de travail hépatique ; la voie nerveuse est grand sympathique qui donne une hyperémie du fc avec excitation sécrétoire par certains filets spéciau

Gros intestin. — Dépourvu de villosités il sert peu l'absorption et à la digestion : c'est plutôt un rése voir des matières fécales avant leur expulsion. contenu de l'intestin grêle traverse la valvule ilé cœcale ou de Bauhin (surnommée aussi *barrière d apothicaires*, car elle s'oppose au passage des lav ments du gros intestin dans l'intestin grêle, la pou sée accolant les 2 lèvres), en écartant ses 2 lèvr et tombe dans le gros intestin ; de là, chassées p des contractions péristaltiques encore plus lentes plus faibles que dans l'intestin grêle, il prend g duellement la consistance et le caractère des n tières fécales, qui se mettent finalement en résen dans l'S iliaque, jusqu'au moment de la défécati Le suc du gros intestin, dû aux glandes en tube de muqueuse, est filant, alcalin, sans action digest nette, mais cependant l'absorption se fait enc dans ce gros intestin, comme le prouvent d'ailleurs pratique des lavements alimentaires chez les malad et la médication rectale. Enfin, dans le gros intest se produisent des fermentations, s'élaborent des p maïnes ou alcaloïdes toxiques et des gaz (CO^2, H

Les matières fécales provenant de la condensat

graduelle du chyme dans la dernière partie de l'intestin grêle et dans le gros intestin, par absorption graduelle des substances assimilables et de l'eau, sont composées principalement de produits de desquamation de l'épithélium intestinal et des particules alimentaires réfractaires aux sucs digestifs, le tout teint par la matière colorante de la bile. Leur quantité de 150 grammes par jour environ, plus forte avec le régime végétal, reste de 45 grammes même sans alimentation, rien que par les produits d'élimination du corps.

Défécation. — C'est un réflexe d'expulsion, ayant son centre dans la partie inférieure de la moelle. Le rectum présente à sa terminaison deux sphincters ; un interne, formé de fibres musculaires lisses et un externe, plus fort, à fibres striées, formant une boutonnière antéro-postérieure. Les matières fécales, chassées par les contractions involontaires de l'S iliaque, arrivent dans le rectum et déterminent, par leur présence dans ce conduit, une sensation de pesanteur ou besoin. Si, à ce moment, on contracte volontairement le sphincter externe, la défécation ne peut avoir lieu et les matières remontent dans l'S iliaque, pour redescendre plus tard et ainsi de suite. Mais, si on résiste habituellement à ces sollicitations naturelles, et, si on ne prend pas l'habitude de régler ses actes de défécation, comme ceux d'alimentation, il arrive que la muqueuse rectale perd sa sensibilité; les matières ne sont plus senties dans le rectum où leur présence n'éveille plus la sensation de besoin et *la constipation* est établie.

L'expulsion du bol fécal varie suivant qu'il est mou, cas auquel il sort sans effort par la seule contraction des fibres musculaires rectales, dont la poussée fait ouvrir le sphincter qui ne résiste pas, ou suivant qu'il est dur, auquel cas les puissances musculaires de la paroi abdominale entrent en jeu ; le larynx se ferme, les muscles abdominaux se contractent avec effort pour comprimer le ventre, tandis que le releveur de l'anus soulève l'orifice rectal, et, aidé de la traction des fibres longitudinales du rectum, l'amène au-devant du bol fécal à évacuer. Tout concourt donc à cette terminaison ultime de l'acte si important de la digestion.

Absorption. — C'est le passage dans le sang des substances alimentaires assimilables directement, ou rendues telles par l'action des sucs digestifs. Les phénomènes d'absorption peuvent être considérés comme des phénomènes de diffusion (vin et eau) et d'osmose. L'organisme contenant 4/5 d'eau peut être comparé à une éponge ; il est très bien disposé pour la diffusion. Ce sont les liquides des tissus et le sang lui-même qui absorbent ; d'où la difficulté d'absorption dans l'hydrémie et sa facilité après la saignée, ou les purgatifs répétés. De même, si le sang est saturé de graisse, il n'en absorbe pas. L'épithélium, suivant les cas, facilite ou empêche cet échange. Ainsi le pharynx, l'œsophage à épithélium pavimenteux n'absorbent pas, le gros intestin peu, l'intestin grêle beaucoup. L'intestin multiplie sa surface absorbante par les valvules conniventes et les villosités, ces dernières composées d'un chylifère central, au milieu d'un tissu conjonctif avec artères et veines, le tout recouvert d'une couche de cellules épithéliales cylindriques à plateau perforé de trous pour le passage des granulations graisseuses et ce dans tout l'intestin. Ces cellules des villosités absorbent d'abord, puis repassent les particules qu'elles ont prises au chylifère central, qui devient lacté : après la terminaison de cet acte digestif, l'épithélium desquame. Tandis que les villosités absorbent les graisses, qui vont aux lymphatiques, les vaisseaux sanguins de la surface intestinale absorbent les peptones et les sucres, sans qu'il y ait cependant un départ exact, à ce point de vue, entre les deux ordres de vaisseaux.

La plupart des substances toxiques sont absorbées par les veines ; les poisons métalliques se fixent dans le foie.

Les peptones sont transformées après leur absorption en l'une des albuminoïdes du sang, car on ne les retrouve pas en nature dans ce liquide.

Les solutions salines dans l'intestin accompagnent leur passage dans le sang d'un passage proportionnel d'eau en sens inverse, par exosmose, si considérable que celui-ci se remplit d'eau aux dépens du sang ; telle est l'explication du mode d'action des purgatifs salins.

Article III. — Nutrition et chaleur animale

Nutrition. — La nutrition est l'ensemble des échanges qui se font entre l'organisme et le milieu extérieur. Le sang, ou milieu intérieur, sert d'intermédiaire en lui apportant l'O et les matières solubles utilisables par les éléments anatomiques et en remportant CO^2 et les déchets également solubles. C'est là le double phénomène de l'assimilation et de la désassimilation, avec souvent un emmagasinement des matières de réserve (glycogène, graisses, albuminoïdes, sels, O, etc.), auxquels l'organisme a recours suivant ses besoins. Nous avons vu, en étudiant la fonction glycogénique du foie, que ce viscère verse dans la circulation du sucre provenant de la saccharification des féculents principalement, qui se mettent en réserve dans le foie, sous forme de matière glycogène, provenant de la déshydratation du glucose, mais pouvant aussi être produite aux dépens des albuminoïdes ; ce sucre est brûlé par les éléments anatomiques et sert à la genèse et à l'entretien des tissus. La graisse sert surtout à l'entretien de la chaleur animale, car sa combustion en dégage beaucoup; elle sert à réparer certains tissus et à combler les vides : on la rencontre surtout dans le panicule graisseux sous-cutané et dans le tissu conjonctif interstitiel. Elle vient évidemment des graisses absorbées à la surface de l'intestin (Lapons buvant de l'huile pour résister au froid), mais aussi des matières albuminoïdes et féculentes; remarque importante : quelle que soit son origine, elle a toujours les mêmes qualités pour un même animal, et comme le sucre, quelle que soit la quantité ingérée, on n'en trouve guère plus immédiatement après le repas dans le sang, ce qui prouve sa mise en réserve. Les albuminoïdes, transformées en peptones, se mettent en réserve dans la rate, les ganglions lymphatiques, si développés chez l'enfant, dont les tissus sont en voie de formation, et dans les muscles; ces réserves servent à la fabrication ou à la réparation des tissus. Le fer se met en réserve dans la rate; le phosphate de chaux, dans les plaques calcaires du chorion des ruminants, etc.; l'oxygène, dans les globules rouges, pendant le sommeil, où l'O. inhalé est en quantité plus considérable que le CO^2 exhalé.

Dans l'économie, s'effectue un transit incessant des matériaux assimilables et des produits de désassimilation. L'assimilation préparée par la digestion. l'absorption et l'emmagasinement est un acte vital (lisez *mal connu*), dans lequel chaque élément anatomique choisit plus spécialement telle ou telle parmi les substances qui lui sont offertes en solution dans le sang en les fixant, puis les transformant, pour finalement se les incorporer. D'autre part, certaines substances se séparent sans cesse des éléments organiques, dont elles faisaient partie, en subissant des décompositions qui donnent naissance à des produits nouveaux de désassimilation, qui sont éliminés : ces mutations s'accompagnent de production de chaleur, de force et sont surtout des oxydations et des dédoublements chimiques. Ainsi le sucre est brûlé dans les muscles et le tissu nerveux. les graisses sont oxydées en donnant de la chaleur ; CO^2 et HO sont exhalés par le poumon ; les albuminoïdes donnent CO^2 et HO, plus des produits de désassimilation, la créatine, l'acide urique, dont l'oxydation complétée dans le foie donne l'urée.

Le bilan de la nutrition peut être établi en analysant les substances qui entrent dans l'organisme, telles que l'O, les aliments, les boissons, et celles qui en sortent sous forme de sécrétions ou d'excreta. On peut de cette façon arriver à calculer par des recherches, d'ailleurs longues et difficiles, la ration alimentaire nécessaire à maintenir le *statu quo* de l'organisme, chez un homme adulte de moyenne taille. On a ainsi trouvé qu'il fallait lui fournir en 24 heures : O = 680 grammes, C = 280 grammes, Az = 19, H = 6, sels = 32. La ration de travail doit être de quantité supérieure à la ration d'entretien.

La nutrition des tissus est sous la dépendance de la moelle, d'où émanent des nerfs trophiques.

Chaleur animale. — Au point de vue de la chaleur animale, les animaux peuvent être divisés en deux groupes : 1° les *animaux à température constante* ou à *sang chaud*, les mammifères et les oiseaux ; 2° les *animaux à température variable* ou à *sang froid*, comprenant tous les autres êtres.

Chez l'homme, la température constante, basse relativement à celle des autres animaux du même groupe, est de 37° dans l'aisselle, 38° dans le rectum et l'utérus, 40° dans le foie ; il y a d'ailleurs des variations qui peuvent atteindre 1°, suivant l'heure du jour (maximum après midi, minimum au point du jour), s'élevant le matin, s'abaissant le soir, suivant l'énergie du système nerveux reposé ou affaibli. Le nouveau-né a une température un peu supérieure pendant les premiers jours. Le travail manuel ou intellectuel augmente la température : il en est de même du travail digestif. La température périphérique du corps varie avec celle du milieu extérieur ; la température centrale est à peine influencée.

Les combustions organiques, les oxydations et les dédoublements, qui se produisent dans l'intimité des tissus, sont la source de la chaleur. L'air se rafraîchit dans le poumon, qui n'est pas le siège de combustions. L'O brûle C et H. Or la combustion de C donne 8,000 calories ; celle de H, 34,000 (calorie = la quantité de chaleur nécessaire pour élever de 1° la température de 1 kilogramme d'eau). La chaleur dégagée par l'homme en 24 heures est de 3,000 calories, soit, par heure, 112 au repos et 271 en mouvement. Elle est relativement plus considérable chez les êtres en voie de développement et chez les petits animaux. La chaleur est répartie dans tout le corps à peu près également par la circulation, avec cependant des variations : c'est ainsi que le cœur droit est plus chaud que le gauche, que le sang des veines sus-hépatiques sortant du foie à combustions si importantes, est le plus chaud de l'économie.

Les muscles sont d'énergiques producteurs de chaleur animale développée dans les fibres musculaires même, indépendamment du sang qui y arrive, chaleur qui peut se transformer en travail mécanique ; 1 calorie équivaut à 425 kilogrammètres. Même au repos, la contraction des muscles inspirateurs, du cœur etc., dégagent de la chaleur. Pour maintenir constante sa température, l'organisme a recours à des moyens déperditeurs et antidéperditeurs.

Les moyens antidéperditeurs sont les uns voulus,

comme l'emploi des vêtements épais, du chauffage, des graisses dans l'alimentation (Lapons) ; les autres indépendants de la volonté, comme l'accroissement de l'activité chimique des tissus et le rétrécissement des vaisseaux cutanés, les deux par action nerveuse réflexe. Le corps se défend en outre contre les pertes de chaleur dans le milieu ambiant par le revêtement corné de l'épiderme, le duvet, les poils, le panicule graisseux sous-cutané, la vascularité des régions exposées (oreille).

Les moyens déperditeurs, par lesquels le corps se défend contre la chaleur, sont d'abord les mêmes que ceux qui le défendent contre le froid, auxquels viennent s'ajouter la dilatation des vaisseaux cutanés et surtout le refroidissement provoqué par l'évaporation cutanée (alcaraza) et pulmonaire, qui est considérable et proportionnelle à l'élévation de la température, 1 gramme d'eau absorbant pour se vaporiser 580 calories : d'où la résistance plus grande à la chaleur sèche, qu'à la chaleur humide. Chez les animaux à pelage, qui, comme le chien, suent peu, c'est l'évaporation pulmonaire qui joue le principal rôle, d'où l'accélération des mouvements respiratoires, qu'on observe chez ces animaux pendant le travail ou la chaleur.

Les animaux qui naissent avec peu de consommation d'O, tels que les oiseaux, les lapins, résistent peu au froid, mais beaucoup à l'asphyxie.

La chaleur d'une partie augmente en raison de son fonctionnement, présidé par le système nerveux, d'où le refroidissement d'un membre paralysé. C'est en effet par le système nerveux que le corps règle la production de chaleur nécessaire au maintien de la constance de sa température, par l'intermédiaire du grand sympathique, dont les nerfs vaso-moteurs sont, les vaso-dilatateurs calorifiques et les vaso-constricteurs frigorifiques : indépendamment de cette action vasculaire, le grand sympathique a certainement par ces mêmes nerfs une action directe sur la thermogénèse.

La fièvre est le résultat d'une suractivité des nerfs calorifiques.

CHAPITRE VIII

SYSTÈME NERVEUX. NÉVROLOGIE

ARTICLE 1. — SYSTÈME NERVEUX CENTRAL

Le *système nerveux* comprend 3 parties essentielles : l'*encéphale* ou *cerveau*, qui occupe la cavité crânienne ; la *moelle épinière*, qui part du cerveau et s'étend dans le canal rachidien, et enfin un grand nombre de cordons appelés *nerfs*, qui se détachent, les uns de la face inférieure du cerveau, les autres des faces latérales de la moelle, pour se ramifier dans toutes les parties du corps.

§ 1. *Méninges.*

Cet appareil est protégé par trois enveloppes membraneuses, appelées *méninges*, qui sont, en allant de la superficie vers la profondeur : la *dure-mère*, l'*arachnoïde* et la *pie-mère*.

Dure-mère crânienne. — C'est une poche fibreuse, qui sert à la fois de périoste interne à la boîte crânienne et d'enveloppe au cerveau ; elle adhère à la face interne du crâne, au niveau des sutures et des ouvertures. Elle fournit des canaux fibreux aux nerfs et aux vaisseaux qui passent par les trous de la base du crâne et sa surface interne envoie quatre prolongements, ou cloisons incomplètes, qui divisent la cavité du crâne en plusieurs compartiments ; ce sont :

1° *La faux du cerveau*, qui sépare les deux hémisphères et qui s'attache par sa base à la tente du cervelet et par sa pointe à l'apophyse crista-galli ; elle contient le sinus longitudinal supérieur et le sinus longitudinal inférieur.

2° *La tente du cervelet*, qui sépare le cervelet des lobes postérieurs du cerveau et va de la gouttière latérale de l'occipital au bord supérieur du rocher ; elle contient les sinus latéraux, pétreux supérieurs et caverneux.

3° *La faux du cervelet*, qui sépare les hémisphères du cervelet ; c'est un repli triangulaire qui va de la face inférieure de la tente du cervelet au trou occipital.

4° Le repli pituitaire ou diaphragme de l'hypophyse, qui est placé horizontalement au-dessus de la selle turcique et loge la *glande pituitaire*.

Quant à la dure-mère rachidienne, elle fait suite à la précédente et longe le canal vertébral ; elle envoie des prolongements autour des nerfs rachidiens et va s'attacher au coccyx.

Au point de vue de la structure, c'est une membrane fibreuse renfermant des faisceaux conjonctifs et des fibres élastiques.

Arachnoïde. — La deuxième membrane est l'*arachnoïde ;* c'est une séreuse située entre les deux autres enveloppes ; son feuillet pariétal, en rapport avec la dure-mère, est uni à celle-ci, excepté au niveau des trous osseux ; en effet, la dure-mère s'enfonce, tandis que l'arachnoïde se réfléchit bientôt pour constituer le feuillet viscéral. Ce feuillet ne fait que passer au-dessus des circonvolutions, de sorte qu'il existe un certain nombre d'espaces, dits espaces sous-arachnoïdiens et remplis par le liquide céphalo-rachidien. L'arachnoïde fournit une gaine à chaque nerf et limite, le long du canal vertébral, l'espace sous-arachnoïdien spinal.

Pie-mère. — C'est la plus interne des méninges ; elle pénètre dans tous les espaces compris entre les circonvolutions ; c'est une sorte de toile très vasculaire enveloppant immédiatement les centre nerveux; dans le canal rachidien, elle est plus dense et moins vasculaire ; elle présente une série de prolongements latéraux triangulaires, les *ligaments dentelés* ; à sa partie inférieure, où elle n'est plus représentée que par un cordon, elle prend le nom de *filum terminale*. Elle est formée par un tissu conjonctif, renfermant de nombreuses veines, qui vont se jeter dans les sinus de la dure-mère.

§ 2. *Cerveau.*

Le cerveau est la portion de la masse encéphalique, qui occupe toute la cavité du crâne, à l'exception des fosses occipitales inférieures ; il est formé par deux hémisphères symétriques, réunis en bas par le corps calleux, et séparés en haut par la scissure inter-hémisphérique ; sa surface présente de nombreuses circonvolutions et sa forme est représentée exactement par celle de la cavité crânienne, qui lui sert pour ainsi dire de moule.

Hémisphères cérébraux. — On distingue au cerveau 3 faces :

1° La face *supéro-externe convexe*, divisée en plusieurs lobes :

Le lobe *frontal* présente 4 circonvolutions, le lobe *pariétal* en présente 3 ; ces deux lobes sont séparés par la scissure de Rolando.

Le lobe *temporal* offre 3 circonvolutions parallèles ; le lobe occipital en offre aussi 3 ; ces deux derniers lobes sont séparés par la scissure de Sylvius.

2° *La face interne* montre à la partie supérieure du corps calleux la circonvolution du corps calleux, qui se continue en arrière avec celle de l'hippocampe ; cette face est séparée de celle du côté opposé par la faux du cerveau.

3° La *face inférieure* comprend deux régions : son tiers antérieur, qui porte la racine interne du nerf olfactif ; ses deux tiers postérieurs correspondent aux lobes temporal et occipital. On voit sur cette face : *le genou du corps calleux* (extrémité antérieure), le *croisement* ou *chiasma* des nefs optiques, qui reçoit des filets venant du corps genouillé et envoie par sa partie antérieure les nerfs optiques, dont certaines fibres s'entrecroisent, tandis que d'autres continuent directement leur trajet ; on rencontre encore le *corps cendré* en rapport par sa partie inférieure avec la tige du *corps pituitaire*, situé sur la selle turcique ; les tubercules mamillaires, les pédoncules cérébraux, qui font communiquer le cerveau et la moelle ; le bourrelet du corps calleux (extrémité postérieure) et la fente de Bichat, qui va d'une scissure de Sylvius à celle du côté opposé.

Corps calleux. — Les hémisphères sont réunis par une bande de substance blanche, le *corps calleux* ; sa face supérieure est convexe et séparée de la circonvolution du corps calleux par un sinus (sinus du corps calleux) ; sa face inférieure forme la voûte des ventricules ; son extrémité antérieure porte 2 prolongements (pédoncules) ; son extrémité postérieure fournit les cornes sphénoïdale et occipitale.

Au-dessous du corps calleux se trouve le *trigone*, lame triangulaire de substance blanche, appelée aussi voûte à trois piliers ; les piliers postérieurs gagnent la corne d'Ammon ; l'extrémité antérieure forme deux piliers qui vont rejoindre la couche optique et fermer le troisième ventricule, séparé du trigone par la toile choroïdienne, formée de deux lames comprenant entre elles un petit organe, appelé *glande pinéale*.

Ventricules. — Entre les deux hémisphères, il existe une cavité en forme d'entonnoir, le ventricule moyen ou troisième ventricule, dont la base répond à la toile choroïdienne et à la voûte à trois piliers et le sommet, à la tige pituitaire. Le bord antérieur est constitué par les piliers antérieurs du trigone et par la commissure blanche. Entre la couche optique et le pilier antérieur du trigone, se voit le trou de Monro, grâce auquel le ventricule moyen communique avec les ventricules latéraux.

Les *ventricules latéraux* sont des cavités qui commencent au niveau de l'espace perforé (espace compris entre les pédoncules cérébraux) et qui se terminent à la partie postérieure de cet espace, en recouvrant par leur concavité les pédoncules cérébraux et les noyaux opto-striés ; on considère à ces ventricules trois prolongements ; en avant, la *corne frontale*, en bas la *corne sphénoïdale*, dont la partie inférieure répond à la corne d'Ammon, et, en arrière, le prolongement occipital, dont la paroi inférieure présente une saillie, qui a reçu le nom *d'ergot de Morand*.

Ces ventricules communiquent avec le ventricule moyen par les trous de Monro et avec l'extérieur par la fente de Bichat.

Entre eux, on remarque une lame triangulaire grisâtre, située verticalement et adhèrant, en haut, à la face inférieure du corps calleux, en bas, au trigone.

Au milieu de chacun des hémisphères, il existe

un renflement ovoïde dont la grosse extrémité regarde en arrière et en dedans, c'est la *couche optique* dont la face supérieure forme le plancher des ventricules latéraux.

En avant de la couche optique, au-dessus de la scissure de Sylvius, on trouve une masse ovoïde de couleur grise, c'est le *corps strié.*

§ 3. *Cervelet.*

Le cervelet est situé à la partie postérieure et inférieure du cerveau, entre les fosses occipitales inférieures et les lobes occipitaux ; il communique avec le cerveau, le bulbe et la protubérance par l'intermédiaire des pédoncules cérébelleux. Il présente à étudier une face supérieure convexe, portant une saillie, le vermis supérieur ; une face inférieure, munie aussi d'une saillie, le vermis inférieur ; à la partie postérieure se trouve une saillie médiane, le lobe moyen du cervelet ; la surface extérieure est remarquable par ses circonvolutions disposées en séries concentriques. Si l'on ouvre le cervelet de haut en bas, on constate que les lamelles de substance blanche, recouvertes de substance grise, offrent un aspect arborescent (*arbre de vie*).

Isthme du cerveau. — L'ensemble des parties comprises entre le cerveau, la moelle et le cervelet constitue *l'isthme du cerveau.* Ces parties sont : les tubercules quadrijumeaux, les pédoncules cérébelleux et cérébraux et la protubérance annulaire, ou pont de Varole.

Le quatrième ventricule, de forme losangique, s'étend du bec du *calamus scriptorius* à l'orifice postérieur de l'aqueduc de Sylvius ; sa paroi supérieure (voûte) est formée par la valvule de Vieussens et par la face inférieure du cervelet.

Sa paroi inférieure (plancher) répond à la substance grise du bulbe.

A la base de l'encéphale, en avant du bulbe, se trouve une masse blanche quadrilatère, la protubérance annulaire, dont la face inférieure convexe repose sur la gouttière basilaire et dont la face supérieure appartient au plancher du quatrième ventricule.

Au-devant de la protubérance, on voit deux cordons blancs arrondis, qui vont aux hémisphères cérébraux et limitent entre eux l'espace perforé interpédonculaire, ce sont les pédoncules cérébraux, qui présentent chacun trois étages : l'étage inférieur contenant des fibres motrices et des fibres sensitives, l'étage supérieur, qui fait communiquer la moelle et la couche optique et le *locus niger*, situé entre les deux masses précédentes.

Les pédoncules cérébelleux vont du cervelet aux couches optiques et donnent attache à la *valvule de Vieussens*, lamelle rectangulaire, qui appartient aussi à la paroi supérieure du quatrième ventricule.

Au-dessus des pédoncules cérébraux, on trouve quatre petits corps arrondis, situés en avant de la valvule de Vieussens et en arrière du troisième ventricule ; les tubercules postérieurs sont plus volumineux que les antérieurs.

La portion de l'appareil nerveux, comprise entre le cerveau et la moelle, a reçu le nom de *bulbe rachidien*.

§ 4. *Bulbe rachidien.*

C'est un cône tronqué mesurant trois centimètres de longueur et situé sur la gouttière basilaire ; le sommet du bulbe présente un rétrécissement, *le collet du bulbe*, intermédiaire à ce dernier et à la moelle. Sa face antérieure présente un sillon médian et, sur les côtés, une éminence appelée pyramide antérieure ; la face postérieure possède également un sillon médian et de chaque côté deux cordons : la pyramide postérieure et le corps restiforme. On trouve dans le bulbe la continuation des cordons de la moelle, mais ceux-ci ont subi quelques modifications ; les cordons antérieurs semblent s'entrecroiser (décussation des pyramides) ; cependant ils s'entrecroisent dans la moelle et forment la commissure blanche ; les cordons latéraux forment le faisceau intermédiaire du bulbe (fibres directes) et les pyramides antérieures (fibres entrecroisées) ; les cordons postérieurs s'entrecroisent aussi et forment une partie des pédoncules cérébraux.

§ 5. *Moëlle épinière.*

La *moëlle épinière* fait suite au bulbe ; elle est contenue dans le *canal rachidien* et protégée par les trois enveloppes, les trois méninges rachidiennes, la *dure-mère*, la *pie-mère* et l'*arachnoïde rachidiennes*, que nous avons décrites à propos de l'encéphale.

Ces membranes sont d'ailleurs continues avec celles de la boite crânienne et là aussi nous retrouvons du liquide céphalo-rachidien protecteur des centres nerveux.

Au niveau des trous de conjugaison, ces membranes se continuent avec l'enveloppe externe des nerfs, qui émanent de la moelle.

La moelle est étendue depuis le collet du bulbe en haut jusqu'à la première vertèbre lombaire en bas ; c'est un cordon cylindrique, un peu aplati d'avant en arrière, présentant deux renflements, l'un le renflement cervical, au niveau des dernières vertèbres cervicales, l'autre le renflement lombaire, au niveau des dernières vertèbres dorsales. Ces renflements correspondent à l'origine des nerfs des membres supérieurs et des membres inférieurs. L'extrémité supérieure se termine à l'entrecroisement des pyramides, l'extrémité inférieure se prolonge en une pointe effilée, le *filum terminale,* qui va se fixer à la base du coccyx en descendant dans le canal sacré accompagné des nerfs très obliques, à ce niveau, qui constituent par leur ensemble la *queue de cheval.*

La moelle présente un sillon médian antérieur et un postérieur, qui la divisent en deux moitiés symétriques et en outre, de chaque côté, deux sillons longitudinaux délimitant à la surface des deux demi-cylindres les cordons antérieurs, latéraux et postérieurs : ces derniers renferment le cordon de Goll et celui de Burdach.

Une section transversale de la moelle montre que celle-ci est presque entièrement formée de substance blanche, avec, au centre, deux régions de substance grise ayant la forme de deux cornues tubulées accolées par leurs tubulures, le ventre dirigé en avant et représentant la corne antérieure motrice de la moelle, et la partie allongée représentant la corne postérieure ou sensitive, dont l'extrémité correspond au sillon collatéral postérieur, tandis que la corne antérieure ne semble pas se rapprocher de même du sillon latéral antérieur, auquel elle correspond cependant. En effet les nerfs que nous verrons émaner de la moelle y prennent leur source par deux branches : une antérieure, qui part du sillon collatéral antérieur et tire son influx nerveux de la corne antérieure motrice de la moelle ; une postérieure, racine sensitive, qui part de la corne postérieure ou sensitive au fond du sillon collatéral postérieur. Ces deux racines motrice et sensitive se rejoignent pour former le nerf mixte, qui sortira par le trou de conjugaison. La racine sensitive porte sur son trajet un ganglion, centre trophique du nerf.

On peut ainsi comparer la substance grise à la lettre H, la ligne d'union des deux barres verticales représentant la commissure grise ; en son milieu, on trouve un canal à parois tapissées d'épithélium, à cils vibratiles, qu'on appelle le *canal de l'épendyme.*

Le sillon médian antérieur de la moelle n'arrive pas jusqu'à la substance grise, dont le sépare la commissure blanche antérieure.

Article II. — Système nerveux périphérique

§ 1. *Nerfs crâniens.*

Nerfs crâniens. — Nés de la base du cerveau, de l'isthme de l'encéphale et du bulbe, ces nerfs sont au nombre de douze. Disposés par paires, ils sortent du crâne par les trous de sa base; d'après leur origine, on peut les citer dans l'ordre suivant. Ce sont: les nerfs olfactif, optique, moteur oculaire commun, pathétique, trijumeau, moteur oculaire externe, facial, auditif, glosso-pharyngien, pneumogastrique, spinal et grand hypoglosse.

Nerf olfactif. — Né du ganglion olfactif, près du ventricule latéral, il va former le bulbe olfactif et, en se répandant dans la pituitaire, il donne la sensibilité spéciale de la muqueuse nasale.

Nerf optique. — Venu des tubercules quadrijumeaux, il gagne la selle turcique où il forme le chiasma avec celui du côté opposé; ce nerf, en pénétrant dans l'orbite, s'épanouit dans l'œil pour former la rétine.

Nerf moteur oculaire commun. — Il pénètre dans

l'orbite par la fente sphénoïdale et innerve les muscles de l'œil, sauf le droit externe.

Nerf pathétique. — Il passe dans l'orbite par la fente sphénoïdale et se termine dans le muscle grand oblique.

Trijumeau. — Il présente sur son trajet un renflement, *ganglion de Gasser*, qui fournit 3 branches: le *nerf ophtalmique de Willis*, le *nerf maxillaire supérieur* et le *nerf maxillaire inférieur*. Le *nerf ophtalmique de Willis* fournit à la muqueuse des fosses nasales et à la peau du nez, à la peau des paupières, à la glande lacrymale, etc. ; à cette branche est annexé le ganglion ophtalmique, qui envoie des filets à l'iris et à la conjonctive ; la *branche maxillaire supérieure* donne : le rameau orbitaire, les nerfs dentaires antérieurs et postérieurs. Sur son trajet il existe un ganglion, dit ganglion sphéno-palatin ou de Meckel, qui fournit aux muqueuses de la trompe d'Eustache, des fosses nasales et du voile du palais.

La *branche maxillaire inférieure* fournit aux muscles masticateurs et aux dents de la mâchoire inférieure ; par le *ganglion otique*, elle envoie un filet au muscle interne du marteau.

Nerf moteur oculaire externe. — Il pénètre dans l'orbite par la fente sphénoïdale et va au muscle droit externe.

Nerf facial. — Il pénètre dans le conduit auditif interne en même temps que le nerf auditif, traverse l'aqueduc de Fallope et la parotide et va animer les muscles peauciers de la face et du cou, par ses deux branches temporo-faciale et cervico-faciale. Il fournit en outre au muscle de l'étrier, au stylo-glosse et au glosso-staphylin, au digastrique et à l'occipital ; il communique avec le trijumeau par l'intermédiaire de la *corde du tympan*.

Nerf auditif. — Il accompagne le précédent à travers le conduit auditif interne et envoie des filets au limaçon, au vestibule et aux canaux demi-circulaires.

Nerf glosso-pharyngien. — Il traverse le trou déchiré postérieur et vient se terminer dans la muqueuse du tiers postérieur de la langue, après avoir formé le *ganglion d'Andersch*, qui donne le *nerf de Jacobson* ; celui-ci fournit à l'oreille interne et à la trompe d'Eustache. Le glosso-pharyngien anime le digastrique et le stylo-hyoïdien et donne la sensibilité à la langue. Il forme en outre les plexus inter-carotidien, pharyngien et tonsillaire. Ce dernier se rend aux amygdales et à la muqueuse du voile du palais.

Nerf pneumogastrique ou **vague.** — Il sort aussi du crâne par le trou déchiré postérieur, descend le long du cou, traverse la poitrine et l'abdomen. Ce qui fait qu'on lui considère 3 portions :

1° La *portion cervicale*, qui fournit au pharynx, au larynx (nerf récurrent) et à l'œsophage ;

2° La *portion thoracique*, qui forme le plexus cardiaque et le plexus pulmonaire en s'anastomosant avec les filets du sympathique et donne de nombreux filets œsophagiens ;

3° La *portion abdominale*, qui gagne la face antérieure de l'estomac et du foie.

Nerf spinal. — Il sort du crâne en arrière du pneumogastrique par le trou déchiré postérieur et se divise en deux branches : une *externe*, qui traverse le muscle sterno-cléido-mastoïdien et se termine dans le trapèze et une *interne*, qui fournit des rameaux pharyngiens et le nerf laryngé inférieur.

Nerf grand hypoglosse. — Il sort du crâne par le trou condylien antérieur, décrit une anse autour de la glande sous-maxillaire et vient se terminer dans la langue, en donnant des filets aux muscles stylo-glosse, hypoglosse, genio-glosse et lingual. C'est en somme le nerf moteur de la langue; il forme en outre, avec le plexus cervical, le *plexus sous-hyoïdien,* qui envoie des filets aux muscles omo-hyoïdien, sterno-hyoïdien et sterno-thyroïdien.

§ 2. *Nerfs rachidiens.*

Ces nerfs émergent par les trous de conjugaison des vertèbres; on en compte trente et une paires, qu'on a divisées en quatre groupes, suivant les régions auxquelles ils appartiennent, ce qui fait : *8 paires cervicales, 12 dorsales, 5 lombaires* et *6 sacrées.*

Tous les nerfs rachidiens naissent de la moelle par deux racines : une *antérieure* et une *postérieure,* qui se réunissent pour former un ruban aplati, qui constitue le nerf proprement dit. La racine postérieure est remarquable par la présence d'un ganglion (*ganglion spinal*), qu'on rencontre sur son trajet. Ces racines parcourent un certain trajet dans le canal rachidien, avant de sortir par le trou de conjugaison; chaque groupe de racines est entouré d'un canal fibreux, fourni par la *dure-mère.*

Les nerfs de chaque région présentent un certain nombre de caractères qui les différencient d'avec ceux des autres régions; ainsi les paires *cervicales* sont moins obliques que les autres; elles vont en augmentant de volume, depuis la première jusqu'à la cinquième paire. Les *paires dorsales* sont les moins volumineuses de toutes; elles ont un petit nombre de racines. Les paires *lombaires* et *sacrées* ont un nombre considérable de racines; ces racines ont une direction presque verticale, etc.

Le cordon plexiforme, qui fait suite au ganglion spinal et qui résulte de la réunion des racines antérieures et postérieures, se divise en trois branches : une branche *rachidienne postérieure*, une branche qui va rejoindre le grand sympathique et une branche *rachidienne antérieure*.

Les *branches postérieures*, généralement plus petites que les branches antérieures, se portent en arrière et vont se distribuer les unes aux muscles, les autres à la peau.

Les *branches antérieures* sont la véritable continuation des nerfs et fournissent : 1° aux parties antérieures et latérales du tronc; 2° aux membres thoraciques et abdominaux.

Les branches antérieures cervicales, lombaires et sacrées constituent des entrelacements qui ont reçu le nom de *plexus*; de ces plexus partent les nerfs, qui vont se rendre à toutes les parties du corps.

Plexus cervical. — Il est formé par la réunion des *4 premières paires cervicales*. Il occupe la partie antérieure et latérale des quatre premières vertèbres cervicales; recouvert par une couche de graisse et par un grand nombre de ganglions lymphatiques, il est situé sous le bord postérieur du sterno-cléido-mastoïdien. Il fournit des branches, qu'on peut distinguer : en *antérieure*, en *ascendantes* et en *descendantes*.

La *branche antérieure* est la *cervicale transverse, les branches ascendantes* sont l'*auriculaire* et l'*occipitale*; ces trois branches sont destinées à la peau. Quant aux *branches descendantes*, ce sont : le nerf *phrénique*, formé par les troisième, quatrième et cinquième paires et qui est destiné au diaphragme; les branches du *trapèze*, du *rhomboïde* et de l'*angulaire* et enfin des branches superficielles *sus-acromiales* et *sus-claviculaires*.

Plexus brachial. — Il est formé par la réunion des cinquième, sixième, septième, huitième paires cervicales et de la première dorsale. Il se dirige obliquement de la partie inférieure du cou au creux de l'aisselle. Situé, en haut, entre les muscles scalènes, il passe entre la clavicule et le sous-clavier; à sa partie inférieure, il occupe le creux de l'aisselle et répond, en avant, au grand pectoral; en arrière, à l'articulation scapulo-humérale. L'artère axillaire est d'abord sur le même plan vertical, puis à la partie antérieure; à l'extrémité inférieure, elle passe entre les deux branches d'origine du médian. Le plexus brachial communique avec le plexus cervical et avec le grand sympathique; parmi ses branches, on distingue des *branches collatérales* et des *branches terminales*.

Les premières se divisent à leur tour en trois groupes :

1° celles qui naissent au-dessus de la clavicule, c'est-à-dire les branches du sous-clavier, de l'angulaire, du rhomboïde, du sus-scapulaire et du sous-scapulaire;

2° celles qui naissent au niveau de la clavicule et vont au grand et au petit pectoral;

3° celles qui naissent au-dessous de la clavicule; le *nerf circonflexe*, le plus volumineux du plexus, qui fournit à l'épaule, et les nerfs du grand rond, du grand dorsal et du sous-scapulaire.

Les *branches terminales* sont au nombre de cinq :

Le *brachial cutané interne* (la branche la plus interne et la plus grêle), est spécialement destiné à la peau de l'avant-bras.

Le *musculo-cutané*, situé du côté interne, fournit au biceps, au coraco-brachial et au brachial antérieur et à la peau du côté interne de l'avant-bras et du même côté de la main; il envoie aussi des branches articulaires au coude.

Le *nerf médian*, qui est une des branches les plus importantes et les plus volumineuses du plexus brachial, naît par deux racines, dont l'une est commune au cubital et au médian (côté interne) et l'autre au médian et au musculo-cutané (côté externe). Ce nerf affecte des rapports importants avec l'artère humérale ; en haut, il est situé en dehors d'elle, à la partie moyenne, il est en avant et, en bas, il est en dedans d'elle. Il constitue un cordon arrondi, qui se porte verticalement en bas, passe au-devant de l'articulation du coude, chemine à travers les muscles de l'avant-bras et passe sous le ligament antérieur du carpe. Il ne fournit aucun filet au bras ; mais il innerve les muscles de la région antérieure de l'avant-bras, sauf le cubital antérieur ; il envoie des rameaux aux 3 premiers doigts et aux muscles de la région thénar, ainsi qu'aux deux muscles lombricaux externes.

Le *nerf cubital*, moins volumineux que le précédent, passe derrière lui et gagne la gouttière qui sépare l'épitrochlée et l'olécrâne ; il longe, en haut, le côté interne de l'artère axillaire. Ce nerf envoie des filets à l'articulation du coude, au muscle cubital antérieur, au fléchisseur profond des doigts ; c'est lui qui fournit les collatéraux dorsaux du petit doigt, de l'annulaire et le collatéral interne du médius, les nerfs de l'éminence hypothénar, des muscles interosseux et des lombricaux internes.

Le *nerf radial* est la branche la plus volumineuse et naît à la fois des cinq paires qui composent le plexus ; il passe dans la gouttière humérale, qu'il parcourt dans toute son étendue ; ce qui fait qu'il est d'abord postérieur, puis externe. Il fournit : au bras, deux rameaux cutanés et des filets au triceps et à l'anconé, des branches musculaires à l'avant-bras et des rameaux cutanés à la main.

Les *branches antérieures* des *nerfs dorsaux* constituent les *nerfs intercostaux*.

Au nombre de douze, les *nerfs intercostaux* sont destinés aux muscles et à la peau des parois du thorax ; ils donnent donc des branches musculaires et des branches cutanées. Les premières vont aux muscles des gouttières vertébrales, aux intercostaux, au triangulaire du sternum, aux grand et petit obliques, au grand droit et au transverse ; les secondes comprennent des rameaux cutanés proprement dits et des rameaux *perforants*.

Plexus lombaire. — Il est formé par la réunion des cinq paires lombaires ; il est étroit à la partie supérieure et s'élargit de haut en bas. Les branches qu'il fournit peuvent se diviser en *collatérales* et en *terminales*.

Les *collatérales* sont au nombre de quatre : les *abdominales* (grande et petite), destinées aux parois de l'abdomen et les *inguinales* (interne et externe) destinées aux téguments des régions externe et postérieure de la cuisse et à ceux des organes génitaux.

On compte 3 branches terminales : le *nerf obturateur*, qui passe dans le canal sous-pubien et va se distribuer au muscle obturateur externe, aux adducteurs et au droit interne ; le *nerf crural*, la branche la plus volumineuse et la plus externe du plexus, qui traverse le muscle psoas, est un nerf musculo-cutané, qui fournit aux muscles de la région antérieure de la cuisse et à la peau de la partie antérieure de la cuisse, de la jambe et du pied, ainsi qu'aux articulations du genou et de la hanche.

La troisième branche est le nerf *lombo-sacré*, formé par la cinquième paire, à laquelle se joint la division inférieure de la quatrième.

Plexus sacré. — Il résulte de la réunion de la branche *lombo-sacrée* et des quatre premières paires sacrées ; c'est le plus simple de tous. Il présente la forme d'un triangle, dont le sommet répond à la grande échancrure sciatique. Il fournit de nombreuses branches *collatérales*, destinées à l'*obturateur interne, au pyramidal, aux jumeaux, au carré crural et aux muscles fessiers*. La *branche terminale,* qui constitue le nerf *sciatique,* est le nerf de la région postérieure de la cuisse et de toutes les régions de la jambe et du pied.

Article III. — Système nerveux de la vie organique. Système du grand sympathique

La partie du système nerveux consacrée à l'innervation des viscères s'appelle le *système du grand sympathique.*

Voici comment il est constitué : de chaque côté et contre la colonne vertébrale, se trouve une chaîne de ganglions unis les uns aux autres par des connectifs. Cette disposition monte jusque dans le crâne (ganglions intracrâniens) et descend jusqu'à la dernière vertèbre sacrée. Chaque file de ganglions avec ses connectifs s'appelle *nerf grand sympathique*. Les deux nerfs communiquent ensemble par des anastomoses en haut et en bas. Des filets nerveux, dits *racines sympathiques*, unissent les ganglions aux branches antérieures des nerfs rachidiens ; ils renferment des fibres sensitives et motrices. Enfin des filets nerveux efférents, appelés *nerfs sympathiques proprement dits*, sont destinés aux viscères ; on rencontre sur leur trajet des plexus ganglionnaires secondaires.

Chaque ganglion constitue une petite masse de couleur rosée, placée près d'un trou de conjugaison.

Il se compose de *cellules nerveuses unipolaires* et *bipolaires* en rapport avec des filets efférents et afférents. Il est limité par une enveloppe conjonctive.

Nous citerons dans un premier groupe de ganglions : les *ganglions intracrâniens*, situés sur le trajet des branches du nerf trijumeau, le ganglion ophtalmique sur le côté du nerf optique ; le ganglion de Meckel est en rapport avec la branche maxillaire supérieure et le ganglion otique avec la branche maxillaire inférieure.

Il y a trois paires de ganglions cervicaux. De la paire inférieure, qui est la plus développée, s'échappent trois filets, les *nerfs cardiaques*, qui, avec les branches cardiaques du pneumogastrique, vont former le *plexus cardiaque*, qui contient le *ganglion cardiaque*.

On compte douze paires de ganglions thoraciques, d'où partent des filets qui, par leur union, constituent le *grand nerf splanchnique*; celui-ci, traversant le diaphragme, va se terminer dans un gros ganglion réniforme dit *ganglion semi-lunaire*. Entre les deux ganglions semi-lunaires et au-dessous d'eux, se trouve le *plexus solaire*, composé de plusieurs petits ganglions, qui enlacent l'aorte descendante et ses branches et vont se terminer dans l'estomac, le foie, la rate et les reins.

Le *plexus mésentérique*, situé au-dessous du précédent, est formé par la réunion des filets qui partent des ganglions lombaires ; les branches qui en émanent vont se terminer dans le gros intestin.

Enfin les ganglions pelviens donnent des filets qui constituent les *plexus hypogastrique* et *iliaque*, destinés à la vessie et aux organes génitaux.

Article IV. — Physiologie du système nerveux.

Le système nerveux, composé de cellules dans la substance grise et de fibres dans la substance blanche, relie entre eux tous les points de l'organisme. Une excitation, recueillie en un point par un corpuscule du tact, par exemple, est transmise par un nerf centripète aux centres nerveux, qui, par un nerf centrifuge, vont donner un ordre se traduisant par un mouvement, une sécrétion, etc... Les centres nerveux sont indispensables à cette liaison entre les deux ordres de nerfs sensitifs et moteurs, sécrétoires ou autres, centrifuges, mais, suivant que le cerveau entre ou non dans le cycle, on a des actions voulues, plus ou moins raisonnées, ou simplement réflexes.

Les nerfs sont doués d'*irritabilité*, c'est-à-dire susceptibles de réagir sous une excitation; leur *excitabilité*, c'est-à-dire la dose d'excitation nécessaire à leur entrée en activité, est variable. Tandis que la première propriété est absolue, la seconde est fonction de la nutrition. Le repos et l'activité trop prolongés d'un nerf diminuent son excitabilité.

Les nerfs peuvent être excités par les centres nerveux, par l'action de la volonté ou par acte réflexe, ou par des actions physiques ou chimiques. Ces excitations, qui sont décelées par la sensation ou la contraction musculaire qui en résulte, peuvent être produites par des piqûres, par des sections du nerf, par des composés chimiques très divers, par les variations brusques de température et surtout par l'électricité. Les courants continus ne déterminent pas de réaction pendant leur passage, mais ils agissent sur la nutrition des tissus; les contractions ne se produisent qu'à la fermeture du courant et à son ouverture ou rupture:

dans la femeture du courant, la secousse est au pôle négatif ou cathode, et dans la rupture, au pôle positif ou anode. Les courants d'induction donnant une forte secousse à la rupture ont des effets indépendants de l'éloignement des pôles et agissent surtout sur la contraction et peu ou pas sur la nutrition. Les courants de haute fréquence ont de puissants effets, encore à l'étude en ce moment.

Le nerf est un simple conducteur, comparable à un fil électrique qui, pour bien remplir ses fonctions, doit être intact; une compression, une ligature peuvent les annihiler momentanément ou définitivement. Son excitation ne se transmet pas aux nerfs voisins et il peut conduire dans les deux sens, comme l'a démontré Paul Bert, en greffant une queue de rat par sa pointe sur le dos de l'animal, puis la sectionnant à sa base : la base ainsi isolée, pincée fait crier l'animal, le courant nerveux ayant marché en sens inverse du sens habituel, ce qui montre que les nerfs sensitifs et moteurs sont de même nature et varient seulement d'effets par la différence des organes où ils se rendent.

Le courant nerveux ne peut être comparé que de très loin au courant électrique; la vibration nerveuse semble marcher comme une onde, chaque portion du nerf excité excitant à son tour la portion suivante plus fortement, de telle sorte que l'action s'accroît en cheminant : un nerf moteur, excité près du muscle auquel il aboutit, donne une secousse moins forte qu'une excitation plus éloignée. La vitesse de l'influx nerveux n'est que de 30 mètres par seconde pour les nerfs moteurs, de 50 mètres pour les nerfs sensitifs.

Dans un nerf au repos sectionné, il existe, comme dans le muscle, un courant électrique allant de la surface à la tranche; le courant change de sens dans le nerf fonctionnant qui dégage de la chaleur mesurable à la pile thermo-électrique.

Les nerfs ont une composition chimique analogue à celle des centres nerveux : on y trouve des substances albuminoïdes, avec des dérivés, comme la créatine, l'acide urique, l'urée, de la cholestérine, des phosphates et surtout de la nucléine et des lécithines, combinaisons de névrine et d'acide glycérophosphorique uni à des acides gras.

Les centres nerveux consomment surtout des aliments albuminoïdes dont nous avons tout à l'heure trouvé les déchets d'oxydation, l'urée et la cholestérine, éliminées par le rein et le foie : il en est de même des nerfs, vis-à-vis desquels les cellules nerveuses jouent le rôle de centres trophiques car, s'ils en sont séparés par section, le bout périphérique subit la dégénérescence.

Nous avons analysé les actes nerveux par excellence qu'on appelle des *réflexes*. Ces réflexes obéissent à des lois qui sont : 1° celle de la localisation, en vertu de laquelle une excitation légère d'une région sensible donne un mouvement, dans les muscles voisins, ce qui s'explique par l'arrivée à la moelle en un même plan des racines sensitives et motrices d'un même nerf; 2° celle de l'irradiation, par laquelle une excitation plus forte donne aussi un réflexe sur le membre opposé, puis sur l'autre membre du même côté et enfin sur les quatre membres; 3° celle de la coordination, dans laquelle les réflexes se combinent de façon à produire des mouvements de défense, de fuite, de conservation (toux expulsive des corps étrangers des voies aériennes); 4° enfin celle de l'ébranlement prolongé, où on voit l'ébranlement durer bien plus que l'excitation.

Les réflexes marchent avec une vitesse de 0,03 à 0,05 de seconde, accrue par l'augmentation de force de l'excitation, par la chaleur, la strychnine, la décapitation, diminuée par l'acide prussique, les anesthésiques.

Les réflexes peuvent utiliser deux voies représentées par deux nerfs rachidiens (déglutition), ou un nerf sensitif rachidien et un nerf moteur du grand sympathique (sécrétions), ou l'inverse (convulsions par vers intestinaux), ou deux nerfs du grand sympathique (nutrition).

Nerfs rachidiens. — Les 31 paires rachidiennes ont une racine antérieure motrice et une postérieure sensitive, cette dernière portant un ganglion, qui est un centre trophique comme la moelle pour les racines antérieures. Des fibres nerveuses passent d'une racine sensitive à la motrice, donnant la sensibilité récurrente, qui se produit probablement aussi à la périphérie. Les nerfs mixtes, formés par l'union des deux racines, donnent aux diverses régions du corps la sensibilité et le mouvement; elles servent encore à la transmission centripète des impressions tactiles et à la transmission centrifuge des excitations sécrétoires, etc.

Nerfs crâniens. — On en compte 12 paires qui sont :

1° Le nerf olfactif, donnant à la muqueuse nasale sa sensibilité spéciale de l'odorat;

2° Le nerf optique, donnant à l'œil sa sensibilité spéciale, la vision ;

3° Le nerf moteur oculaire commun, innervant les muscles droits de l'œil, à l'exception du moteur oculaire externe, le petit oblique, le releveur de la paupière supérieure, l'iris. Sa paralysie se traduit par du ptosis, du strabisme externe, de la diplopie et de la dilatation de la pupille ;

4° Le nerf pathétique, moteur, innerve le grand oblique, qui porte la pupille en haut et en dehors :

mouvement aboli par sa paralysie, qui s'accompagne de diplopie;

5° Le nerf trijumeau se divise en trois branches: 1° la branche ophtalmique de Willis, qui donne la sensibilité générale aux front, nez, œil, des filets sécrétoires à la glande lacrymale, des fibres dilatatrices à l'iris; 2° le nerf maxillaire supérieur, qui donne la sensibilité générale à la face depuis l'orbite jusqu'à la bouche; 3° le nerf maxillaire inférieur, mixte, qui donne la sensibilité générale à la partie inférieure de la face au-dessus de la bouche, le mouvement aux muscles masticateurs;

6° Le nerf moteur oculaire externe innerve le droit externe; sa paralysie donne du strabisme interne;

7° Le nerf facial, essentiellement moteur, se distribue aux muscles de la tête et du cou; il doit ses fonctions sécrétoires à la corde du tympan;

8° Le nerf auditif, de sensibilité spéciale, pour l'audition;

9° Le nerf glosso-pharyngien donne la sensibilité générale et spéciale à la base de la langue et le mouvement au muscle constricteur supérieur du pharynx et aux muscles des piliers du voile du palais;

10° Le nerf pneumogastrique, mixte, donne la sensibilité et le mouvement au tube digestif, au poumon et au cœur. Ses mouvements sont très peu volontaires;

11. Le nerf spinal, moteur, innerve le sterno-cléido-mastoïdien et le trapèze, muscles de la mimique, et les muscles du larynx: c'est le nerf vocal, présidant aux mouvements volontaires phonateurs de la glotte et aux mouvements de la cage thoracique;

12° Le nerf grand hypoglosse, moteur, allant aux muscles de la langue, sert à la phonation et à la déglutition.

Nerf grand sympathique. — Ce nerf forme une chaîne ganglionnaire de chaque côté de la colonne vertébrale, puisant dans la moelle son influx nerveux et d'où partent des filets pour les viscères, parenchymes et vaisseaux, s'arrangeant en plexus semés de ganglions. Il renferme des fibres centripètes sensitives, transmettant les sensations, d'ailleurs obtuses, des viscères et des fibres centrifuges motrices involontaires pour les muscles lisses des viscères et sécrétoires pour les glandes.

Ses filets nerveux sont mixtes; ils sont aussi le siège d'actes réflexes.

Il innerve le cœur, les vaisseaux, régularise la chaleur animale et préside aux sécrétions.

Moelle épinière. — La moelle épinière est composée de cordons blancs périphériques et de substance grise axile. Les cordons blancs renferment des fibres courtes, reliant simplement les divers étages cellulaires de substance grise, comme celles qui constituent le cordon de Burdach, la partie antérieure du cordon latéral et la partie externe du cordon antérieur, et des fibres longues reliant la substance grise de la moelle à l'encéphale, formant le cordon de Goll et le faisceau pyramidal direct, le cordon de Turck et le faisceau pyramidal croisé.

La substance blanche est excitable, la grise ne l'est pas.

La moelle conduit dans les deux sens, sûrement de façon indifférente pour l'axe; quant aux cordons blancs, les postérieurs servent très certainement à transmettre au centre les impressions sensitives centripètes et les antéro-latéraux les ordres moteurs centrifuges. Par l'étude physiologique, qui se fait principalement au moyen de sections méthodiques et successives dans le système nerveux central, avec notation des désordres consécutifs expérimentalement provoqués, on voit que les cordons postérieurs transmettent au cerveau les impressions tactiles et de froid, que l'irritation de la partie postérieure des cordons antéro-latéraux donne une douleur vive, ce qui prouve qu'ils contiennent des fibres sensitives centripètes. Cependant l'axe gris est la principale voie de transmission des impressions sensitives, et cette transmission a lieu de façon indifférente, d'étages en étages simplement, sans affectation de voies d'aller et de retour, comme le prouve l'hémi-section. Les cordons antéro-latéraux sont des conducteurs centrifuges des mouvements volontaires et, comme ces cordons s'entre-croisent au niveau des pyramides, les mouvements d'un côté du corps sont commandés par la moitié du cerveau de l'autre côté.

La moelle est le centre des mouvements et actes réflexes, son axe gris transformant les impressions sensitives centripètes en réactions motrices ou autres centrifuges; ce pouvoir réflexe s'exagère par la décapitation de l'animal, comme s'il existait dans l'encéphale des nerfs modérateurs ou d'arrêt empêchant les réflexes dans certains cas, comme le prouve le jugement formé dans le cerveau, qui nous fait, par exemple, refréner un premier mouvement de défense à la suite d'un coup : le sommeil, suspendant le fonctionnement cérébral, exagère les réflexes. Comme par une sorte d'interférence nerveuse, les vibrations venant des centres encéphaliques annulent ou diminuent celles venues des centres médullaires.

La moelle renferme d'ailleurs un certain nombre de centres spéciaux avec des conducteurs centripètes et centrifuges ayant une certaine autonomie : nous citerons ainsi, parmi les localisations médullaires démontrées, les centres cardiaques (région cervico-dorsale) vaso-moteurs, respiratoires (bulbe), cilio-spinal pour l'iris, ano-spinal, vésico-spinal et génito-spinal (dans la région lombaire), présidant aux mouvements des régions dont ils portent le nom. C'est enfin un centre coordonnateur des mouvements.

Bulbe rachidien et isthme de l'encéphale. — Le bulbe et l'isthme jouent le rôle à la fois de conducteurs et de centres par les 2 sortes de substance qui les composent.

Au collet du bulbe les faisceaux pyramidaux croisés des cordons latéraux s'introduisent par décussation, après avoir décapité les cornes antérieures et, unis au cordon de Turck, ou faisceaux pyramidaux directs, forment les pyramides antérieures, dont les prolongements traversent la protubérance en s'y renforçant par les pédoncules cérébelleux moyens, puis vont aux corps striés, à la capsule interne et à l'écorce du cerveau : ce sont là les voies de conduction motrice volontaire.

Les voies de conduction sensitive consciente sont représentées par les cordons postérieurs de la moelle ou plus exactement la portion interne, les cordons de Goll, qui s'entre-croisant au niveau du bulbe un peu plus haut que les latéraux, en décapitant les cornes postérieures, viennent s'appliquer derrière les pyramides antérieures, traversent la protubérance et gagnent les couches optiques et l'écorce cérébrale.

La substance grise du bulbe et de l'isthme de l'encéphale est réunie en amas, dont les uns sont les noyaux d'origine des nerfs crâniens, les autres des centres réflexes divers. La corne antérieure, divisée par la décussation des cordons latéraux, donne par sa base sur le plancher du 4e ventricule les noyaux du grand hypoglosse, du facial et du moteur oculaire externe, du moteur oculaire commun et du pathétique ; par sa tête, le noyau moteur du spinal, du pneumogastrique et du glosso-pharyngien ; dans la protubérance, le noyau moteur du trijumeau.

La corne postérieure, divisée de même en 2 parties

par le passage des cordons postérieurs, donne, par sa base sur le plancher du 4e ventricule, les noyaux sensitifs du spinal, du pneumogastrique et du glosso-pharyngien, du trijumeau et un des noyaux de l'acoustique et, par sa tête, le tubercule cendré de Rolando en connexion avec le trijumeau.

Ces noyaux sont des centres réflexes pour les nerfs qui s'y rattachent : les centres droit et gauche ont des fibres commissurales, qui expliquent la simultanéité d'action de 2 régions symétriques du corps, telle qu'on le voit dans les réflexes de la face.

Le bulbe a en outre un rôle de centre coordinateur dans certains actes végétatifs ou de relation, comme la respiration, les sécrétions, les mouvements des membres et on y décrit des centres respiratoire, cardiaque, vaso-moteur, etc.

La *protubérance* est le centre de la sensibilité auditive et des expressions émotives involontaires; elle sert à la locomotion.

Les pédoncules cérébraux sont des conducteurs, dont la section abolit la sensibilité et le mouvement dans le côté opposé du corps; la lésion d'un seul donne un mouvement de manège.

Les tubercules quadrijumeaux sont des centres de la vision, qui est ensuite interprétée par le cerveau; leur lésion entraîne la cécité; ils servent aussi : les antérieurs, aux mouvements de la pupille et de l'œil; les postérieurs, à la coordination des mouvements de locomotion.

Cervelet. — Le cervelet est un centre génital et un centre de coordination des mouvements volontaires et de locomotion; il maintient l'équilibre du corps et est peut-être le siège du sens musculaire. Quoi qu'il en soit, la lésion d'un côté du cervelet, comme d'ailleurs celle des pédoncules, donne à l'animal des mouvements forcés et rapides de manège, de rotation en rayon ou sur l'axe, par vertige sans doute.

Cerveau. — Le cerveau est le centre des perceptions des mouvements volontaires et des actes psychiques. Un animal sans cerveau est assoupi, sans volonté, et ne remue que si on le soumet à des excitations extérieures; de plus les mouvements qu'il exécute ainsi sont automatiques, sans idée directrice, le jugement et la mémoire étant abolis. Le cerveau, en effet, perçoit les impressions extérieures transmises par les nerfs, les analyse, établit entre les perceptions des relations; ce sont les idées, qui, simples ou associées, constituent des sensations, qui se fixent dans le cerveau pour reparaître plus tard; c'est ce qu'on appelle la mémoire.

C'est la substance grise des circonvolutions cérébrales qui est le siège de tous ces actes psychiques, comme le démontrent la physiologie, la pathologie et l'anatomie comparée, qui nous fait voir, dans la série animale l'intelligence en rapport avec le développement graduel des circonvolutions.

Le cerveau, après l'excitation produite par une perception ou une idée, commande un mouvement. Les mouvements volontaires sont abolis par les lésions cérébrales et on sait que lorsqu'un hémisphère seul est atteint la paralysie porte sur le côté opposé du corps par suite de l'entre-croisement dont nous avons parlé et qui occupe un espace étendu de l'extrémité inférieure des pyramides bulbaires à la partie antérieure de la protubérance, d'où la possibilité des paralysies alternes par une lésion portant à la fois sur des fibres entre-croisées et sur d'autres qui ne le sont pas encore.

Les *couches optiques* seraient, pour Luys, un lieu de réception des impressions sensitives, qui, soumises à une première analyse, seraient transmises ensuite à l'écorce cérébrale ; pour Mathias Duval, elles seraient un centre de relation des impressions tactiles et des mouvements de locomotion.

Les *corps striés* sont les centres des mouvements des membres ; la lésion de l'un d'eux produit la paralysie motrice du côté opposé du corps, avec conservation de la sensibilité.

La *capsule interne* et la *couronne rayonnante*, qui lui fait suite, sont formées de fibres blanches conductrices, unissant le pédoncule cérébral à l'écorce cérébrale. La capsule interne a une partie postérieure entre la couche optique et le noyau lenticulaire et une partie antérieure entre le noyau caudé et le noyau lenticulaire. La première, ou lenticulo-optique, lésée, donne une abolition de la sensibilité ; la seconde, ou lenticulo-striée, une paralysie motrice dans les deux cas dans la moitié opposée du corps, ce qui indique des fibres centripètes dans le 1er cas, centrifuges dans le 2e.

Dans la substance grise des circonvolutions cérébrales sont les centres de motricité volontaire et de sensibilité consciente. L'étude des localisations cérébrales, ou de la délimitation de ces centres, est encore inachevée. Nous signalerons le centre du langage articulé dans la 3e circonvolution frontale gauche, le premier découvert et le plus certain (la faculté du langage, en réalité complexe, se compose : de la mémoire auditive des mots, siégeant dans la 3e circonvolution temporale gauche, dont la lésion donne la surdité verbale ; de la mémoire visuelle des mots, siégeant dans le lobule pariétal, inférieur, dont la lésion donne la cécité verbale : de la mémoire des mouvements de l'écriture, siégeant dans le pied de la 2e circonvolution frontale, dont la lésion donne l'agraphie ; de la mémoire des mouvements de l'articulation de la voix, siégeant dans le pied de la 3e circonvolution frontale gauche, dont la lésion donne la perte de la parole articulée ou aphasie); les centres des mouvements de la face, du membre supérieur et du membre inférieur les centres des sensations visuelles, auditives, olfactives, gustatives, tactiles.

Dans le *sommeil* l'organisme est au repos par cessation des fonctions de relation (cerveau, sens, muscles) mais les fonctions de nutrition continuent et augmentent même d'intensité pour réparer l'organisme; d'où le besoin de sommeil prolongé chez les enfants et les convalescents. Peu à peu les sens s'émoussent et, dans le sommeil complet, l'individu est comme s'il était privé de ses hémisphères cérébraux, ayant perdu ses mouvements volontaires, mais gardant ses réflexes. Les rêves sont constitués par le réveil partiel de quelques centres d'idéation, spontanément ou par une impression périphérique; ces perceptions incomplètes et mal coordonnées laissent peu de traces en général. Le sommeil résulte probablement d'une fatigue des cellules nerveuses du cerveau qui est à ce moment moins vascularisé : les neurones rétracteraient leurs dendrites.

Le *liquide céphalo-rachidien*, dont la quantité = 100 grammes environ, met l'encéphale à l'abri des compressions pouvant résulter de ses variations de volume par afflux sanguin et des contusions qui accompagneraient inévitablement les traumatismes même légers de la tête si le cerveau ne baignait, pour ainsi dire, dans l'eau. Le liquide céphalo-rachidien, animé de mouvements correspondant à ceux du cœur et de la respiration, est sous leur dépendance.

CHAPITRE IX

PEAU

ARTICLE I. — ANATOMIE DE LA PEAU

La *peau*, ou tégument externe, recouvre toute la surface du corps et se continue au niveau des orifices naturels avec les muqueuses ou tégument interne. Elle est divisée en 2 couches, le *derme* et l'*épiderme*, et porte à sa surface les *poils* et les *ongles* et, dans son épaisseur, les *glandes sébacées* et *sudoripares* et les *terminaisons nerveuses*, qui en font l'organe du *toucher*.

Derme. — Il supporte l'épiderme et revêt le tissu conjonctif graisseux sous-cutané, composé de 2 couches : 1° une profonde, feutrage serré de fibres conjonctives et élastiques avec des cellules conjonctives, portant accolées à sa face interne des fibres musculaires lisses, tantôt formant seulement de petits faisceaux, qui vont s'insérer par leur extrémité libre à la base d'un poil, tantôt constituant une couche distincte comme au scrotum ou à l'aréole du mamelon ; à la paume de la main et à la plante des pieds cette couche est épaisse et renferme, en dessous, des cellules adipeuses dans un feutrage conjonctif donnant le panicule adipeux ; 2° une couche superficielle transparente, le *corps papillaire*, dont la surface est séparée de l'épiderme par une basement membrane anhiste. Ce corps papillaire renferme des *papilles* de 2 ordres, les unes *vasculaires*, consistant en une trame conjonctive avec fibres élastiques au centre desquelles sont des anses artérielles et veineuses avec lymphatiques et les autres *nerveuses* sans vaisseaux, contenant des corpuscules du tact.

Epiderme. — Il est également formé de 2 couches principales, la couche cornée et le *corps muqueux de Malpighi,* séparées par deux couches de transition, le *stratum granulosum* et le *stratum lucidum.*

La *couche cornée*, dure et imperméable, est surtout développée à la paume des mains et à la plante des pieds ; elle est formée de lamelles provenant de l'aplatissement graduel des cellules sous-jacentes, qui, en se tassant, perdent leur protoplasma et leur noyau, mais contiennent encore des corps gras et sont réduites à leurs parois sèches, qui s'infiltrent de *kératine* et sont en voie de desquamation incessante, s'effectuant en poussière ténue (dite *furfuracée*) ou en plaques, dans la scarlatine par exemple. C'est cette couche qui s'hypertrophie dans les cors et se sépare dans les ampoules.

Le *stratum lucidum,* sous-jacent à la couche cornée, renferme des cellules analogues, mais transparentes et sans graisse.

Le *stratum granulosum* est formé de 2 ou 3 lits de cellules losangiques moins aplaties, à noyau encore visible, contenant dans leur cavité une substance liquide, l'*éléidine,* que la teinture de carmin faible colore en violet.

Le *corps muqueux* de Malpighi est la portion interne, épaisse et molle, de l'épiderme avec des cellules superficielles polyédriques nucléées, portant des épines, des dentelures qui s'engrènent avec celles des cellules voisines et sont les restes des filaments qui les unissaient, tandis que les cellules profondes au contact du derme sont cylindriques, à grand axe perpendiculaire à la surface du derme, à la membrane basale à laquelle elles adhèrent. Ce sont les cellules de cette couche profonde qui sont le siège d'une multiplication incessante par division, dont les produits cheminent graduellement vers l'extérieur pour prendre successivement les caractères que nous avons décrits dans les différentes couches et, finalement, tomber spontanément ou par simple frottement.

Ongles. — Ce sont des plaques cornées, provenant, comme la couche cornée, d'un tassement des cellules épidermiques superficielles, dissociables par la potasse, contenant encore des traces de noyau.

L'ongle croît incessamment, ce qui se traduit par l'allongement de son bord libre et ce qui est dû au fonctionnement d'une couche *onychogène*, qui se trouve à la *racine* de l'ongle, qui est amincie au dépens de sa table interne, dentelée et incluse dans une dépression du derme, la *matrice* de l'ongle. L'ongle repose sur un *lit*, fourni par le derme hérissé de papilles longitudinales, qui se traduisent par des crêtes sur l'ongle. La peau donne un repli au-dessus de la racine de l'ongle et sur les côtés. L'ongle n'est en somme que la couche claire de l'épiderme devenue cornée, comme le montrent les coupes de doigt passant longitudinalement par l'ongle et la teinte noire des ongles du nègre prouvant que la zone qui produit l'ongle est sus-jacente au réseau muqueux de Malpighi, qui contient le pigment.

Poils. — Ce sont également des dérivés épidermiques, que l'on dissocie par l'acide sulfurique. Ils existent par tout le corps sous forme de *poils follets*, excepté à la paume des mains et à la plante des pieds, et plus développés dans certaines régions, aux aisselles, au pubis ; sur la tête, ils forment les poils, les cheveux, les cils, les sourcils, la barbe.

Le poil est implanté dans le derme, dans un sac le *follicule pileux*, qui traverse la peau et dont le fond dilaté fait saillie dans le panicule adipeux et donne attache au bouquet de fibres musculaires lisses dont nous avons parlé et qui émane de la face profonde du derme. Des glandes sébacées accompagnent le poil souvent dans le col de ce sac dont le fond dilaté donne insertion à la partie renflée ou bulbe du poil, qui coiffe une papille vasculaire conique qui le pénètre, la *papille du poil*.

Le poil présente 1° une couche externe de cellules épithéliales pavimenteuses imbriquées en tuile de toit; 2° une couche moyenne épaisse, formée de cellules fusiformes allongées dans le sens du poil, contenant du pigment de couleur variable suivant les individus dont les cheveux présentent les diverses teintes connues; 3° une couche médullaire, constituée par des cellules polyédriques, contenant des granulations graisseuses et pigmentaires.

Le poil et son follicule résultent d'une invagination de l'épiderme.

Glandes de la peau. — Elles sont de deux ordres, les *glandes sébacées*, qui sécrètent un corps gras, le *sebum* et les *glandes sudoripares*, qui sécrètent la sueur.

Les *glandes sébacées* sont des glandes en grappe, qui déversent leur contenu, le plus souvent, dans le follicule pileux auquel elles sont annexées, d'autres fois directement à la surface de la peau glabre, comme au gland et aux nymphes. Elles forment de petites masses ovoïdes, jaunâtres, opaques, constituées par la réunion de culs-de-sac glandulaires dont les cellules épithéliales qui revêtent la basement membrane des acini se gonflent de *sebum*, puis éclatent et déversent leur contenu dans leur canal excréteur, d'où il s'écoule au dehors.

Les *glandes sudoripares* représentent de longs tubes, dont le fond forme un peloton, ou glandules, profondément situé jusque dans le tissu cellulaire sous-cutané qui contient le canal sécréteur, tandis que le canal excréteur, rectiligne dans le derme, tortillé en spirale dans l'épiderme, vient, après avoir traversé toute la peau, déverser sa sécrétion liquide à sa surface.

Les glandes sudoripares, munies d'un épithélium cylindrique contenant des granulations graisseuses, se trouvent presque partout, à l'exception des lèvres et du gland ; elles sont surtout abondantes à l'aisselle.

Terminaisons nerveuses dans la peau. — Elles abondent surtout dans les régions où la sensibilité est le plus prononcée, comme à la pulpe des doigts.

Les nerfs s'y terminent, après avoir perdu leur gaine de myéline, tantôt par des *extrémités libres* plus ou moins dilatées *en bouton* dans l'épiderme entre les cellules du corps muqueux ou en ménisques près de l'orifice entre 2 papilles du conduit des glandes sudoripares, tantôt dans des corpuscules spéciaux déjà décrits en histologie et qui sont les *corpuscules du tâct* ou *de Meissner*, les *corpuscules de Krause* et *de Pacini*.

Corpuscules du tâct ou de Meissner. — Très abondants à la pulpe de la phalangette des doigts, ils occupent les papilles nerveuses : on en trouve à tous les endroits où la sensibilité tactile est très développée, comme à la pointe de la langue, aux lèvres. Simples, quelquefois composés à 2 ou 3 lobes, ils sont ovoïdes et les fibres nerveuses, après avoir décrit à leur surface des tours de spire, pénètrent dans l'intérieur et s'y divisent en branches, terminées par un renflement, entre des cellules de soutien empilées de la base au sommet.

Corpuscules de Krause. — Dans la conjonctive; analogues aux corpuscules de Meissner, ils renferment une fibre roulée en crosse au centre.

Corpuscules de Pacini. — Ils se rencontrent à la paume des mains, sur le trajet des nerfs collatéraux des doigts et dans le mésentère, appendus aux tubes nerveux, comme les fruits aux branches d'un arbre et visibles à l'œil nu. Ils sont constitués par plusieurs enveloppes fibreuses, emboîtées concentriquement, circonscrivant une cavité allongée, dans la matière granuleuse centrale de laquelle se termine la fibre nerveuse avec des extrémités en bouton.

Article II. — Physiologie de la peau

Les fibres musculaires lisses, qui sont disposées en couche continue au-dessous du derme du scrotum, du mamelon et de son aréole, donnent à ces régions une contractilité spéciale par le froid, les excitations mécaniques, etc. ; les fibres musculaires lisses, insérées à la base des poils, font saillir leurs bulbes et donnent par leur contraction l'aspect de la peau connu sous le nom de *chair de poule*.

Le *derme* supporte l'épiderme, présente à sa surface des papilles nerveuses et vasculaires et profondément les glandes sébacées et sudoripares.

L'*épiderme*, par sa couche cornée, est protectrice ; sa couche muqueuse est composée de cellules actives, infiltrées de *pigment* chez le nègre, tandis que, chez le blanc, on trouve des granulations pigmentaires seulement en quelques points comme le scrotum, l'aréole du mamelon, etc. ; les cellules toujours en voie de multiplication servent à remplacer les couches extérieures toujours en voie de rénovation, qui se kératinisent et s'éliminent par desquamation furfuracée.

Les *poils*, les *ongles* sont des organes protecteurs, également en voie de rénovation incessante : un ongle arraché met 3 ou 4 mois à repousser.

La *peau* absorbe les gaz et les substances volatiles ; on peut empoisonner un animal en le plongeant dans l'acide sulfhydrique, la tête étant maintenue en dehors. Elle n'absorbe pas les liquides, ni les substances dissoutes dans l'eau, si elle est intacte, protégée qu'elle est par la couche cornée toujours grasse ; on a soif, après un bain ; on n'est pas empoisonné par un bain de laudanum. Pour faire pénétrer un médicament par la peau, comme par exemple le mercure, on est obligé de le soumettre à des frictions énergiques et de faciliter sa pénétration en l'incorporant à des graisses qui se mélangent à la graisse naturelle de la peau. Au contraire, le derme, mis à nu par un vésicatoire, c'est-à-dire débarrassé de sa couche cornée isolante, absorbe facilement la morphine en poudre par exemple, que l'on fera encore bien mieux absorber par l'organisme, si on le dépose dans le tissu sous-dermique par une injection sous-cutanée ou hypodermique.

La peau est le siège d'échanges gazeux respiratoires, consistant, comme au poumon, en absorption d'oxygène et rejet d'acide carbonique et de vapeur d'eau. La *respiration cutanée* est le seul mode respiratoire qui existe chez les espèces inférieures ; si on s'élève dans l'échelle des êtres, on voit apparaître, pour la fonction de la respiration, des organes et des appareils différenciés, mais la peau est toujours le siège d'échanges actifs : une grenouille privée de ses poumons continue à hématoser son sang par la peau ; un animal enduit de vernis se refroidit graduellement et meurt par défaut d'hématose et aussi par rétention d'excreta, qui devraient être éliminés par la peau.

Les *glandes sudoripares*, au nombre de 2 ou 3 millions, éliminent en effet des produits de déchet de l'organisme comme le rein, avec une puissance équivalant au 1/4 de celle de l'appareil rénal ; la peau supplée en partie le rein, dans ses fonctions de dépurateur organique, quand celui-ci devient pathologiquement insuffisant.

Sueur. — La *sueur*, sécrétée par ces glandes en quantité égale à 1 litre en 24 heures, peut s'élever à 3 ou 4 par l'exercice, l'élévation de température du milieu ambiant ; c'est un liquide salé, acide, toujours accompagné d'un peu de graisse provenant de la sécrétion concommittante des glandes sébacées, dont le mélange donne l'odeur prononcée de l'aisselle, des plis inguino-scrotal et inguino-vulvaire. Cette acidité, due à des corps volatils comme l'acide sudorique, disparaît par évaporation et on trouve alors une réaction alcaline. Le jaborandi et son alcaloïde, la pilocarpine, amènent des sueurs profuses et de la salivation ; la belladone et son alcaloïde, l'atropine, diminuent les sueurs et dessèchent la bouche.

La sueur, d'une densité de 1,004, renferme 10 pour 1000 de matières solides, représentant le 1/4 du résidu solide de l'urine et consistant en sel marin, acides gras, comme l'acide sudorique et l'acide butyrique, graisse et urée. La sécrétion s'effectue surtout par filtration, sans chute épithéliale ; elle est augmentée par la chaleur, qui dilate les capillaires cutanés et active ainsi la circulation, par les boissons qui augmentent la pression du sang, mais elle est aussi sous l'influence directe du système nerveux, comme le prouvent les sueurs froides d'origine émotive, qui s'accompagnent de fraîcheur et de pâleur de la peau.

L'excrétion de la sueur se fait par la vis à tergo. Suivant son abondance, on note une simple perspiration insensible, de la moiteur ou de la sueur.

La sueur sert donc à dépurer l'organisme, comme le rein et le poumon, à refroidir le corps par son évaporation et son abondance d'autant plus grande que la température est plus élevée, à entretenir dans la peau une humidité et une souplesse nécessaires au toucher.

Sébum. — Les *glandes sébacées* donnent le *sébum*, substance oléagineuse, jaunâtre, qui se solidifie à l'air et renferme de l'eau, des matières albuminoïdes et des sels. Les glandes sébacées donnent leur sécrétion par transformation graisseuse du protoplasma des cellules, qui tapissent leurs acini et par fonte cellulaire, qui met en liberté les gouttes d'huile formées dans les cellules. Le sébum assouplit la peau et la rend imperméable à l'eau.

Enfin des *fonctions nerveuses* sont encore dévolues à la peau, qui a des nerfs centrifuges allant commander à la contraction des muscles lisses du derme ou à la sécrétion des glandes sudoripares et des nerfs centripètes : les uns, de sensibilité générale, qui conduisent à l'axe cérébro-spinal les impressions mécaniques ou thermiques, qui donnent lieu à de nombreux actes réflexes ; les autres, de sensibilité spéciale qui servent au toucher.

CHAPITRE X

ORGANES DES SENS

ARTICLE I. — SENS DU TOUCHER

Corpuscules tactiles. — Le sens du toucher est localisé sur tout le tégument externe, mais spécialement à la pulpe des doigts, sur les lèvres et la langue, qui renferment les *corpuscules tactiles de Meissner* ; la peau nous donne également par sa sensibilité des notions spéciales de pression, qui constituent le toucher proprement dit, et nous renseignent sur la forme des corps; enfin elle nous éclaire sur la température des corps, qui se juge mieux avec le dos de la main qu'avec la paume, laquelle est plutôt destinée à apprécier la forme des corps. Les sensations tactiles résideraient dans les corpuscules du tact de Meissner; les sensations de contact ou de pression, qui ne représente qu'un contact plus fort et plus prononcé, siégeraient dans les *corpuscules de Pacini*; les sensations thermiques s'exerceraient par des nerfs distincts des nerfs tactiles, par les *terminaisons nerveuses intra-épidermiques*.

Le *toucher* nous permet de juger de l'état des corps, de leur forme, de leur étendue: ce sens est l'éducateur de tous les autres, c'est pourquoi en général des doigts longs, effilés, agiles, nous renseignent mieux sur le monde extérieur et entraînent le développement corrélatif de l'intelligence. Les différences de pression produite par différents corps dans la main qui les soulève nous donnent une idée de leur poids relatif. D'ailleurs dans toutes ces sensations tactiles, l'habitude joue un grand rôle. Ainsi dans l'expérience dite d'Aristote, une boule entre l'index et le médius donne une sensation unique, et si on croise ces deux doigts et si on met la boule dans l'angle qui sépare les deux extrémités, on sent deux boules.

Sensibilité tactile. — Elle est plus ou moins développée suivant les individus et les régions du corps. On la mesure, au moyen d'un compas dont il faudra plus ou moins rapprocher les branches suivant les régions, pour que leurs pointes donnent la perception d'une piqûre unique, lorsqu'on leur fera toucher la peau. Ainsi à la langue l'écartement sera de $0^m,001$, de $0^m,002$ aux doigts, $0^m,030$ au dos de la main, $0^m,060$ au bras ou à la cuisse. Comme tous les sens, le tact s'affine par l'exercice ; comme à la rétine, on note une persistance des impressions qui nous fait encore sentir une pointe qu'on vient d'éloigner.

Sensations thermiques. — Elles sont relatives et ne sont qu'un résultat de comparaison entre la chaleur de la peau et celle des corps considérés, qui, pour être bien appréciée, doit être comprise entre 30° et 50°, ou en tout cas ne pas dépasser 0° et 70°, limites au delà desquelles nous percevons seulement une sensation douloureuse. La *douleur* n'est en effet que l'exagération d'une sensation quelconque ; il y a donc autant d'espèces de douleurs que de sensations ; tantôt ces douleurs sont localisées, comme une piqûre de la peau par exemple, tantôt elles sont vagues, quand elles dépendent de la lésion d'un organe profond.

Parmi les muqueuses, les unes sont sensibles à la température, comme à la bouche ; les autres insensibles, comme à l'estomac ; même chez celles de la première catégorie, la sensibilité est moins développée que sur la peau : ainsi on peut boire un liquide à 60°, dans lequel on ne pourrait laisser le doigt.

Sensations générales. — Les sensations générales nous renseignent dans une certaine mesure sur l'état de nos viscères ; elles ont souvent leur siège dans les muqueuses, mais souvent aussi elles ne peuvent être exactement définies, ni localisées ; telles sont la faim, la soif, qui sont de véritables besoins de l'organisme, qui se traduisent par un malaise général et qui s'accompagnent pour la faim d'une sensation épigastrique particulière et pour la soif d'une sécheresse de la bouche. Notons encore d'autres besoins généraux comme le besoin de respirer, de se reproduire, etc.

Le sens musculaire nous renseigne sur la façon dont les muscles se contractent, nous fournit des notions sur le poids des corps, sur l'ordre et la coordination des mouvements et sur la position des membres.

ARTICLE II. — SENS DE L'ODORAT

L'appareil de l'olfaction comprend le *nez* et les *fosses nasales*.

Nez. — Il a la forme d'une pyramide triangulaire accolée par sa face postérieure au milieu de la face, avec 2 faces latérales libres, un sommet ou racine au-dessous du milieu du front et une base percée de deux trous, les *narines*, vestibule des fosses nasales.

Les narines ont une paroi interne commune, la cloison, terminée en bas par la sous-cloison étendue du sillon médian de la lèvre supérieure au lobule du nez, et une paroi externe, mobile chez certains sujets, l'aile du nez.

A l'entrée du nez, la peau, avant de se continuer avec la muqueuse, porte des poils ou vibrisses qui protègent l'entrée des fosses nasales. Le nez est formé par l'apophyse montante du maxillaire supérieur, unie aux os propres du nez et par trois cartilages, un impair, le cartilage de la cloison, et deux pairs, les cartilages latéraux et les cartilages de l'aile du nez.

Fosses nasales. — Elles ont leurs parois formées par des os de la tête et de la face et leur étude se confond avec celle de ces os, pour laquelle nous renvoyons le lecteur au Dr Sauvez[1].

Elles sont formées par deux galeries antéro-postérieures, aplaties transversalement, plus larges en bas, séparées par une cloison médiane fournie par la lame perpendiculaire de l'ethmoïde en haut, le vomer en bas et le cartilage de la cloison en avant ; leurs parois externes formées par le maxillaire supérieur,

1. Sauvez, *Anatomie de la bouche* in *Manuel du chirurgien-dentiste.*

l'unguis, l'ethmoïde, le sphénoïde, la portion verticale du palatin, le cornet inférieur, présentent aussi les cornets supérieur et moyen, dépendants de l'ethmoïde et les trois méats interposés aux cornets communiquant le supérieur avec les cellules ethmoïdales postérieures, le moyen avec le sinus maxillaire, l'inférieur recevant le canal nasal. Leur plafond correspond à la lame criblée de l'ethmoïde, qui laisse passer les filets du nerf olfactif; leur plancher est formé par l'apophyse palatine du maxillaire supérieur et la lame horizontale du palatin avec le canal incisif double en haut, unique à la voûte palatine. Leur ouverture antérieure est en forme de carte à jouer; la postérieure, carrée, est divisée en deux par la cloison. Elles sont tapissées par une muqueuse, la membrane pituitaire ou membrane de Schneider, qui en tapisse les saillies et les anfractuosités et qui envoie des prolongements dans les sinus maxillaires et frontaux. C'est une fibro-muqueuse, différant de structure dans sa région réellement olfactive, qui est limitée à la partie supérieure de la cloison et au cornet supérieur; ainsi, tandis que, dans le reste de son étendue, elle est épaisse, rosée, portant de nombreuses glandes en grappe et munie d'un épithélium cylindrique à cils vibratiles, dans sa région olfactive elle est molle, brunâtre et contenant, intercalées entre des cellules cylindriques sans cils vibratiles, de simples cellules bipolaires munies d'un prolongement centrifuge en forme de cil et d'un prolongement centripète fin et variqueux comme les fibrilles nerveuses du nerf olfactif avec lesquelles il se continue sans doute.

Les nerfs qui fournissent au nez sont l'olfactif et le trijumeau.

Physiologie de l'olfaction. — Le sens de l'olfaction ou odorat nous fait reconnaître les odeurs provenant de molécules émanées de corps odorants toujours plus ou moins volatils. Ce sens est localisé dans les fosses nasales, dont les parties inférieures, richement vascularisées, pourvues de nombreuses glandes et innervées par le trijumeau, servent à réchauffer et humidifier l'air inspiré et au renforcement et à l'articulation des sons, tandis que la partie supérieure peu vasculaire, presque sans glandes et à épithélium sans cils vibratiles est dévolue à l'olfaction : c'est là que sont les cils olfactifs dont nous avons parlé et qui sont probablement ébranlés par les particules odorantes.

Pour que l'olfaction soit nette, il faut que le courant d'air qui traverse les fosses nasales soit lent et assez fort, comme quand, la bouche fermée, on flaire quelque chose par une suite d'inspirations saccadées. La pituitaire doit être moyennement humide : la sécheresse ou l'hypersécrétion de la muqueuse diminuent ou suppriment l'olfaction.

L'olfaction a son siège dans la partie supérieure des fosses nasales où se distribue le nerf olfactif ; les branches du nerf trijumeau, qui se distribuent au reste de la muqueuse pituitaire, lui donnent seulement la sensibilité générale aux attouchements, aux inhalations d'acide acétique ou d'ammoniaque et président à la nutrition, ce qui, par voie indirecte, rend leur intégrité nécessaire au bon fonctionnement de l'olfaction.

L'air humide amène au nez plus de particules odorantes que l'air sec, c'est pourquoi les fleurs embaument après la pluie.

Article III. — Sens du gout

Le sens de la gustation n'a pour tout appareil qu'un seul organe dans lequel il se localise : la muqueuse de la langue.

Muqueuse de la langue. — Cette muqueuse à épithélium stratifié renferme des papilles de quatre espèces : hémisphériques, filiformes, fungiformes et caliciformes. Les papilles caliciformes, au nombre de quinze environ, forment le V lingual avec la plus grosse au sommet constituant le trou borgne; elles sont composées d'une saillie, entourée d'une rigole circulaire et portent toutes deux des papilles hémisphériques : sur les côtés de la rigole, sont les bourgeons du goût. Ces bourgeons sont composés de cellules épithéliales, comme un bouton de fleurs de sépales et de pétales, avec au centre des cellules allongées terminées par un bâtonnet libre et s'unissant à la base avec des filets nerveux.

Le nerf lingual se distribue aux 2/3 antérieurs de la langue et lui donne sa sensibilité de contact surtout; le nerf glosso-pharyngien se distribue à la base de la langue et lui donne sa sensibilité spéciale gustative en se terminant aux bourgeons gustatifs.

Goût. — Le goût a pour siège exclusif la langue, le palais ne servant qu'à écraser les corps sapides entre lui et la langue. La langue ne perçoit que les saveurs amères, par sa base surtout, et les saveurs sucrées par ses bords et sa pointe. Les corps sapides n'agissent qu'en solution, aussi la sécheresse de la bouche rend-elle moins nettes les perceptions gustatives et le contact d'un corps sapide sur la muqueuse buccale fai affluer la salive.

En éliminant les sensations qui nous sont donnée par le tact lingual et l'odorat, nous arrivons à voi qu'il n'y a de véritablement sapides que les corps dit amers et sucrés. Ainsi les saveurs aromatiques, l fumet des viandes, le bouquet des vins sont des sen sations olfactives, qu'un coryza supprime ou atténue les saveurs farineuses, gommeuses sont des sensa tions tactiles; les saveurs fraîches et chaudes sont de impressions thermiques.

Article IV. — Sens de l'ouie

§ 1. *Anatomie de l'appareil de l'audition.*

L'appareil de l'audition est divisé en 3 parties l'*oreille externe*, l'*oreille moyenne* et l'*oreill interne*.

Oreille externe. — Elle se divise elle-même en pavillon et conduit auditif externe.

Le *pavillon* est un fibro-cartilage entouré d peau, très irrégulier et continu avec le cartilage d conduit. On y trouve : 5 saillies : l'hélix et l'anthéli qui bordent le pavillon ; le tragus et l'antitragus e avant et en arrière de l'orifice du conduit, portan des poils qui se développent avec l'âge, et le lobul de l'oreille graisseux ; 3 dépressions : la conque qui se continue par le conduit auditif externe ; l rainure de l'hélix, entre l'hélix et l'anthélix et l fossette naviculaire, entre les 2 branches de bifur cation de l'anthélix.

Le pavillon est mû par des muscles volontaires très peu développés chez l'homme ; il est presque im mobile, sauf chez certaines personnes, tandis que le animaux dirigent la conque vers le bruit.

Le *conduit auditif externe* est un canal d 3 centimètres, qui s'enfonce dans le temporal et s trouve fermé par la membrane du tympan ; so trajet est coudé, décrivant une courbe irrégulièr concave en bas, de telle sorte que, quand on veu faire pénétrer une injection dans l'oreille, il fau pour le redresser, tirer le pavillon en haut et e arrière. Il est divisible en une moitié externe cartila gineuse, disposée en gouttière ouverte supérieu rement et en une moitié interne osseuse. La pea qui le tapisse se réfléchit au fond, où elle se réduit l'épiderme sur le tympan, et porte des poils et des glandes analogues aux glandes sébacées, qui sécrètent un liquide visqueux et jaunâtre, le cérumen, pouvant former des dépôts, des bouchons, qui gênent l'audition et nécessitent une intervention d'extraction.

Oreille moyenne. — Encore appelée *caisse du tympan*, c'est une petite cavité creusée dans le rocher du temporal, communiquant en arrière avec de petites cavités creusées dans l'apophyse mastoïde, les cellules mastoïdiennes, et en avant avec le pharynx nasal par un conduit, la trompe d'Eustache ; la caisse contient les osselets de l'ouïe.

La *caisse* est tapissée par une fibro-muqueuse à épithélium pavimenteux sur la face interne du tympan et sur les osselets, à épithélium vibratile partout ailleurs, car c'est un diverticule des voies respiratoires et l'air qu'elle contient se met en équilibre de pression avec celui des fosses nasales par la trompe d'Eustache. C'est une sorte de tambour, à paroi externe formée par le tympan, membrane gris perle circulaire, enchassée dans l'os tympanal, distinct chez le fœtus, contenant dans son épaisseur le manche du marteau et susceptible de se tendre plus ou moins pour l'audition ; sa paroi interne présente au milieu une saillie, le promontoire, qui répond à la rampe externe du limaçon, avec au-dessus la fenêtre ovale communiquant avec le vestibule et bouchée par la base de l'étrier et au-dessous la fenêtre ronde, répondant à la rampe tympanique du limaçon fermée par une membrane fibreuse. Sa circonférence montre un trou pour le passage du muscle du marteau, en arrière le conduit allant aux cellules mastoïdiennes, en avant l'orifice de la trompe d'Eustache, qui mesure 3 centimètres 1/2 de long, s'ouvre dans le pharynx nasal au niveau du bord supérieur du cornet inférieur et est formée de 2 portions osseuse et cartilagineuse, allant en s'évasant, soudées par leur portion rétrécie ou isthme de la trompe.

La caisse renferme les osselets de l'ouïe au nombre de 4, le marteau, l'enclume, l'os lenticulaire et l'étrier, formant une chaîne, qui va de la membrane du tympan à la paroi interne de l'oreille moyenne et qui transmet à l'oreille interne les vibrations du tympan. Ces osselets rattachés aux parties voisines par des ligaments, entre eux par des articulations, sont mus par des muscles comme le muscle du marteau, qui tend le tympan et enfonce l'étrier, et le muscle de l'étrier, qui dégage l'étrier et relâche le tympan. Dans le marteau, on décrit une tête, un col, un manche, avec une apophyse antérieure ou de Raw et une apophyse externe. L'enclume, articulée en avant avec la tête du marteau, répond en arrière à l'os lenticulaire, qui s'articule avec la tête de l'étrier dont la base bouche la fenêtre ovale.

Oreille interne. — Encore appelée *labyrinthe*, elle forme une cavité creusée dans le rocher en dedans de l'oreille moyenne, avec laquelle elle communique par les 2 fenêtres ronde et ovale. Elle reçoit le nerf auditif et contient un sac membraneux, divisé comme la partie osseuse en vestibule, canaux semi-circulaires et limaçon.

Le *labyrinthe osseux* est rempli par un liquide albumineux, la périlymphe, dans laquelle baignent les parties membraneuses. Il se compose du vestibule au centre, des canaux semi-circulaires en arrière, du limaçon en avant. Le vestibule est une cavité ovoïde divisée en 2 par une crête osseuse et contenant l'utricule et le saccule, communiquant avec la caisse du tympan par la fenêtre ovale en dehors, en avant avec la rampe vestibulaire du limaçon, en arrière avec les canaux semi-circulaires par 5 orifices. Les trous destinés au passage des filets de l'auditif y forment 3 taches criblées, au niveau de l'utricule, du saccule et de l'orifice du canal semi-circulaire postérieur.

Les *canaux semi-circulaires* sont au nombre de 3, dont 2 verticaux, un supérieur, un postérieur et un horizontal ou externe. Leur portion moyenne forme une saillie, que nous avons décrite sur le rocher. Ces canaux s'ouvrent dans le vestibule par deux orifices, l'un simple, l'autre dilaté ou ampullaire; il n'y a que 5 orifices dans le vestibule, parce que les deux orifices non ampullaires de 2 canaux verticaux se réunissent en un seul,

Le *limaçon*, dont l'axe est perpendiculaire à celui du rocher, est formé d'une tige creuse, la columelle, contenant des filets nerveux de l'auditif autour de laquelle s'enroule un tube allant en diminuant de capacité, de la base, qui correspond à la fenêtre ronde et au vestibule, au sommet qui se confond avec le sommet de l'axe; c'est la lame des contours. Ce tube est divisé en 2 tubes accolés par une cloison, la lame spirale, attachée en dedans à la columelle et en dehors à la lame des contours, séparant ainsi 2 tubes secondaires, qu'on appelle la rampe tympanique, qui part de la fenêtre ronde, et la rampe vestibulaire, qui part du vestibule. Les 2 rampes communiquent au sommet par un trou.

Le *labyrinthe membraneux*, contenu dans l'osseux, en reproduit les formes, puisqu'en somme il représente une doublure membraneuse de ses cavités baignée dans le périlymphe et contenant l'endolymphe, liquide analogue, les deux étant souvent réunis sous le nom de *liquide de Cotugno*. Dans le vestibule, on trouve l'utricule et le saccule, communiquant ensemble par un petit canal et en rapport le premier avec les canaux semi-circulaires, qui s'y ouvrent par 5 orifices et le second avec le limaçon membraneux. Ces membranes sont formées d'une couche externe conjonctive, d'une lamelle hyaline et d'une couche interne d'épithélium pavimenteux, avec, au niveau des taches auditives, des grains calcaires, l'otoconie, formée d'otolithes et des terminaisons nerveuses libres, cellules fusiformes terminées par des cils auditifs et séparées par des cellules cylindriques de soutènement. On trouve dans les canaux semi-circulaires des crêtes auditives de même structure.

Le limaçon membraneux comprend 2 canaux, le canal cochléaire et le canal de Corti, communiquant avec le saccule et séparés par la membrane de Corti, occupant l'épaisseur de la lame membraneuse qui forme la partie externe de la lame spirale.

L'organe de Corti, situé dans le limaçon, où il est étendu de la base au sommet sous forme d'une gouttière à concavité tournée vers la membrane basilaire, est formé d'environ 3,000 arcades juxtaposées, ou arcs de Corti, avec deux piliers, un interne, un externe. L'organe de Corti est donc composé de 3,000 paires de verges vibrantes, accordées pour entrer en vibration lorsque se produit un son d'une hauteur donnée; au voisinage de chacune de ces verges, comme pour épier, renforcer et transmettre leurs moindres mouvements, il y a des cellules ciliées, où paraissent se terminer les fibrilles du nerf auditif.

Le nerf auditif au fond du conduit auditif interne se divise en 2 rameaux, le nerf vestibulaire qui fournit des branches à l'utricule, au saccule et aux canaux semi-circulaires et le nerf cochléaire, qui se distribue au limaçon et dont les fibres, après avoir perdu leur myéline, aboutissent à l'organe de Corti.

§ 2. *Physiologie de l'audition.*

L'audition est le sens qui nous fait percevoir les sons, c'est-à-dire les ondulations du milieu ambiant provoquées par les vibrations d'un corps. Ces ondulations impressionnent le nerf auditif, après avoir été recueillies par le pavillon de l'oreille, puis transmises par le tympan et la chaîne des osselets à travers l'oreille moyenne à l'oreille interne.

Le pavillon de l'oreille recueille les ondes sonores, les concentre vers le conduit auditif interne ; son intégrité paraît nécessaire pour une juste appréciation de la direction des sons.

Le conduit auditif externe transmet les vibrations sonores, ainsi d'ailleurs que les os du crâne et d'une façon générale les milieux solides ; on y trouve des poils, qui empêchent l'entrée des corps étrangers, tandis que le cérumen les arrête en les collant.

Dans l'oreille moyenne, la membrane du tympan, placée dans une position très oblique au fond du conduit auditif, recueille les vibrations de l'air ; sa convexité en dedans est variable et peut être modifiée et augmentée par la contraction du muscle interne du marteau. La tension de cette membrane varie donc et s'adapte pour ainsi dire à l'amplitude ou à la fréquence des vibrations à recevoir ; ainsi elle se tend pour les sons aigus à vibrations nombreuses et se détend pour les sons graves ; elle se tend aussi pour étouffer certaines impressions désagréables. Le tympan transmet ses vibrations à l'oreille interne par la chaîne des osselets, qui aboutit à la fenêtre ovale ; les vibrations se transmettent aussi à la fenêtre ronde par l'air de la caisse, mais la fenêtre ronde a surtout pour rôle de permettre un libre jeu aux ondes liquides de l'oreille interne.

Les cellules mastoïdiennes renforcent peut-êtr les sons, mais, en tous cas, elles augmentent la capa cité de la caisse et y rendent moins sensibles le changements de pression atmosphérique.

La trompe d'Eustache, dont l'orifice supérieur es à la partie antérieure et supérieure de la caisse e l'orifice inférieur dans le pharynx, établit la commu nication entre la caisse et l'air extérieur, de façon amener l'équilibre de tension de l'air extérieur, ave celui de la cavité tympanique. Son orifice rétro pharyngien est normalement fermé et ne s'ouvr qu'à chaque mouvement de déglutition sous l'in fluence des contractions des muscles du voile d palais. Or ces mouvements de déglutition sont inces samment provoqués par la présence de la salive e ont lieu même en dormant, ce qui entraine le fonc tionnement normal de l'ouïe. Les sons aigus pa excitation de la corde du tympan, qui se distribu aux glandes salivaires, amène l'eau à la bouche.

Pour l'oreille interne, il est difficile de préciser l rôle spécial de chacune de ses parties. Dans l'utri cule et le saccule, les vibrations de la périlymphe e de l'endolymphe sont perçues au niveau des tache auditives par les cils auditifs qui surmontent le cellules nerveuses fusiformes auxquelles aboutissen les terminaisons du nerf auditif ; les otolithes aiden cette transmission. Dans les espèces inférieures l'appareil auditif est réduit à cette simplicité. Cett disposition ne permettrait de recueillir que de bruits d'intensités différentes, mais non de vrai sons. Les canaux semi-circulaires sont probablemen disposés pour donner la notion de la direction de sons; on suppose que ce sont des organes périphé riques du sens de l'espace et qu'ils remplissent de fonctions relatives à l'équilibration de l'animal, car chez le pigeon, la lésion du canal horizontal le fai tourner sur lui-même, celle du vertical antérieur, le fait rouler, celle du vertical postérieur, le fait culbuter. La maladie de Ménière, dans laquelle on note des altérations de ces canaux, se traduit par du vertige et de la chute.

Le limaçon membraneux est le siège essentiel de l'audition; c'est l'organe des impressions musicales par sa membrane basilaire, divisée en 3 zones, une interne, servant au passage des fibres du nerf cochléaire, une externe striée, formée de fibres rigides élastiques comparables à des cordes et une moyenne lisse, portant sur sa face antérieure l'organe de Corti avec 3,000 arcades constituées chacune par la rencontre d'une fibre externe et d'une interne.

L'organe de Corti manquant chez les oiseaux, tandis que la zone externe striée a chez les animaux des dispositions constantes, les fibres rigides, vitreuses, élastiques, vibrantes, qui la forment ayant une longueur graduellement croissante de la base au sommet du limaçon, on doit supposer que ces fibres sont des sortes de cordes ou verges tendues vibrant à l'unisson des différents sons: les plus courtes, celles de la base adaptées aux sons graves et celles du sommet, plus longues, aux sons graves.

Pour qu'un son soit perçu, il faut que les vibrations qui le produisent aient une certaine amplitude et une certaine rapidité. L'amplitude relative des vibrations donne l'intensité relative des sons et la rapidité des vibrations donne leur hauteur; ainsi les sons les plus graves pouvant être entendus ont 33 vibrations par seconde et les plus aigus jusqu'à 45,000. Le timbre des sons dépend des harmoniques qui accompagnent ce son fondamental. L'ouïe est fine ou dure, suivant que ces qualités des sons sont perçues plus ou moins nettement par les différents individus.

ARTICLE V. — SENS DE LA VUE

§ 1. *Anatomie de l'appareil de la vision.*

L'appareil de la vision est composé d'un organe essentiel, l'œil, véritable instrument d'optique, que viennent protéger et mouvoir des parties accessoires, les paupières, l'appareil lacrymal et les muscles.

Œil. — L'*œil,* ou globe oculaire, représente une sphère d'environ 22 millimètres de diamètre, logée dans la cavité orbitaire, dont il n'occupe que le 1/3 antérieur, l'arrière-fond étant rempli surtout par du tissu cellulo-graisseux, qui lui forme un coussin sur lequel il repose et au travers duquel il est relié d'avant en arrière au cerveau par le nerf optique.

L'œil est formé de membranes et de milieux : Les membranes sont la sclérotique fibreuse, se continuant en avant avec la cornée translucide, la choroïde vasculaire, terminée en avant par le diaphragme automobile, l'iris, portant en son centre un trou, la pupille, et la rétine de nature nerveuse, véritable expansion du nerf optique. Les milieux sont, en avant de la pupille, l'humeur aqueuse, qui remplit la chambre antérieure et en arrière la chambre postérieure, limitée en dedans par le cristallin, en arrière duquel l'humeur vitrée remplit le globe de l'œil.

La *sclérotique*, membrane fibreuse blanche, dure, opaque, bleuâtre chez les enfants lymphatiques, jaunissant dans l'ictère, mesure 1 millimètre d'épaisseur; elle est formée de fibres lamineuses feutrées avec quelques fibres élastiques. Elle est en rapport extérieurement avec l'aponévrose orbito-oculaire et donne insertion aux muscles de l'œil et intérieurement avec la choroïde, dont la sépare la lamina fusca. Elle est percée en avant d'une ouverture recevant la cornée, qui y est enchâssée comme un verre de montre, et en arrière d'un trou pour le passage du nerf optique, avec autour quelques petits orifices pour des vaisseaux et des nerfs.

La *cornée* est une membrane transparente de 1 millimètre d'épaisseur, une calotte de 11 à 12 millimètres de diamètre, empruntée à une sphère à rayon plus petit que l'œil, dont elle forme le sixième antérieur. A l'union des 2 membranes, dont les fibres se continuent, on trouve le canal ciliaire de Schlemm ou de Fontana. La cornée comprend 5 couches : 1° à l'extérieur, une couche d'épithélium pavimenteux stratifié, avec des lamelles superficielles, des cellules moyennes crénelées et des cellules profondes en dôme à pied : des nerfs viennent se terminer entre ces cellules épithéliales et sont mis à nu par la desquamation pathologique, ce qui explique la photophobie dans les kératites ; 2° au-dessous la membrane basale antérieure, ou de Bowman, de nature non élastique, mais connective ; 3° en dedans le tissu propre de la cornée, formé de faisceaux de fibrilles connectives anastomosées, limitant des espaces dans lesquels sont des cellules fixes et des cellules migratrices analogues aux cellules lymphatiques ; 4° la membrane basale postérieure, ou de Demours ou de Descemet, de nature conjonctive comme l'antérieure ; 5° l'épithélium postérieur pavimenteux simple. La cornée ne reçoit pas de vaisseaux ; nous avons parlé des terminaisons nerveuses qui se font entre les cellules de son épithélium antérieur.

La *choroïde*, interposée entre la sclérotique et la rétine, se continue en avant avec l'iris ; elle est percée d'un trou pour le passage du nerf optique et est divisée par une ligne circulaire denteléé, l'ora serrata, en 2 parties : une postérieure choroïdienne et une antérieure ciliaire. La région choroïdienne proprement dite, commençant par la lamina fusca, est une membrane vasculaire tomenteuse sur sa face scléroticale et lisse sur sa face rétinienne noir foncé, qui porte un épithélium formé d'une seule couche de cellules hexagonales, remplies de pigment noir. La région ciliaire a 2 parties, une externe, le muscle ciliaire ou tenseur de la choroïde, anneau grisâtre situé au point d'union de l'iris et des procès ciliaires, en arrière de la jonction de la sclérotique et de la cornée, et une interne, la couronne ciliaire, formée de replis vasculaires, ou procès ciliaires, rendant plus douce la compression du muscle ciliaire sur le cristallin, pour le faire bomber dans l'accommodation.

L'*iris* est un diaphragme musculaire, disposé sur le trajet des rayons lumineux qui entrent dans l'œil. Sa face antérieure convexe, diversement colorée suivant les sujets d'après sa teneur variable en pigment, présente un anneau coloré interne plus foncé au niveau du trou ou pupille, dont le diamètre varie suivant l'éclairage. Sa face postérieure concave, moulée sur le cristallin, est recouverte d'une couche de cellules pigmentaires, la membrane uvée des anciens. L'iris est constitué par un stroma conjonctif, contenant des vaisseaux, des nerfs et des fibres musculaires lisses, disposées les unes en sphincter circulaire autour de la pupille, les autres en rayons dont la contraction dilate la pupille.

La *rétine*, membrane très mince, demi-transparente, interposée entre la choroïde et le corps vitré enveloppé dans la membrane hyaloïde et en simple contact avec eux, commence à l'épanouissement du nerf optique, immédiatement après sa sortie du trou de la choroïde où elle forme d'abord une légère saillie circulaire aplatie au centre, la papille optique. En dehors de la papille, exactement au pôle postérieur de l'œil, on voit *la tache jaune*, déprimée au centre. La rétine finit en tant qu'expansion nerveuse à la zone ciliaire, mais sa limitante interne va jusqu'à la circonférence du cristallin.

Nous avons vu, à propos de l'étude histologique des terminaisons nerveuses, les couches qui composent cette fine pellicule et qui sont de dedans en dehors : la membrane limitante interne, les couches des fibres d'épanouissement du nerf optique, des cellules nerveuses ou ganglionnaires, moléculaires, granuleuses internes, moléculaires intergranuleuses, granuleuses externes, la membrane limitante externe, enfin la couche des cônes et des bâtonnets, si importante pour la perception visuelle et portant aussi le nom de *membrane de Jacob*. Les bâtonnets sont des corps cylindriques, flexibles, divisés en 2 segments, un externe strié contenant le rouge rétinien et un interne ; les cônes ont aussi 2 articles, l'un à la base renflé, l'autre pointu. Dans la tache jaune, les cônes et la couche granuleuse externe persistent seuls : dans la papille, il n'y a que des fibres nerveuses aussi ne perçoit-elle pas les impressions lumineuses, d'où son nom de *punctum cæcum* en physiologie.

La *chambre antérieure de l'œil* contient l'*humeur aqueuse,* d'une quantité égale à une dizaine de gouttes d'un liquide albumineux exhalé par la membrane de Descemet ; la chambre postérieure n'existe pas, l'iris touchant le cristallin.

Le *cristallin* est une lentille biconvexe, plus bombée en arrière, où elle se creuse une dépression dans le corps vitré, plus consistante au centre, qu'on appelle le *noyau,* qu'à la périphérie où elle est enveloppée par une *capsule* mince, élastique, transparente, anhiste, appelée *cristalloïde,* plus épaisse en avant, (cristalloïde antérieure), qu'en arrière, (cristalloïde postérieure). Dans la cataracte, on rompt cette capsule et le cristallin sort et est expulsé par une incision qu'on a faite à la sclérotique près de l'insertion de la cornée.

Le cristallin est histologiquement composé de fibres; les unes, dites à noyaux, forment les couches périphériques, les autres dentelées, minces, plates, disposées en couches concentriques donnent sur sa face antérieure une sorte de figure triangulaire et une quadrangulaire sur sa face postérieure. Le cristallin n'a ni vaisseaux ni nerfs.

Le *corps vitré* est une substance semi-liquide, semblable à du blanc d'œuf, constituée par l'*humeur vitrée*, enveloppée par la membrane *hyaloïde* transparente et mince, qui s'épaissit en avant au niveau de l'ora serrata et se divise en 2 feuillets, dont l'un tapisse la face postérieure du cristallin et l'autre constitue la zone de Zinn, formant en avant des plis qui se moulent sur les procès ciliaires et s'avançent sur le pourtour de la face antérieure du cristallin. Entre le sommet de l'angle formé par les 2 feuillets de l'hyaloïde, qui enchâsse ainsi le cristallin, et le bord du cristallin, se trouve le canal godronné de Petit.

Parties accessoires. — L'œil occupe le 1/3 antérieur de l'orbite, contenu dans une sorte de sac (capsule de Ténon), fourni par l'aponévrose orbito-oculaire comparable à une séreuse, qui, après avoir tapissé les os de la cavité orbitaire, se réfléchit à sa base, pour envoyer une sorte de feuillet viscéral, qui recouvre la surface du globe oculaire. Entre ce feuillet viscéral et le feuillet pariétal, qui tapisse l'orbite, on trouve un tissu cellulo-graisseux abondant, traversé par des vaisseaux, par des nerfs, par les muscles de l'œil, et servant de coussin à celui-ci.

Muscles. — Dans cette loge antérieure, l'œil ne peut exécuter que des mouvements de rotation qui s'effectuent par l'action de muscles, au nombre de 7, qui sont : le releveur de la paupière supérieure, les

4 muscles droits, supérieur, inférieur, interne et externe, le grand et petit oblique, qui produisent tous les mouvements de l'œil. Ces muscles s'insèrent en général au niveau du sommet de la cavité orbitaire et sur la sclérotique, suivant une spirale et non une circonférence.

Les 4 muscles droits portent l'œil en haut, en bas, en dedans, en dehors ; les 2 obliques portent la pupille en bas et en dehors pour le grand et en haut et en dehors pour le petit ; ensemble ils forment une sangle musculaire faisant mouvoir le globe oculaire en sens inverse de la tête, quand elle s'incline. ce qui, sans cette action associée, produirait de la diplopie.

Paupières. — Les paupières sont 2 voiles membraneux, placés au-devant de l'œil qu'ils protègent. La paupière supérieure plus haute est surmontée par le sourcil ; elle se réunit avec la paupière inférieure aux angles dits interne et externe de l'œil. Dans l'angle interne, plus grand, on trouve la *caroncule lacrymale* rudiment chez l'homme de la 3e paupière ou nictitante des oiseaux et consistant en un repli de la conjonctive soulevé par des follicules pileux et des glandes sébacées ; on y trouve aussi le *sac lacrymal*.

Les paupières sont recouvertes en dehors par la peau, en dedans par la conjonctive (c. palpébrale), membrane muqueuse à épithélium pavimenteux stratifié, qui, en se réfléchissant sur le globe oculaire (c. bulbaire), donne les culs-de-sac oculo-palpébral supérieur et inférieur ; elles portent des cils implantés dans leur bord libre et accompagnés latéralement de glandes sébacées de Meibomius, qui sécrètent la cire. En dedans, près de l'angle interne, on voit sur ce bord libre, qui n'a plus de cils à ce niveau, la papille lacrymale, petite éminence percée à son sommet d'un trou, le point lacrymal. Leur épaisseur comprend outre la peau et la muqueuse une couche musculaire donnée par l'orbiculaire des paupières, une couche fibro-cartilagineuse en lame isolable, appelée *cartilage tarse*.

Appareil lacrymal. — L'appareil lacrymal comprend la glande lacrymale, organe sécréteur ; des conduits vecteurs, les points et les conduits lacrymaux, un réservoir, le sac lacrymal ; un canal excréteur, le canal nasal.

La glande lacrymale, glande en grappe composée, est logée dans la fossette lacrymale de la partie externe de la voûte de l'orbite, s'ouvre par 4 à 5 conduits à la partie externe du cul-de-sac conjonctival supérieur. Elle fournit les larmes liquide ténu, salé, destiné à lubréfier l'œil ; elles sont pompées par les points lacrymaux, conduisant dans les conduits lacrymaux, qui, cheminant horizontalement en dedans, aboutissent au sac lacrymal, poche oblongue, logée dans la gouttière lacrymale et tapissée d'épithélium vibratile, tandis que celui des conduits est pavimenteux stratifié.

Le canal nasal, qui lui fait suite, a 2 centimètres de long et s'ouvre dans le méat inférieur du nez par un orifice en forme de fente. Son épithélium est vibratile.

§ 2. *Physiologie de la vision.*

La vision des objets nous est fournie par l'œil, véritable appareil de dioptrique, condensant les rayons lumineux sur la rétine, qui transmet au cerveau ces perceptions spéciales.

Les rayons lumineux traversent, l'œil comme un morceau de verre et se réfractent en passant d'un milieu transparent dans un autre, en passant successivement par la cornée, l'humeur aqueuse, le cristallin et le corps vitré, formant par leur assemblage un système de lentilles, qu'on peut ramener théoriquement, comme dans les appareils de physique, à une seule ayant même puissance et représentée ici surtout par le cristallin. Cette lentille complexe donne au fond de l'œil une image rétinienne renversée. Dans l'œil emmétrope ou normal, les rayons parallèles venant de l'infini, d'une étoile par exemple, feront précisément leur foyer principal sur la rétine. Si l'objet se rapproche, l'image se fera derrière la rétine, mais là intervient un facteur inconnu dans les instruments de physique, l'*accommodation* ou *adaptation*, qui fait que le cristallin se bombe ou s'aplatit, par la contraction du muscle qui l'entoure, plus ou moins, de façon à amener toujours l'image nette sur la rétine. Dans l'œil emmétrope ou normal, le point le plus éloigné de la vision distincte sans accommodation, punctum remotum, est à l'infini et jusqu'à 60 mètres au moins d'éloignement. Dans l'œil amétrope ou anormal, il n'en est plus de même : l'œil myope est trop long, les rayons venus de l'infini donnent une image nette en avant de la rétine, le punctum remotum se rapproche plus ou moins de l'œil suivant le degré de myopie et la vision distincte au delà de ce point n'est possible qu'à l'aide de lentilles biconcaves, qui éloignent en arrière le point de convergence des rayons ; l'œil hypermétrope est trop court, les rayons émanés de l'infini forment une image en arrière de la rétine, il n'y a pas de punctum remotum et la vision n'est possible que par l'accommodation ou en mettant des lentilles convergentes comme lunettes. L'œil presbyte, qui voit trouble de près, a simplement perdu, par les progrès de l'âge, sa faculté d'accommodation, qui se remplace par des verres correcteurs différents pour la vision de près et la vision de loin.

L'astigmatisme résulte de l'inégalité de courbure

des méridiens des milieux oculaires, qui rend irrégulière leur réfraction : on corrige cet astigmatisme par l'emploi de verres cylindriques.

L'œil normal voit sans fatigue et sans accommodation les images placées depuis l'infini jusqu'à 65 mètres, punctum remotum ; grâce à l'accommodation, on peut voir nettement un objet jusqu'à 15 centimètres, mais pas plus près, punctum proximum. La vision distincte entre 65 mètres et 0m,15 sera obtenue par l'adaptation du cristallin, qui modifie sa courbure et par suite sa puissance convergente par la contraction du muscle ciliaire qui le fait bomber : cet acte est un réflexe, dont le centre est dans les tubercules quadrijumeaux. La courbure du cristallin se fait surtout dans sa face antérieure, comme le montre l'examen des 3 images d'une flamme se réfléchissant dans l'œil, comprenant 2 images droites sur la cornée et sur la face antérieure du cristallin et une renversée sur sa face postérieure (images de Purkinje) ; l'image droite de la face antérieure du cristallin varie presque seule de hauteur par la fixation d'objets placés à des distances différentes.

La sclérotique donne la forme au globe oculaire et l'insertion aux muscles.

La choroïde, par ses nombreux vaisseaux, sert d'appareil de caléfaction et par ses cellules à pigment fait de l'œil une chambre noire en absorbant les rayons lumineux ; par sa partie musculaire, elle sert à l'accommodation.

L'iris est un diaphragme à ouverture variable, automobile, la pupille se dilatant à l'obscurité et se rétrécissant à la lumière vive, ou pour voir un objet rapproché. Ces mouvements sont dus à des fibres lisses sphinctériennes autour de la pupille, ou radiées dans l'iris, dont la contraction a lieu par action réflexe abolie par la chloroformisation par exemple.

La rétine, épanouissement du nerf optique, est douée d'une sensibilité spéciale pour la lumière; la papille optique n'est pas sensible (punctum cæcum), la tache jaune, qui est située juste au pôle postérieur de l'œil, est l'endroit le plus sensible aux rayons lumineux et, comme elle n'a qu'un millimètre de surface, on ne peut lire distinctement que 2 ou 3 mots à la fois. C'est la membrane de Jacob ou des cônes et des bâtonnets qui est surtout impressionnable; les cônes, qui abondent à la tache jaune, vont en diminuant à mesure qu'on s'éloigne du fond de l'œil et la vision va en diminuant de la tache jaune à l'ora serrata. Les cônes et les bâtonnets, composés d'articles internes continus avec les fibres du nerf optique et d'articles externes appliqués contre la choroïde réfléchissent les vibrations lumineuses par leurs articles externes aux articles internes qui les transforment en vibrations nerveuses.

Cette transformation, inconnue dans son essence, s'accompagne de la production de rouge rétinien dans les articles externes par l'obscurité et de sa disparition par les rayons lumineux, donnant ainsi une sorte d'épreuve photographique transitoire dans le fond de l'œil. Peut-être les bâtonnets perçoivent-ils seulement les différences d'intensité de la lumière, tandis que les cônes perçoivent les différences qualitatives, c'est-à-dire les couleurs, car les oiseaux nocturnes n'ont pas de cônes.

La rétine est une membrane de sensibilité spéciale, sur laquelle les excitants physiques et chimiques produisent seulement des impressions lumineuses: ainsi, quand on presse le globe de l'œil, on produit une sensation lumineuse, un *phosphène*, qui sera vu au pôle de l'œil opposé à celui où on presse.

L'impression lumineuse sur la rétine est instantanée, mais elle persiste un certain temps (1/30 de seconde) ; cette persistance des impressions lumineuses dans la rétine nous fait voir encore un objet alors que nous avons fermé les yeux : c'est à elle qu'est due la possibilité de reproduire les scènes de cinématographe.

La rétine pourra même percevoir des images qui se forment dans l'œil, globules du sang en circulation, filaments et corpuscules en suspension dans le corps vitré, donnant les *mouches volantes*.

La vision droite, tandis que la lentille, que représente le cristallin, donne au fond de l'œil des images renversées, et la vision simple avec les 2 yeux, qui il est vrai entrecroisent leurs nerfs au chiasma des nerfs optiques, n'ont pas encore été bien expliqués.

Par la contraction appropriée des différents muscles de l'œil, celui-ci arrive à exposer sa tache jaune aux rayons lumineux en se déplaçant suivant le besoin sans mouvements de la tête.

Larmes. — Les *larmes* alcalines, salées, sécrétées par les glandes lacrymales, sont étalées sur l'œil par les paupières au moment du clignement : elles lui conservent sa transparence, son poli et le préservent du contact de l'air. Les glandes de Meibomius les empêchent par leur sécrétion grasse de couler sur les joues. Les larmes s'accumulent dans l'angle interne de l'œil, entrent dans les points lacrymaux, suivent les conduits lacrymaux qui les amènent dans le sac lacrymal, d'où elles s'écoulent dans le nez par le canal nasal : quand on pleure, on se mouche.

CHAPITRE XI

APPAREIL URINAIRE

Article I. — Anatomie de l'apareil urinaire

L'appareil urinaire est composé du rein, organe sécréteur de l'urine, de l'uretère, conduit vecteur, de la vessie, réservoir et de l'urètre, servant à la fois à l'émission de l'urine et du sperme.

Rein. — Les reins sont deux organes disposés symétriquement de chaque côté de la colonne vertébrale, en haut de la cavité abdominale, derrière le péritoine, qui couvre leur face antérieure. Aussi quand on pratique la néphrotomie ou la néphréctomie ou la néphropexie (section, enlèvement ou fixation d'un rein malade ou mobile), peut-on aborder cet organe par la région lombaire, sans entrer dans la grande séreuse péritonéale.

Chaque rein, entouré d'une atmosphère cellulo-graisseuse et surmonté de sa capsule surrénale, a la forme d'un haricot, pèse environ 170 grammes et mesure $0^m,12$ de long sur $0^m,07$ de large et $0^m,03$ d'épaisseur ; sa couleur est rouge sombre ; sa consistance est ferme, mais il est cependant un peu friable. Situé à la hauteur des premières vertèbres lombaires, il est en rapport avec le diaphragme en arrière et en avant, à droite, avec le côlon ascendant et le foie, à gauche, avec la rate, le pancréas et la grosse tubérosité de l'estomac. Son bord interne présente le hile pour le passage des vaisseaux, des nerfs et de l'uretère.

La structure du rein nous montre à la périphérie

une enveloppe fibreuse continue vers le hile avec le bassinet ; une coupe médiane, parallèle aux 2 faces et passant par le hile, nous fait voir le parenchyme composé : 1° d'une substance corticale brun rouge semée de points rouges, les corpuscules de Malpighi envoyant entre les cônes de substance médullaire des prolongements, appelés *colonnes de Bertin* ; 2° d'une substance médullaire ou tubuleuse, formée de 8 à 18 faisceaux coniques d'un rouge pâle, à base élargie envoyant des prolongements, ou pyramides de Ferrein, dans la substance corticale et à sommet ou papille faisant une saillie mamelonnée dans un calice, qui, en se réunissant à ses voisins, constitue une poche, le bassinet, qui se continue avec l'uretère.

Les deux substances corticale et médullaire renferment des tubes, mais ces tubes sont flexueux dans la corticale, accompagnés de vaisseaux et de glomérules de Malpighi, et parallèles dans la médullaire.

Les vaisseaux sanguins, accompagnés de tissu conjonctif, pénètrent dans le rein par le hile, suivent les colonnes de Bertin et arrivent dans la substance corticale où ils forment des pelotons vasculaires, qui se coiffent, comme d'un bonnet de coton, de l'extrémité dilatée d'un tube, formant autour du peloton vasculaire la capsule de Bowman. Du glomérule de Malpighi ainsi constitué, part un tube contourné (tubuli contorti) serpentant dans la substance corticale, puis se continuant par l'anse de Henle avec sa branche descendante, puis aver sa branche ascendante, qui, par un tube de communication aboutit aux canaux droits descendant à leur tour directement dans la substance médullaire, en s'unissant en tubes collecteurs de Bellini, qui viennent s'ouvrir par une vingtaine d'orifices au sommet des mamelons embrassés par les calices.

Ces tubes urinifères ont une paroi propre, anhiste, hyaline, tapissée par un épithélium actif sphéroïdal dans les tubuli contorti et dans les branches ascendante et de communication ; par un épithélium cylindrique dans le collecteur et pavimenteux dans la branche descendante et la capsule de Bowman. Les éléments épithéliaux des tubuli contorti sont les plus importants : ils sont pâles, granuleux, coniques, sensibles aux réactifs et se détachant facilement en bloc de la membrane propre.

La prolifération envahissante de l'épithélium du rein donne le cancer primitif de l'organe ; la néphrite interstitielle résulte de la tuméfaction, suivie de la rétraction, du tissu conjonctif intercanaliculaire, qui étrangle les canalicules et qui atrophie leur épithélium ; la néphrite parenchymateuse ou épithéliale, ou catarrhale intense, produit une exsudation qui remplit la lumière déjà si restreinte du canalicule jusqu'à l'expulsion du contenu, que nous retrouverons dans les sédiments urinaires sous forme de cylindres hyalins, parsemés de cellules épithéliales claires ou de cylindres granulo-graisseux, indiquant une dégénérescence grave du rein.

Les divisions de l'artère rénale entrée dans le rein par le hile montent en se divisant dans les colonnes de Bertin, arrivent à la substance corticale et donnent les pelotons vasculaires des glomérules de Malpighi, visibles à l'œil nu, mesurant 2/10 de millimètre. Le vaisseau afférent du glomérule s'y résout en capillaires, auxquels fait suite un vaisseau efférent, qui s'accole au premier pour sortir du glomérule et se ramifie sur les tubuli contorti, en formant à leur niveau un système porte rénal, auquel feront suite des capillaires veineux, dont la confluence graduelle donnera les divisions, puis le tronc de la veine rénale ou émulgente.

Les *capsules surrénales*, qui coiffent l'extrémité supérieure du rein par leur base, ont un sommet libre en haut, une face postérieure touchant le diaphragme et une face antérieure présentant le hile. Elles sont formées d'une enveloppe de tissu conjonctif, envoyant des prolongements vers l'intérieur de l'organe, qui est composé d'une substance corticale jaunâtre, constituée par des cordons rayonnants de cellules épithéliales granuleuses et d'une substance médullaire gris rosé, constituée par une trame de vaisseaux et de nerfs supportés par un tissu réticulé très fin, renfermant dans ses mailles des cellules polyédriques à granulations graisseuses. C'est un organe lymphoïde, dont l'altération est liée à la maladie bronzée d'Addison.

Uretère. — L'uretère part du *bassinet*, organe en forme de poche provenant de l'union des calices. Pour bien comprendre le bassinet, on peut le comparer à un gant dont on aurait coupé les doigts près de la racine et dont chaque orifice béant ou calice embrasserait un mamelon : la poche du bassinet contenant souvent des calculs (néphrite calculeuse), du pus (pyélo-néphrite), correspond à la main et le poignet rétréci se continuerait par l'uretère, qui commence par un infundibulum.

L'uretère est un conduit de $0^{m},25$ de longueur et de la grosseur d'une plume de corbeau. Le péritoine et les vaisseaux spermatiques le croisent sur sa face antérieure; dans le pelvis, il est placé entre le rectum et la vessie. Il descend obliquement en dedans; depuis le rein jusqu'à la vessie, dont il traverse obliquement les parois sur une étendue de 1 centimètre et demi, pour s'ouvrir à la surface de la muqueuse à l'un des angles postérieurs du trigone vésical. Les parois de ce conduit ont, comme structure, une tunique celluleuse, une musculaire avec fibres circulaires et longitudinales, et une muqueuse à épithélium pavimenteux stratifié.

Vessie. — La vessie est une poche musculo-membraneuse, servant de réservoir à l'urine amenée par l'uretère jusqu'à son expulsion par l'urètre, en rapport avec la symphyse pubienne en avant et en arrière avec le rectum et les vésicules séminales, chez l'homme, avec l'utérus chez la femme, dont les sépare un cul-de-sac péritonéal, dans lequel viennent des anses intestinales.

La vessie ovoïde touche la paroi abdominale, quand elle est distendue en soulevant le péritoine, ce qui permet d'y pratiquer la ponction hypogastrique sus-pubienne, quand la miction et le sondage sont impossibles. Son sommet a 3 cordons et 3 replis péritonéaux, allant à l'ombilic. Au milieu, l'ouraque, cordon fibreux qui remplace l'allantoïde, et, sur les côtés, les vestiges des artères ombilicales. Des ligaments unissent sa base à la symphyse pubienne. Ses faces latérales sont en rapport avec le canal déférent.

A l'état de vacuité, la vessie est plissée, sauf dans sa partie inférieure au niveau de son bas-fond, où on trouve le trigone vésical lisse avec, à ses 2 angles supérieurs, les orifices des uretères et, à son angle inférieur, l'orifice de l'urètre.

La vessie est composée d'une tunique séreuse, manquant en avant, d'une musculeuse avec des fibres superficielles longitudinales, des fibres moyennes circulaires et des fibres profondes plexiformes et d'une muqueuse blanchâtre, s'enfonçant dans des dépressions qui existent souvent entre les faisceaux musculaires. Cette muqueuse à derme épais est recouverte d'un épithélium pavimenteux stratifié mixte.

Les artères de la vessie viennent de l'hypogastrique et les veines vont au plexus de Santorini, situé derrière le pubis.

Article II. — Physiologie de l'appareil urinaire. — Urine.

La pression du sang est forte dans le glomérule, dont le vaisseau efférent est plus étroit que l'afférent : elle diminue dans les capillaires sanguins et dans les nombreux lymphatiques qui baignent les tubes contournés. A l'intérieur du canalicule, dans lequel l'urine a un libre cours, la pression est nulle ou à peu près.

La sécrétion urinaire est encore mal connue dans son essence et on a cherché à l'expliquer par trois théories, qui sont : 1° celle de Ludwig, d'après laquelle l'urine serait filtrée simplement du plasma par l'épithélium glomérulaire et se concentrerait simplement en descendant ; 2° celle de Wittich et Küss, d'après laquelle le glomérule laisserait passer le plasma sanguin tel quel et l'albumine en serait ensuite reprise par l'épithélium tubulaire ; 3° celle de Bowman, dans laquelle le glomérule excréterait seulement l'eau de l'urine et les autres matériaux seraient excrétés, l'urée principalement, par les cellules des tubuli ; Heidenhain a fait quelques expériences qui semblent confirmer cette dernière théorie.

Quoi qu'il en soit, le rein n'est pas un simple filtre physique, mais un filtre sélecteur, qui choisit ce qu'il doit éliminer. Ainsi l'épithélium rénal accapare plus de sel marin, de phosphates, de sulfates, d'urates et d'urée qu'il n'y en a dans les milieux nourriciers, tandis qu'au contraire il ne laisse pas passer l'albumine et la fibrine.

Tous les matériaux de l'urine existent dans le sang, mais celui-ci doit se débarrasser de certains d'entre eux sous peine de mort, de l'urée par exemple, qui est un excrément des principes azotés. L'urine est la lessive du sang.

En effet l'eau des boissons lave le sang et emporte par le rein les excreta, dont il doit se débarrasser et même d'autres substances comme le sel. La tension et la vitesse du sang dans le rein ont une influence considérable sur la production de l'urine, qui varie d'ailleurs avec les excrétions aqueuses pulmonaires et cutanées en rapport elles-mêmes avec le travail de l'individu, les modifications du milieu extérieur.

D'ailleurs dans l'urine les variations portent surtout sur la quantité apparente donnée, par les proportions changeantes de l'eau, mais la quantité réelle, représentée par l'urine solide, varie peu relativement. L'urine solide augmente avec la teneur du sang en excréments urinaires, qui proviennent de l'alimentation et de la désassimilation des tissus évoluant ou travaillant. Certains médicaments s'éliminent directement par l'urine.

Un litre d'urine contient environ 956 grammes d'eau et 44 grammes d'urine solide, dont plus de moitié d'urée ; sur les 44 grammes, il y a environ 16 grammes de cristalloïdes minéraux (10 Nacl et 6 de sulfates et phosphates) 27 grammes de cristalloïdes organiques (25 d'urée et 2 de créatine et d'urates) et 1 gramme de substances coagulables, des matières colorantes, l'urochrome et l'indican.

L'homme par 24 heures urine environ 13 à 1,500 grammes, dont 33 grammes d'urée, soit approximativement par jour et par kilogramme 1 gramme d'urine solide, dont un peu plus de moitié urée. Au Christmas, l'Anglais rend dans l'urine du lendemain jusqu'à 150 grammes d'urée.

La densité de l'urine = 1,020. En doublant les deux derniers chiffres de la densité, on a approximativement le poids de l'urine solide ; le praticien pourra donc avoir par une simple prise de densité une idée suffisamment approchée de la teneur de l'urine en principes solides, pour y trouver des renseignements utiles dans l'analyse de l'urine diabétique par exemple.

La couleur de l'urine, due à l'urochrome et à l'indican, dérivés de l'hématosine, est en rapport, en général, avec sa richesse en matières organiques cristallisables. La rhubarbe, la santonine, la bile donnent leur couleur à l'urine.

Son odeur est forte chez les carnassiers : on connaît son odeur de violette, après une ingestion ou une inhalation de térébenthine.

Sa saveur est salée. Sa réaction est acide par le phosphate acide de soude et l'acide urique ; l'ingestion des alcalins (bic. de soude), des acides végétaux, (qui brûlés dans l'économie donnent des carbonates), la rend neutre ou alcaline. Ces carbonates et phosphates alcalino-terreux précipitent par la chaleur et, troublant l'urine, pourraient faire croire à la présence de l'albumine, mais ils font effervescence avec les acides qui éclaircissent immédiatement l'urine.

L'urée, par la putréfaction, par l'action du micrococcus ureæ, donne du carbonate d'ammoniaque : au début, il y a précipitation de phosphate ammoniaco-magnésien.

Les principes de l'urine solide sont de provenances diverses. Le sel vient des aliments et des tissus : sa suppression serait fatale à l'économie humaine. Les sulfates proviennent, en même temps que l'urée, de la combustion des albuminoïdes.

Les phosphates proviennent des aliments et des tissus : ils diminuent dans l'urine de la dernière moitié de la grossesse, ils augmentent dans le rachitisme.

L'urée résulte de l'oxydation complète des albuminoïdes des aliments ; ses proportions peuvent varier de 15 à 50 grammes par jour, suivant le régime de l'individu ; elle provient aussi de l'usure des tissus travaillant plus ou moins.

L'acide urique est un produit d'oxydation moins avancée des albuminoïdes : il est très abondant chez les goutteux, les graveleux.

L'acide hippurique remplace l'acide urique dans l'urine des herbivores : chez l'homme, il existe en petite quantité.

La créatine, la créatinine sont également des produits d'oxydation incomplete des albuminoïdes.

L'oxalate de chaux se trouve dans l'urine en cristaux octaédriques abondants, surtout après une absorption d'oseille et de tomates.

Dans les sédiments urinaires, on peut au microscope reconnaître de l'urate de soude briqueté en granulations (par HCl on obtient l'acide urique en cristaux), du carbonate de chaux faisant effervescence avec les acides, du phosphate ammoniaco-magnésien, de l'oxalate de chaux, etc.

Si le sang renferme plus de 3/1000 de glucose, celui-ci passe dans l'urine, où on le reconnaît par les taches poisseuses qu'il forme; l'urine noircit étant chauffée avec de la potasse, parce qu'elle réduit la liqueur de Fehling, et elle dévie la lumière polarisée.

L'albuminurie consécutive aux néphrites sera reconnue par le chauffage à 70°, dans un tube à essai, qui donne un trouble persistant.

L'urine va des canalicules urinifères jusque dans la vessie poussée par la vis à tergo.

Dans la vessie, elle s'accumule sans résorption possible, à cause de l'imperméabilité de son épithélium et elle y est maintenue par l'occlusion du sphincter vésical. Quand chez l'homme la vessie est distendue, quelques gouttes d'urine passent à travers le sphincter et arrivent au contact de la muqueuse prostatique en engendrant le besoin d'uriner. Si on n'obéit pas à l'incitation, par réflexe, le muscle de Wilson se contracte, arrête l'urine et la fait rentrer dans la vessie ; si on obéit, le sphincter se relâche, la vessie se contracte sur son contenu qu'elle expulse. Pour les dernières gouttes, les muscles de l'abdomen se contractent et pressent sur la vessie par l'intermédiaire des viscères abdominaux.

La miction a son centre au niveau de la 4e lombaire, dans la moelle épinière.

CHAPITRE XII

APPAREIL GÉNITAL DE L'HOMME

Article I. — Anatomie de l'appareil génital de l'homme

Les organes génitaux de l'homme se composent d'organes sécréteurs du sperme, les *testicules*, de conduits vecteurs de cette sécrétion, *l'épididyme* et le *canal déférent*, de réservoirs, les *vésicules séminales*, d'un canal excréteur commun avec l'urine, le canal de l'*urètre*.

Testicules. — Les testicules sont des organes ovoïdes, aplatis, suspendus par les éléments du cordon dans les *bourses*, le gauche descendant plus bas que le droit, qui est plus petit, afin d'éviter leur compression mutuelle par le rapprochement des cuisses.

Les *bourses* sont formées de 6 enveloppes ou couches superposées, qui sont :

1° le *scrotum*, à peau pigmentée, rugueuse, portant disséminés des poils gros et rares avec d'énormes glandes sébacées annexées et munie d'un *raphé* médian;

2° le *dartos*, doublure musculaire de la peau, constituée par un feutrage de fibres musculaires lisses, qui lui donne sa contractilité au froid;

3° une tunique celluleuse;

4° une tunique musculaire, ou *érythroïde*, formée de fibres musculaires striées; représentant la partie inférieure du *crémaster*;

5° une tunique fibreuse commune;

6° une tunique *vaginale*, membrane séreuse, dont le feuillet viscéral enveloppe le testicule et dont la cavité virtuelle à l'état physiologique se remplit d'un liquide citrin dans l'*hydrocèle*. Le testicule, primitivement formé dans la région lombaire, descend chez l'homme, entrainant son artère, qui naît de l'aorte à son emplacement primitif, et repousse devant lui le péritoine en passant dans l'anneau inguinal pour arriver dans les bourses; le péritoine se continue ainsi avec la tunique vaginale par un canal, qui s'oblitère ensuite, mais qui quelquefois persiste dans le premier âge, sous le nom de *canal de Nuck*.

Le *testicule* pèse environ 21 grammes et mesure 4 centimètres de longueur, 2 centimètres de largeur et 3 centimètres de hauteur. Sa consistance est molle, semi-liquide, analogue à celle du globe oculaire, Il a la forme d'un rein suspendu par le hile. Son bord supérieur est recouvert par l'épididyme et les vaisseaux testiculaires. Il se compose d'une membrane d'enveloppe, l'*albuginée*, comparable à la sclérotique pour sa teinte blanche et sa nature fibreuse, portant le long de son bord supérieur un épaississement, dont la section représente un triangle à base extérieure et à sommet interne, d'où partent des cloisons de tissu conjonctif, qui divisent la glande en lobes; c'est le *corps d'Highmore*.

La *pulpe* du testicule est molle, jaunâtre, s'étirant en fils, car elle est constituée par une agglomération de *canaux séminifères*, ou canalicules spermatiques, répartis par la division intérieure du testicule, par les cloisons émanées du corps d'Highmore en lobules en forme de pyramide. Ces lobules pyramidaux, dont la base répond au corps d'Highmore sont au nombre de 150 environ et renferment plusieurs canalicules de 75 centimètres de long, décrivant sur eux-mêmes de nombreuses circonvolutions pour devenir des canaux droits, qui traversent le corps d'Highmore, s'y anastomosent en réseau, *rete vasculosum testis*, puis au nombre de 12 ils se jettent dans la tête de l'épididyme : ce sont les *cônes efférents* du testicule.

Les *tubes séminifères*, au nombre d'un millier environ, sont séparés par du tissu conjonctif et des vaisseaux; ils sont plongés dans un vaste réseau lymphatique et baignent dans la lymphe. Ils renferment sous une paroi propre formée de plusieurs lamelles conjonctives des cellules arrangées en épithélium, mais contiguës en dedans avec d'autres cellules en réseau remplissant les canalicules spermatiques et contenant des granulations graisseuses. Les cellules qui occupent le centre du réseau de cellules tangentes, avec espaces méatiques intermédiaires remplis de liquide, sont grosses, à plusieurs noyaux nucléolés.

Ce sont les ovules mâles, les *cellules mères des spermatozoïdes*, chaque noyau ou cellule fille devant former un *spermatozoïde* de 45 μ de long, dont 5 μ pour la tête ovoïde et 40 μ pour le corps filiforme.

L'*épididyme* est un corps allongé, situé sur le bord supérieur du testicule, formé par un tube de 6 mètres, replié en circonvolutions adhérentes; de même longueur que le testicule, il est divisé en *tête* en bas, en *corps* et en *queue*, se continuant en haut avec le canal déférent. Le corps n'est pas adhérent au testicule et lui forme une espèce d'anse.

On trouve annexés au testicule des corps additionnels, résidus embryologiques tels que le *vas aberrans*, le *corps innominé de Giraldès* et l'*hydatide de Morgagni*.

Le *canal déférent* est un conduit vecteur, long de 50 centimètres, étendu de l'épididyme à la vésicule séminale, à calibre admettant une soie de sanglier et à parois très épaisses, se sentant à travers les bourses. De l'épididyme, où il commence, il monte réuni sous les mêmes enveloppes avec l'artère et la veine spermatiques, des lymphatiques et des nerfs, pour constituer le *cordon spermatique*, dont il se sépare, en entrant dans le ventre, après avoir traversé l'anneau inguinal. A partir de ce moment, il se recourbe sur les côtés de la vessie, puis contourne sa face postérieure, s'accole à celui du côté opposé entre les 2 vésicules séminales, avec le sommet desquelles il se continue, pour former les *conduits éjaculateurs*. Le canal déférent a une couche celluleuse, une couche musculaire et une couche muqueuse à épithélium cylindrique vibratile.

Vésicules séminales. — Ce sont deux poches allongées, servant de réservoirs au sperme, situées entre le rectum et le vessie, en arrière de la prostate, interceptant un triangle au niveau duquel vessie et rectum s'adossent. Allongées, elles mesurent 6 centimètres de long sur 1 1/2 de large et 1/2 d'épaisseur. Leur surface est bosselée et la dissection montre que c'est un canal de 14 centimètres de long, replié sur lui-même, et non une poche. Les circonvolutions de ce canal sont réunies par un tissu cellulo-fibreux contenant des fibres lisses.

Les vésicules séminales ont leur bord interne en rapport avec le canal déférent et leur sommet adhérent à la prostate. Elles ont une paroi divisée en 3 couches : fibreuse, musculaire, muqueuse.

Conduits éjaculateurs. — Ce sont deux conduits de 2 centimètres 1/2 de long, adossés, allant des vésicules séminales jusqu'à l'urètre en traversant le prostate ; ils s'ouvrent dans l'urètre prostatique sur les côtés d'une partie érectile le *vérumontanum*.

Verge ou pénis. — Organe de la copulation, elle est molle à l'état de repos et devient rigide par l'érection ; l'urètre s'épanouit en *gland* à son extrémité antérieure, recouvrant les 2 bouts arrondis des corps caverneux.

Sur une section transversale de la verge, on voit 3 cercles tangents appartenant 2 grands égaux aux corps caverneux et un plus petit, au-dessous de leur réunion, à l'urètre ; autour de ces parties, on voit 4 enveloppes comprenant la peau fine, une couche de fibres musculaires lisses circulaires, une couche celluleuse et une couche élastique. De ces enveloppes, les 3 premières se continuent vers l'extrémité libre, pour former le *prépuce*, muni en avant d'un orifice plus ou moins étroit suivant les individus. Ces 3 enveloppes se réfléchissent en arrière, à partir de cet orifice préputial, pour aller s'insérer au-dessous du gland, en s'accolant aux précédentes. Le prépuce est donc formé de 6 couches. La peau en se réfléchissant en dedans prend les caractères d'une muqueuse, qui se rattache à celle du gland par un repli, le *frein*. Autour de la couronne du gland, on trouve des glandes sébacées ou glandes de Tyson, qui sécrètent le smegma préputialis.

Corps caverneux. — Ce sont 2 cylindres érectiles adossés, avec un sillon supérieur, une extrémité antérieure coiffée par le gland; en arrière, les cylindres se séparent et vont s'insérer de chaque côté sur la branche ascendante de l'ischion et descendante du pubis, par des prolongements amincis, qui s'appellent les racines des corps caverneux. A l'état de repos, les corps caverneux mesurent 15 centimètres de long, 3 de large; dans l'érection, nous trouvons 20 centimètres de long et 4 de large. Ils sont formés par une membrane limitante externe, composée de faisceaux de fibres conjonctives et d'une trame élastique, d'où partent des prolongements qui circonscrivent des aréoles; le tissu caverneux ou érectile reçoit un réseau d'énormes capillaires, auxquels aboutissent des artères flexueuses hélicines.

Urètre. — C'est un conduit excréteur de l'urine et du sperme, étendu du *col de la vessie* au *méat urinaire;* il se divise en 2 portions, une périnéale et une pénienne. La verge présente 2 courbures en S à l'état de repos; la courbure postérieure mesure 8 centimètres et la courbure antérieure s'efface par l'érection. L'urètre est divisée en 3 portions: prostatique, membraneuse, spongieuse. Sa longueur totale, de 16 centimètres, se décompose en: 2 centimètres 1/2 pour la portion prostatique, 1 centimètre 1/2 pour la portion membraneuse et 12 centimètres pour la portion spongieuse.

En sortant du renflement prostatique, l'urètre s'amincit, puis il se renfle pour former le *bulbe*.

La portion membraneuse est divisée en 2, par son passage à travers l'aponévrose périnéale et le muscle de Wilson.

Le canal très dilatable peut admettre une sonde de 1 centimètre; on y voit des points rétrécis, le méat urinaire, le collet du bulbe, l'orifice vésical et des points dilatés, la fosse naviculaire en arrière du méat, le cul-de-sac du bulbe et la région prostatique.

L'orifice vésical est toujours fermé par la tonicité du sphincter.

Signalons encore dans l'urètre la valvule de Guérin, dans la fosse naviculaire, le verumontanum dans la prostate, qui empêche d'uriner dans l'érection, l'utricule prostatique ciliée représentant morphologiquement l'utérus chez l'homme et les orifices des conduits éjaculateurs, qui traversent la prostate et s'ouvrent sur les côtés du verumontanum.

L'urètre a une muqueuse pâle, rosée, adhérente, munie d'un épithélium cylindrique stratifié, avec de nombreuses glandes en grappe, les glandes de Littre. Au-dessous est une tunique musculeuse, avec des faisceaux longitudinaux et des faisceaux circulaires abondants dans les régions membraneuse et prostatique, où elles forment un sphincter involontaire à fibres lisses, doublé d'un sphincter à fibres striées, le sphincter volontaire.

Signalons encore les 2 glandes de Cooper ou de Méry, situées en avant de la prostate, sur les côtés du bulbe ; ces glandes en grappe sécrètent un liquide épais, qui remplit le canal en érection.

Prostate. — C'est une glande en grappe, dure, spéciale à l'homme, de la dimension et de la forme d'une châtaigne, de couleur fauve, située au niveau du col de la vessie, à l'origine de l'urètre. Elle mesure 4 centimètres de hauteur, 2 centimètres 1/2 d'épaisseur. On la sent par le toucher rectal ; elle n'est séparée du doigt, à ce niveau, que par l'épaisseur des parois de ce conduit. C'est un assemblage de 40 à 50 glandes, s'ouvrant isolément de chaque côté du verumontanum, plongées dans une trame de fibres conjonctives avec de nombreuses fibres musculaires lisses.

Article II. — Physiologie de l'appareil génital de l'homme

Dans le *testicule*, nous trouvons les *canalicules séminifères*, nombreux tubes flexueux, entortillés, aboutissant au bord postérieur du testicule au *corps d'Highmore*, prisme de tissu fibreux compact, à travers lequel les tubes séminifères se creusent un passage, *rete testis*, jusqu'aux canaux excréteurs qui composent l'épididyme.

Sperme. — Dans chaque testicule, on compte environ 1,200 canaux séminifères minces, remplis d'épithélium polyédrique, fabriquant le *sperme*, sécrétion temporaire, inactive chez l'enfant et le vieillard. A la puberté, dans les tubes, des cellules plus volumineuses, *cellules mères*, constituent l'ovule mâle qui, par formation endogène ou bourgeonnement suivant les espèces, donnent des cellules dont chacune va fournir un *spermatozoïde*, d'où le nom de *spermatoblaste* qui leur a été donné. Dans chacune de ces cellules, le noyau se transforme en un corps réfringent, qui devient la *vésicule céphalique* ou tête du spermatozoïde, tandis que le protoplasma s'étire en *filament caudal* ou queue.

Les spermatozoïdes apparaissent chez l'homme à 16 ans et disparaissent à 60 ; ils ne deviennent libres que dans l'épididyme et les canaux excréteurs ; ils mesurent 45 μ de longueur, dont 5 pour la tête et 40 pour le corps. Ils sont animés de mouvement vibratiles de translation et portent souvent au co une collerette venant de la paroi du spermatoblaste Le mouvement n'existe que dans le sperme éjacul dilué par les glandes annexes ; il est produit par le oscillations de la queue. Le sperme, auquel le sper matozoïde bien mobile donne seul le pouvoir fécon dant, est un liquide épais blanc opaque, contenan une matière albuminoïde, la *spermatine*, riche e phosphore.

Le sperme progresse dans l'épididyme par la vis tergo, aidée des contractions des conduits, hâtée elles-mêmes par les excitations génitales. Si le pertes de sperme sont trop répétées, il n'est pas mû et on y voit alors des spermatozoïdes encore inclu dans leur cellule mère. Le sperme peut refluer dan les vésicules séminales, diverticulum du canal défé rent replié sur lui-même, réservoir dont la sécrétio le fluidifie, comme le produit aussi celles des glande prostatique et de Cooper, en donnant des cellule d'épithélium cylindrique, des globules rouges e blancs et des concrétions azotées, rencontrées surtou chez les continents, les *sympexions*.

Par excitation génitale, le sperme sécrété abon damment est chassé du testicule par les muscle dartos, qui l'expriment. Les mouvements péristalti ques des canaux déférents poussent le sperme dan l'urètre prostatique par les *canaux éjaculateurs* Le sperme déposé dans l'urètre prostatique déter mine le réflexe d'*éjaculation*, qui le lance dans le voies génitales femelles.

L'érection rend béant l'urètre pour le passage d sperme. Elle est produite par un reflexe, qui prend s source dans le cerveau ou dans les surfaces sensibles surtout dans la muqueuse du gland riche en papilles d'où la série : érection, sécrétion, excrétion et éjacu lation.

Le nerf dorsal de la verge transmet aux centre nerveux les impressions ressenties; la muqueus prostatique vient ensuite comme point de départ d réflexe.

L'érection, discutée, consiste en accumulation d sang dans les corps caverneux et spongieux quelque fois indépendants, comme par exemple on le constate dans la plénitude de la vessie, amenant, par la compression des plexus veineux de Santorini entre elle et le pubis, l'érection des corps caverneux sans celle du gland.

Le canal dilaté par l'érection aspire peu (blennorragie) ou pas; il est rempli par le liquide des glandes de Cooper, sortes de glandes salivaires situées au milieu des muscles du périnée derrière le bulbe et s'ouvrant à la jonction du bulbe avec la portion spongieuse. La contraction des muscles du périnée chasse au moment de l'érection leurs produits dans l'urètre, pour diluer le sperme; si l'érection n'est pas suivie d'éjaculation, cette sécrétion s'écoule au dehors après l'affaissement de la verge.

Les glandes de Littre de la partie spongieuse du canal, comparables aux glandes salivaires intrapariétales et les glandes prostatiques, donnent de même un liquide visqueux destiné à diluer le sperme.

L'utricule prostatique à épithélium à cils vibratiles est un rudiment d'utérus.

Le sperme dilué dans les vésicules séminales arrive dans l'urètre, où il détermine un réflexe qui le lance au dehors.

L'éjaculation est produite par les contractions du muscle bulbo-caverneux, ou tout au moins accélérée par lui. Au moment où le sperme est versé dans l'urètre prostatique, l'érection du verumontanum bouche l'entrée de la vessie; les canaux éjaculateurs s'ouvrent en avant et sur les côtés du verumontanum et le sperme arrive dans l'urètre postérieur, mais le muscle de Wilson se contracte et clot en avant: le sperme s'accumule donc avec force entre le verumontanum et le muscle de Wilson, chassé par les contractions des muscles lisses des vésicules séminales et des canaux déférents. Enfin le muscle lassé se desserre, le liquide part, mais par éclusées successives, entrecoupées par de nouvelles contractions spasmodiques successives du muscle de Wilson.

La puissance du jet est donc due à la tension du sperme et le rythme aux contractions spasmodiques du muscle de l'écluse.

La quantité du sperme éjaculé varie de 1 à 8 grammes.

Le spermatozoïde est destiné à l'ovule; il est tué par l'eau froide, l'électricité, les acides (acidités même vaginales) ; les alcalins l'excitent. Il peut vivre 8 jours dans le col utérin; le sang des règles augmente ses mouvements.

CHAPITRE XIII

APPAREIL GÉNITAL DE LA FEMME

Article I. — Anatomie de l'appareil génital de la femme

Les organes génitaux de la femme se composent, de chaque côté, de l'*ovaire*, organe sécréteur des *ovules*, de la *trompe de Fallope*, conduit vecteur de l'ovule et l'amenant dans un organe médian, *l'utérus*, où se développe l'ovule quand il a été fécondé, et du *vagin*, qui à la fois sert à la copulation avec les parties annexées, comme la *vulve*, le *clitoris*, et laisse passer le produit de la conception.

Ovaires ou **testes muliebres.** — Situés dans l'aileron postérieur du ligament large, qui avec le ligament de l'ovaire les reliant à l'utérus, les maintient en place, ils ont la forme d'une amande pesant 8 grammes et mesurant 3 centimètres transversalement, 2 centimètres d'avant en arrière et 1 centimètre verticalement. Leur extrémité interne présente le ligament de l'ovaire, qui l'unit à l'utérus et leur extrémité externe le ligament de la trompe, qui l'unit à une frange du pavillon de celle-ci; leur bord inférieur, appelé *hile* reçoit les vaisseaux.

L'ovaire ovoïde, lisse avant l'apparition des menstrues, se couvre à partir de ce moment de cicatrices étoilées, violacées ou jaunâtres, appelées *corps jaunes*, provenant de la rupture des vésicules de de Graaf et plus volumineux, *corps jaune de la grossesse*, quand l'ovule fourni par la déhiscence d'une vésicule a été fécondé et s'est développé en un nouvel être. L'ovaire est tapissé par un épithélium cylindrique, qui remplace le pavimenteux du péritoine; il est formé, au centre, d'un *bulbe* rougeâtre, érectile, contenant des fibres conjonctives, des fibres musculaires lisses et des artères hélicines et, à la surface, d'une *couche corticale ou ovigène*, épaisse d'un millimètre, contenant jusqu'à 300,000 *ovisacs*, ou *vésicules de de Graaf*, arrondis, dont une douzaine plus volumineux. Parmi ceux-ci tous les mois au moment de l'époque menstruelle un d'eux plus hypertrophié que les autres, pouvant atteindre la grosseur d'une cerise, éclate et et son contenu s'échappe. Chaque ovisac a une capsule d'enveloppe tapissée d'une membrane granuleuse formée de petites cellules arrondies qui, dans un point opposé à la surface de l'ovaire, s'accumulent en un tas appelé *disque proligère*, qui contient en son centre l'*ovule*. L'ovisac est rempli d'un liquide alcalin, qui s'écoule au moment de sa déhiscence, entrainant le disque proligère et l'ovule qui va à la trompe.

Trompes de Fallope. — Ce sont des conduits horizontaux, flexueux, étendus de l'ovaire à l'utérus, situé dans l'aileron supérieur du ligament large, longs d 12 centimètres, d'un calibre admettant une soie d sanglier au niveau de l'utérus et allant en s'agran dissant jusqu'au pavillon, où ils communiquent ave le péritoine qui les entoure : une injection intra-uté rine, par l'ostium uterinum, peut donc à la rigueu passer dans le péritoine. La trompe se termine pa une extrémité frangée, corolliforme, appelée le *pavil lon*, qui par une de ses franges rejoint l'ovaire e formant le *ligament de l'ovaire*, sorte de gouttièr qui contient dans son épaisseur quelques fibres mus culaires. Elle est formée de 3 tuniques : une extern séreuse, donnée par le péritoine, une moyenne mus culaire et une interne muqueuse, avec des plis longi tudinaux et un épithélium cylindrique à cils vibra tiles à mouvements dirigés vers l'utérus.

Utérus. — Cet organe de la gestation, impair et mé dian, a la forme d'une poire rétrécie en son milieu, c qui permet d'y distinguer un *col* et un *corps* ; il es situé entre la vessie et le rectum. Son tissu, mo pendant la vie et rigide après la mort, est formé d fibres musculaires lisses.

L'utérus est maintenu dans l'axe du détroit supé rieur et un peu couché sur la vessie, en antéversio naturelle, avec même un peu d'antéflexion, par les *li gaments larges*, replis péritonéaux allant sur les côté de l'excavation pelvienne, par les *ligaments utéro sacrés* qui le fixent aux parties latérales et inférieure du sacrum, et les *ligaments ronds*, qui vont au pubi et passent par l'anneau inguinal, pour se termine en s'insérant, dissociés en pinceau, sur la face anté rieure de la symphyse pubienne; cette fixation es encore parachevée par l'adhérence de la vessie e avant et par l'insertion du vagin en bas.

L'utérus pèse environ 42 grammes et mesur

6 centimètres de longueur, 4 de largeur, 2 de hauteur. Il est séparé du rectum, en arrière, par le cul-de-sac de Douglas, où viennent les circonvolutions intestinales; la partie supérieure de ses bords ou corne utérine donne attache à la trompe, au ligament de l'ovaire et au ligament rond. Son fond convexe est situé à 2 centimètres et demi au-dessus du vagin. Le col a une portion sus-vaginale et une portion vaginale appelée *museau de tanche*, en forme de cône percé au sommet. La cavité du corps de l'utérus est triangulaire, de 22 millimètres, très resserrée; celle du col est fusiforme avec les replis de l'arbre de vie; entre les deux, est un anneau rétréci, l'*isthme*.

L'utérus, peu développé jusqu'à la puberté, double presque de volume à chaque époque menstruelle et s'atrophie à la ménopause.

La structure de l'utérus, épais d'environ 1 centimètre, nous montre, sous une enveloppe séreuse donnée par le péritoine, qui en se portant sur les côtés du bassin forme les ligaments larges, un lacis musculaire composé de fibres lisses, qui s'hypertrophient et se bifurquent pendant la grossesse et dans lequel on délimite à peu près trois couches et enfin une muqueuse adhérente, à derme épais recouvert d'un épithélium cylindrique à cils vibratiles et contenant des glandes en tubes à épithélium cylindrique, dont le fond à travers la muqueuse atteint la musculeuse. Dans le col, l'épithélium présente des cellules caliciformes et des glandes en grappe, dont l'oblitération pathologique donne les kystes du col, ou œufs de Naboth.

Les artères qui se rendent à l'utérus sont l'artère utéro-ovarienne, née de l'aorte, pénétrant sous le ligament large dans l'aileron postérieur, pour fournir au hile de l'ovaire puis descendre sur les bords de l'utérus; l'artère utérine, née de l'hypogastrique, pénétrant entre les 2 feuillets du ligament large, pour fournir au col où elle s'anastomose avec l'utéro-ovarienne ; enfin l'artère funiculaire, qui suit le ligament rond. Les veines ont même nom et une distribution analogue. Les lymphatiques forment 3 groupes : ceux du corps de l'utérus, des trompes et des ovaires suivent les vaisseaux utéro-ovariens et vont aux ganglions lombaires; ceux du col vont aux 2 ou 3 ganglions iliaques, situés dans l'angle de bifurcation de l'iliaque primitive et ceux du ligament rond vont aux ganglions du pli de l'aine.

Vagin. — Canal musculo-membraneux, étendu de l'utérus à la vulve, le vagin a une direction verticale ; il décrit une courbe à concavité antérieure, ses parois sont appliquées l'une contre l'autre et sa cavité est virtuelle ; sa longueur est de 9 centimètres en avant, 9 et demi en arrière, ce qui fait que, des culs-de-sac résultant de son insertion sur l'utérus, le postérieur est le plus développé. Le vagin est très élastique dans son fond. Sa muqueuse présente des saillies transversales avec une saillie médiane sur les deux parois, surtout en avant, où l'on trouve un tubercule saillant sous l'urètre : ce sont les colonnes du vagin, hérissées des papilles. L'orifice du vagin, ou anneau vulvaire, à la fois élastique et musculeux, est moins dilatable; cet orifice est plus ou moins rétréci chez la vierge par un repli de la muqueuse, qu'on appelle l'*hymen* et qui se rompt avec hémorrhagie lors de la défloration.

Cet hymen affecte 3 formes principales, en repli circulaire, semi-lunaire ou en fente et ses débris rétractés forment dans la suite les caroncules myrtiformes.

Le vagin a trois tuniques : une externe cellulo-fibreuse, une moyenne musculaire plexiforme, une interne muqueuse, adhérente, à épithélium pavimenteux stratifié sans glandes.

Le *bulbe du vagin* est un organe érectile double, situé sur le côté de l'orifice vaginal, derrière le muscle constricteur de la vulve. Les bulbes du vagin, comparés à deux sangsues gorgées de sang, se touchant en bas par leur grosse extrémité, forment une sorte de fer à cheval, dont la concavité tournée en bas embrasse dans sa partie supérieure l'orifice du vagin.

Urètre. — Long de 3 centimètres, large de 7 millimètres, avec ses 2 couches musculeuse et muqueuse, il va aboutir au *méat urinaire*; il est très dilatable, chez la femme.

Organes génitaux externes. — Les organes génitaux externes sont :

Le *pénil* ou *mont de Vénus*, saillie arrondie grasse et poilue, située en avant de la symphyse pubienne.

Le *clitoris*, organe érectile, est placé au-dessus du vestibule de la vulve, à l'extrémité des petites lèvres, entre les bifurcations de ces lames, qui l'embrassent en lui formant une sorte de prépuce, le *capuchon*. Il a la structure des corps caverneux, dont il est l'homologue, avec une tige presque nulle, mais aussi produite par l'accolement de 2 corps caverneux rudimentaires d'un 1/2 centimètre de long et de 2 racines de 3 centimètres, allant s'appliquer au bord interne des branches osseuses ischio-pubiennes.

Le *vestibule* forme au-dessous du clitoris une surface de 2 centimètres, limitée en haut par le clitoris, sur les côtés par les petites lèvres et à la partie inférieure par le *méat* urinaire, qui est arrondi, très dilatable chez la femme, et présentant au-dessous de lui le tubercule muqueux arrondi de l'entrée du vagin, qui servait jadis de point de repère pour sonder sous les couvertures.

La *fosse naviculaire* est une dépression entre

l'orifice vaginal et la *fourchette*, formée, en bas tout à fait, par la réunion des grandes lèvres.

Les *petites lèvres* ou *nymphes* constituent, en dedans des grandes lèvres, 2 replis muqueux dont l'extrémité inférieure se perd sur les côtés de l'orifice vaginal, en bas, et dont l'extrémité supérieure forme le capuchon du clitoris par leur bifurcation. Les nymphes dépassent les grandes lèvres chez les petites filles, plus tard elles ne se voient plus par suite du développement des grandes lèvres.

Les *grandes lèvres* étendues du pénil au périnée, où elles se rejoignent en bas, en formant la *fourchette vulvaire*, ont une surface externe cutanée garnie de poils et une surface interne muqueuse, par laquelle elles sont accolées. La peau des grandes lèvres a une sorte de revêtement de fibres musculaires lisses, à la face profonde du derme, constituant une espèce de dartos et le centre est occupé par de la graisse. Elle contient de nombreuses glandes sébacées et sudoripares.

La glande *vulvo-vaginale*, ou *de Bartholin*, grosse comme un haricot, sécrète un liquide albumineux analogue à celui des glandes de Cooper ou de Méry, s'écoulant à la suite d'excitations génésiques pour lubréfier l'entrée du vagin. Ce sont des glandes en grappe, dont le canal excréteur s'ouvre en avant de l'hymen ; leur infection microbienne donne lieu à l'abcès de la glande vulvo-vaginale.

Périnée. — Le *périnée de l'homme* est l'espace compris entre l'anus en arrière, la naissance des bourses en avant et les branches ischio-pubiennes latéralement; c'est une sorte de triangle à base postérieure limitée par une ligne fictive passant par les 2 ischions, avec au milieu le *raphé*, réunissant le milieu de la base au sommet. Il est divisé en 3 étages par 3 aponévroses, qui sont : l'*aponévrose périnéale* *superficielle*, recouvrant les muscles bulbo-caverneux, ischio-caverneux et transverse superficiel et continue en arrière avec l'aponévrose du releveur de l'anus ; 2° l'*aponévrose moyenne*, ou *ligament de Carcassonne*, formée de 2 lamelles contenant dans leur intervalle la prostate, la portion membraneuse de l'urètre, le muscle de Wilson, les muscles transverses profonds, les glandes de Cooper et les vaisseaux ; 3° l'*aponévrose pelvienne ou profonde*, résistante, ferme le bassin, en tapissant les muscles ischio-coccygien, releveur de l'anus et obturateur interne.

Le muscle ischio-caverneux chasse le sang dans les corps caverneux, en comprimant leur racine ; le muscle bulbo-caverneux, en s'anastomosant à la surface du bulbe avec celui du côté opposé, le comprime par sa contraction pour en chasser les dernières gouttes d'urine et de sperme ; les muscles transverses tendent la région et compriment les glandes de Cooper ; le releveur de l'anus limite le creux ischio-rectal avec l'obturateur interne ; le sphincter externe forme une boutonnière musculaire étendue du coccyx au bulbe, traversée par le rectum.

Le *périnée de la femme* en diffère par l'absence de loge supérieure pour la prostate, qui n'existe pas ; les 2 aponévroses pelvienne et moyenne se touchent donc ; il comprend les mêmes muscles, mais le muscle bulbo-caverneux y est remplacé par le *constricteur du vagin*, qui se continue en 8 avec le sphincter anal, de telle sorte que les 2 orifices, vaginal et anal, ont une action le plus souvent synergique.

Mamelles. — Reliées physiologiquement aux organes génitaux, les mamelles sont très développées chez la femme, où, après l'accouchement, elles sécrètent le lait destiné à nourrir l'enfant. Elles sont placées en avant du grand pectoral et elles renferment une glande en grappe, siégeant à leur partie profonde, dans l'épaisseur du tissu graisseux sous-cutané, abondamment développé à leur niveau, ou mieux dans un dédoublement du fascia superficialis, aponévrose qu'on trouve partout à la face profonde du tissu graisseux qui double la peau. Elles sont en forme de demi-sphère, qui devient pyriforme et souvent flasque et tombante après l'accouchement.

Les mamelles présentent, dans les 2 sexes, à leur centre, un *mamelon* saillant, formé de papilles nombreuses, entre lesquelles s'ouvrent des glandes sébacées et, chez la femme. les *canaux galactophores*, qui, au nombre de 15 à 20, s'ouvrent à son sommet. C'est un organe érectile, ainsi que l'*aréole*, qui l'entoure sous forme d'un cercle coloré, plus ou moins foncé par le pigment ; il se gonfle et se dresse par les attouchements et, de même que l'aréole, se contracte au contact d'un corps froid. L'aréole brunit pendant la grossesse et présente des glandes sébacées ou lactées accessoires, qui font saillie à partir du 3e mois, sous le nom de *tubercules de Montgommery*.

L'aponévrose d'enveloppe de la glande mammaire n'existe pas au niveau de l'aréole.

La glande mammaire possède 15 à 20 lobes formés d'amas d'acini, de culs-de-sac glandulaires, réunis par des cloisons conjonctives et d'où partent les canaux excréteurs, qui se fusionnent pour donner les canaux galactophores, dont les parois renferment des fibres musculaires lisses, servant par leur contraction à chasser le lait accumulé dans leur cavité. Les acini des glandes ont des parois conjonctives, tapissées de cellules cubiques, qui, après s'être gorgées de graisse, fondent et constituent la sécrétion lactée analogue à la sécrétion sébacée.

Les vaisseaux sont donnés par les artères mammaires et intercostales.

Les lymphatiques vont à l'aisselle.

Le *lait*, sécrétion de la glande mammaire, qui s'hypertrophie pendant la grossesse, est produit par fonte des cellules du fond des culs-de-sac glandulaires, dont la masse protoplasmique a subi la dégénérescence graisseuse ; les traces cellulaires se voient encore dans le colostrum des premiers jours. Les cellules se gonflent, multiplient leurs noyaux, se chargent de gouttes de graisse, qui tombent dans la cavité de la glande avec le protoplasma infiltré qui les entoure et qui se dissout dans le liquide du conduit glandulaire. La partie profonde de la cellule se gonfle et se régénère, en produisant de nouveaux éléments du lait. Le système nerveux a une action marquée sur la sécrétion lactée, comme le prouve le retentissement des émotions sur son abondance ; l'excitation du mamelon, produite par la succion, fait monter le lait et son insensibilisation par la cocaïne le tarit. Le lait s'accumule dans les conduits galactophores, d'où il est amené au dehors par la vis à tergo, la contraction musculaire des conduits et l'expression ou succion.

Article II. — Physiologie de l'appareil génital de la femme

L'*ovaire* est constitué physiologiquement par des culs-de-sac épithéliaux, devenus vésicules closes et tapissés par de l'épithélium globulaire, tandis qu'il est cylindrique vibratile dans l'utérus et pavimenteux stratifié dans le vagin. Cet épithélium se réveille à la puberté, pour entrer en action lors de l'ovulation, de la menstruation et de la gestation.

Les *ovisacs*, ou *vésicules de de Graaf*, sont des poches connectives tapissées de cellules, constituant la *membrane granuleuse,* avec en un point u amas cellulaire, le *disque proligère,* dans lequel un cellule plus volumineuse, l'*ovule,* mesure 1/10 d millimètre. Quelquefois, il y a 2 ovules dans un même vésicule. L'ovule se compose d'une envelopp la *membrane vitelline* ou chorion, d'un contenu, l *vitellus,* qui contient un noyau nucléolé, la *vésicul* et la *tache germinatives.*

Toutes les vésicules de de Graaf ne sont pas a même stade de développement. A la naissance e surtout à la puberté, il y a une poussée d'œufs l'ovaire. A l'époque menstruelle, 1 ou 2 ovisacs s développent, les plus rapprochés de la surface d l'ovaire, leur contenu augmente, s'épaissit, le tiss s'amincit et finalement, par la pression du bulbe d l'ovaire, il y a éclatement avec entraînement d disque proligère et de l'ovule, qui sera ou non fécond plus tard par les spermatozoïdes. Ensuite la vésicul de de Graaf se rétracte, se cicatrise en produisant la surface de l'ovaire, par la poche infiltrée de pig ment sanguin, un *corps jaune,* variant d'aspect, sui vant qu'il succède à une ovulation simple, ou a un ovulation suivie de fécondation : dans ce dernie cas, le corps jaune est plus volumineux et plus persis tant par épaississement hypertrophique de la mem brane de la vésicule, qui donne des plissements plu tard envahis par la dégénérescence granulo-grais seuse.

L'ovule tombe de l'ovaire et peut aller se déve lopper dans le péritoine, s'il est fécondé (grossesse extra-utérines péritonéales, tubaires, etc.); mais s'engage en général dans la *trompe de Fallope,* o oviducte, à parois mobiles contractiles et érectiles Les fibres lisses des ligaments larges et du ligamen tubo-ovarique et son érectilité propre feraient em brasser l'ovaire par le pavillon de la trompe l'ovule est poussé par les cils vibratiles de l'épithélium et les mouvements péristaltiques de la trompe dans la *matrice*, où il se développe, ou d'où il est rejeté, s'il n'est pas fécondé.

La chute de l'œuf a lieu tous les 28 jours et s'accompagne de congestion médullaire (douleurs lombaires) et d'hémorrhagie menstruelle produite par la diapédèse des globules rouges à travers l'épithélium, qui tapisse la cavité utérine (Keiffer 1899), sous l'effort de la poussée sanguine. Il en est de même, chez les animaux, à l'époque du rut, qui correspond à une période menstruelle.

L'épithélium pavimenteux du vagin desquame aussi à ce moment, donnant les *fleurs blanches*.

Fécondation. — Elle est produite par la rencontre de l'ovule et du spermatozoïde. Le bulbe du vagin et les corps caverneux du clitoris, appareils érectiles, surtout le clitoris, analogue au gland, sont le siège des sensations voluptueuses. A l'entrée du vagin, est le canal de Bartholin, par où se vident des glandes analogues pour la position et le produit aux glandes de Cooper, dont l'inflammation dans la blennorrhagie donne l'abcès de la glande vulvo-vaginale ou Bartholinite.

L'orifice vaginal est en partie fermé, chez les vierges, par une membrane annulaire, en croissant ou fendue longitudinalement, dont la déchirure s'effectue aux premiers rapports et laisse seulement persister des débris, qui se rétractent, pour former des sortes de simples tubercules, qu'on appelle les *caroncules myrtiformes*. L'infection de ces débris d'hymen peut donner lieu à une inflammation de l'entrée de la vulve, donnant par action réflexe au moindre contact une contracture, c'est le vaginisme.

On ne sait pas, si dans la copulation, le sperme est lancé dans l'utérus ou aspiré par lui. Coste a montré sur la lapine que le sperme n'est versé que dans le vagin et qu'il s'écoule 10 minutes avant que les spermatozoïdes envahissent le museau de tanche. Pendant ce séjour vaginal, toute cause naturelle (acidité vaginale) ou accidentelle (eau froide, acides étendus) qui viendra tuer les spermatozoïdes, mettra obstacle à la fécondation. Peut-être y a-t-il une éjaculation utérine féminine, pouvant véhiculer, par sa rentrée dans l'utérus, des spermatozoïdes.

En tous cas, le mouvement vibratile des spermatozoïdes favorise leur migration par diffusion inconsciente, alors qu'ils sont simplement déposés à l'orifice vulvaire.

La fécondation se produit dans le 1/3 externe de la trompe, par pénétration du spermatozoïde dans l'ovule, où il se fusionne avec le noyau femelle.

L'ovule fécondé descend le long de la trompe, arrive dans l'utérus où la muqueuse bourgeonne ; il se loge entre 2 villosités, qui deviennent touffues et constituent la caduque, qui se divise en caduque utérine et fœtale et sérotine ; cette dernière se transformera en placenta.

L'utérus s'hypertrophie par agrandissement des fibres musculaires préexistantes et formation de fibres nouvelles ; il devient en même temps plus riche en vaisseaux ; cette musculature supplémentaire sert à l'expulsion du produit de la conception.

Les contractions utérines sont excitées par la succion du mamelon, d'où l'utilité pour la mère de donner le sein pour activer l'involution de son utérus, c'est-à-dire son retour à l'état normal.

CHAPITRE XIV

EMBRYOLOGIE

Article I. — Fécondation

Le sperme, versé dans le vagin, s'écoule au dehors en grande partie après la copulation ; mais il en reste assez et il reste des spermatozoïdes en nombre immense, ultra suffisant pour assurer la fécondation. Ces spermatozoïdes, d'après Coste, ne se rencontreraient dans le col que 10 à 20 minutes après : aussi toute cause naturelle ou artificielle qui viendra atteindre leur vitalité (acidités vaginales, froid) mettra obstacle à la fécondation.

Les spermatozoïdes monteraient donc dans le col par leurs mouvements vibratiles propres, dus aux ondulations de leur flagellum ; de là ils gagnent l'utérus, puis la trompe et, dans cette ascension générale, ce sont les plus agiles, les plus forts, qui arrivent premiers : il en résulte là encore une sélection naturelle profitable à l'espèce. On a aussi signalé, dans la fécondation, le lancement possible du sperme dans l'utérus bâillant spasmodiquement, l'aspiration probable du sperme par l'utérus au moment de l'orgasme vénérien, car on a vu sur des utérus prolabés des mouvements de l'orifice du col à cet instant ; il est plus probable que, lors du spasme terminal, l'utérus excrète la glaire de son col sur laquelle s'attachent les spermatozoïdes, qui rentrent dans l'utérus avec elle, après la terminaison de l'acte vénérien. Il est certain que le col bave, en même temps que les glandes de Bartholin sécrètent abondamment, au moment de ce qu'on appelle quelquefois l'*éjaculation féminine*.

Quoi qu'il en soit, tandis que les sensations voluptueuses sont indispensables pour l'éjaculation de l'homme, la femme, elle, peut être fécondée sans rien ressentir comme le montrent les cas de fécondation pendant le viol, le sommeil, l'anesthésie, etc.

Article II. — Développement embryonnaire

Dès que les spermatozoïdes ont atteint l'ovule dans le 1/3 externe de la trompe, ils tâchent de le pénétrer en traversant la membrane vitelline ; l'un d'eux y arrive e s'enfonce graduellement dans le vitellus par sa tête, ca le segment intermédiaire et la queue, dont le rôle es terminé, devenus inutiles, restent au dehors et dispa raissent. Le vitellus envoie à l'approche du spermato zoïdes une saillie, appelée *cône d'attraction*, qui le prend et l'attire vers le centre.

Le noyau femelle, plus volumineux, occupant le centre de l'ovule, c'est-à-dire l'ancienne vésicule germinative se fusionne avec la tête du spermatozoïde, ou noyau mâle, qui, avant, s'entoure d'une série de petits rayons qui hérissent toute sa surface, puis les perd. Après la fusion, l'ovule devenu œuf épaissit sa membrane vitel line et, sous l'influence d'une nouvelle vitalité imprimée se met à se segmenter.

Déjà avant la fécondation, dans l'ovule, la vésicule germinative se transforme en un fuseau de direction, avec un aster à chaque extrémité, reliés l'un à l'autre par des filaments de protoplasma, rayons ou filaments bipolaires : c'est l'amphiaster, qui se rapproche de la périphérie. L'aster le plus rapproché de la surface repousse alors une portion du protoplasma ovulaire, qui s'allonge et s'en détache en un globule arrondi, le 1er *globule polaire*. L'amphiaster se reconstitue et donne ensuite de même un 2e globule polaire. Il reste donc en définitive la seconde moitié du 2e amphiaster, qui se condense en un noyau arrondi, le *pronucléus femelle*, qui gagne le centre du vitellus.

Après la fécondation (quelquefois avant), l'œuf monocellulaire se divise en deux cellules distinctes, le plan de section passant entre les 2 globules polaires ; puis la segmentation continue; au lieu de 2 cellules, il en existe 4, puis, par une série de dédoublements analogues, un grand nombre de cellules s'accumule dans l'intérieur de l'œuf à l'abri de la membrane vitelline. Ce stade marque environ la fin de la 1re semaine après la fécondation.

Plus tard, au centre de cette agglomération de cellules, se forme une collection liquide, qui, par son augmentation progressive, repousse les cellules excentriquement et les entasse contre la paroi vitelline, où elles constituent le *blastoderme*. En un point de l'œuf, une multiplication plus rapide des cellules donne une tache épaissie, qui correspondra au dos du futur embryon. Le blastoderme se divise en 2 couches, l'*ectoderme* et l'*endoderme*, puis, au niveau de la tache, le *mésoderme* : ces 3 couches sont aussi désignées sous les noms de *feuillets externe, interne* et *moyen du blastoderme*. Au niveau de la tache, au dos de l'embryon, les dédoublements n'ont pas lieu ; on a une masse, où les cellules restent entassées, mais seront bientôt séparées suivant une ligne longitudinale, pour donner un canal, le canal médullaire, en dedans duquel on trouve un épaississement en cordon circulaire à la coupe, la *notocorde*, autour de laquelle se développera la colonne vertébrale. Le mésoderme se dédouble ensuite en 2 feuillets, dont l'un double l'externe, l'autre l'interne, laissant entre eux un espace le cœlôme, future cavité péritonéale; on a alors deux feuillets doublés, qui sont l'externe la *somatopleure*, l'interne la *splanchnopleure*, devant donner ultérieurement le premier l'enveloppe et la charpente du corps, le deuxième les viscères. Pendant ce temps, la membrane vitelline se recouvre de villosités ; c'est le *chorion primitif*. Au niveau du dos de l'embryon, la somatopleure et la splanchnopleure se confondent en une masse commune, où on trouve le canal médullaire et la notocorde. Plus tard, ces 2 membranes subissent vers leur partie moyenne un étranglement, qui les divise en 2 régions distinctes, une embryonnaire et une extra-embryonnaire, réunies par une intermédiaire, qui deviendra le cordon, tandis que la partie embryonnaire deviendra le fœtus et l'extra-embryonnaire la *vésicule ombilicale*, qui contient les éléments de la nutrition de l'œuf jusqu'à la formation du placenta et correspond, par son contenu, au jaune de l'œuf des oiseaux. Tandis que la paroi de la vésicule ombilicale, formée par la splanchnopleure, subit une atrophie et un retrait progressif , le feuillet sus-jacent, au contraire, qui n'est autre que la somatopleure extra-embryonnaire, prend un développement considérable et rapide pour constituer le *chorion secondaire* et l'*amnios* : pour cela le feuillet de la somatopleure pousse une série de prolongements sur les côtés, allant à la rencontre les uns des autres en contournant l'embryon et se rejoignant au point opposé à celui du départ, de telle sorte que, quand la réunion est achevée, des deux feuillets créés par ce prolongement l'un est directement appliqué à la face interne de la membrane vitelline dans toute son étendue, l'autre, se continuant avec la somatopleure intermédiaire, tapisse une partie de la face externe de la vésicule ombilicale et de la face interne du feuillet précédemment étudié; entre lui et l'embryon, existe une cavité réelle, dans laquelle se collecte le liquide amniotique que sécrètent les parois.

De l'embryon, entre la somatopleure et la splanchnopleure, dans la région pelvienne, se développe un bourgeon creux, qui grandit progressivement, en écartant l'une de l'autre les 2 membranes limitantes, c'est l'*allantoïde*, dont la partie embryonnaire va former la vessie et l'ouraque et la partie extra-embryonnaire, le troisième chorion ou *chorion définitif* et le placenta, en envahissant progressivement l'espace qui sépare le chorion secondaire de l'amnios, éloignant les 2 membranes limitrophes. Ce stade de développement correspond au vingt-cinquième jour de la vie embryonnaire.

A la fin du premier mois, l'allantoïde complètement développée a porté avec elle, sur toute la surface interne du chorion secondaire, des ramifications vasculaires, qui vont se prolonger jusque dans les villosités et hérissent la surface de l'œuf, pendant que la vésicule ombilicale s'atrophie graduellement par le développement de l'œuf, aux dépens de son contenu. Pendant le deuxième mois, il y a peu de changement ; les villosités s'accroissent. Pendant le troisième mois, les villosités s'atrophient sur toute la surface de l'œuf, à l'exception d'un point où l'œuf adhère à l'utérus ; là, au contraire, les éléments s'hypertrophient, pour former le *placenta*, tandis qu'ailleurs l'allantoïde s'atrophie et se soude au chorion secondaire, pour former le chorion définitif.

A la fin du troisième mois, la vésicule ombilicale disparaît en laissant, comme vestige, l'appendice vermiculaire du cæcum ; au début du quatrième mois, l'allantoïde, c'est-à-dire sa partie hypertrophiée, devenue le placenta, sert seule à la nutrition de l'embryon devenu fœtus.

Pendant ce développement, l'œuf est enveloppé et protégé par la muqueuse utérine, qui se boursoufle à son contact, l'enchatonne et finit par l'envelopper complètement, en subissant des transformations qui en font en quelque sorte une nouvelle membrane, appelée *caduque*, parce qu'elle est destinée à tomber en même temps que l'œuf. Au niveau du placenta, cette caduque est très épaisse et au delà elle se divise en 2 feuillets, dont l'un, appliqué sur l'œuf, constitue la *caduque ovulaire* et l'autre, appliqué sur la face interne de l'utérus, s'appelle la *caduque utérine.*

Le fœtus baigne dans l'eau de l'amnios, relié au placenta par le cordon ombilical, qui contient 2 artères et une veine, entourées de gélatine de Warthon (tissu muqueux), le tout recouvert d'une enveloppe amniotique continue. Ce cordon unit le fœtus au placenta, organe spongieux, auquel il porte les vaisseaux ombilicaux, ayant une surface lisse du côté du fœtus et une surface cotylédonée du côté de l'utérus, à la paroi interne duquel il adhère. Le placenta résulte de la rencontre des villosités allantoïdiennes et des villosités de la caduque intér-utéro-placentaire ; dans le tissu hypertrophié, les vaisseaux émanés de l'embryon forment un enchevêtrement vasculaire abondant, inextricable, dont les ramifications vasculaires en doigt degant, coiffées d'un épithélium donné par l'ancien feuillet externe, s'enfoncent dans le tissu maternel, sans communication vasculaire ; au moment du décollement du placenta, il y a arrachement d'une partie de la muqueuse utérine ou caduque.

L'embryon consiste d'abord, avons-nous dit, en une simple *tache*, produite par la prolifération rapide des cellules de la région ; c'est *l'aire germinative,* d'abord arrondie, puis, devenant ovulaire, en grandissant, puis elliptique, avec une partie interne claire et une externe opaque.

Le centre de l'aire transparente présente bientôt une ligne ou *gouttière primitive,* dont le fond s'invagine de plus en plus, ce qui donne deux berges saillantes, les *lames dorsales,* qui bientôt se rapprocheront, se souderont, et auront ainsi incarcéré dans le feuillet moyen sous-jacent le fond du fossé, qui sera le tube épithélial, qui se trouve au centre de l'axe nerveux et servira notamment au développement de la moelle épinière, dérivée par conséquent du feuillet externe ; du côté de l'extrémité céphalique, on trouve un sinus arrondi et du côté de l'extrémité caudale un espace lancéole. Les deux extrémites céphalique et caudale s'incurvent l'une vers l'autre, entraînant le feuillet externe du blastoderme, qui forme à leur niveau deux replis, les capuchons céphalique et caudal, tandis que, sur les côtés, deux capuchons latéraux se soudent entre eux et avec les premiers pour former l'amnios.

Des trois feuillets du blastoderme, l'externe formera le futur épiderme et l'interne le futur épithélium intestinal, (le feuillet moyen ne s'étant scindé que sur les côtés, pour doubler les deux feuilles interne et externe), avec le *cœlôme* intermédiaire, future séreuse pleuro-péritonéale; les lames intestinales restent adhérentes à la colonne vertébrale, par une cloison médiane, le futur mésentère. L'étranglement graduel de la partie de la vésicule ombilicale, située dans le corps du fœtus, amènera la séparation de l'intestin, qui ne communique plus avec elle que par le *conduit omphalo-mésentérique,* par l'intermédiaire duquel il continuera à épuiser sa réserve nutritive.

Dans la paroi intestinale vasculaire formée par l'épithélium intestinal du feuillet interne du blastoderme, doublé du feuillet interne de dédoublement du feuillet moyen, le foie se produit ; de même, le poumon résulte de bourgeons creux produits par l'invagination de ce feuillet interne dans la lame intestinale. Enfin sur les côtés, à la racine des lames ventrales, au fond du cœlôme, paraît l'organe génito-urinaire primitif, ou corps de Wolf, de chaque côté de la masse proto-vertébrale.

En résumé l'embryon, dans les premiers temps, ressemble à *un petit soulier dans un grand soulier* (Coste), le soulier interne étant l'épithélium intestinal ou feuillet interne du blastoderme et le soulier externe, l'épiderme ou feuillet externe du blastoderme. Entre les deux, est la masse du feuillet moyen, masse unique entre les 2 semelles, *masse proto-vertébrale*, mais divisée sur les côtés en lame pariétale, doublure de l'épiderme, et lame intestinale, doublure de l'épithélium intestinal. La division s'est faite aussi dans la région cervicale, mais ici la lame intestinale a couvert le pharynx et produit le cœur et la lame pariétale va s'avancer sous forme d'appendices costiformes, ou arcs pharyngiens. Le cœur, né haut, descend à sa place. Plus tard, apparaît l'allantoïde, qui donne le placenta.

Le feuillet externe du blastoderme a donc formé : 1° La vésicule séreuse et les gaines épithéliales des villosités, 2° l'amnios, 3° l'épiderme et de bonne heure les centres nerveux , ou tout au moins l'épithélium de leur canal central, l'épendyme ; l'épiderme en s'invaginant a produit l'épithélium de la bouche et celui du cloaque ; en s'enfonçant dans la peau vasculaire sur une multitude de points, il a fait les glandes cutanées, les bulbes pileux, dans l'œil le cristallin ; l'épithélium buccal a fait de même les glandes buccales et l'émail des dents.

Le feuillet interne du blastoderme forme : 1° l'épithélium de la vésicule vitelline ou ombilicale, celui de l'intestin et celui de l'allantoïde, dont la cavité se comble tôt. L'épithélium intestinal, en s'invaginant sous forme de bourgeons creux dans la lame intestinale fibro-vasculaire, produit les bronches et les poumons, les canaux cholédoque et pancréatique, les nombreuses glandules ouvertes sur la surface intestinale.

Le feuillet moyen vasculaire moto-germinatif paraît fournir tout le reste.

Article III. — Développement de quelques organes

L'intestin se prolonge plus tard en avant, intestin antérieur, et en arrière, intestin postérieur ; la bouche et l'anus ou cloaque s'y trouent par invagination cutanée.

Dans la paroi vasculaire de l'intestin, dans la lame intestinale, se développent le foie, la rate. Le foie est pénétré par un bourgeon creux de l'épithélium intestinal, qui forme l'épithélium du canal cholédoque ; un autre bourgeon creux de l'épithélium intestinal, c'est-à-dire du feuillet blastodermique interne, forme le poumon.

Au niveau du cou, le feuillet moyen du blastoderme s'est dédoublé en deux feuillets, comme dans le corps ; une lame intestinale, qui, n'ayant pas l'obstacle du sac vitellin, s'unit à sa congénère du côté opposé et une lame pariétale cervicale, qui ne fait pas de progrès. Il en résulte, entre le pharynx et l'épiderme cervico-facial, une cavité cervicale, produit du dédoublement du feuillet moyen comme le péritoine et communiquant de chaque côté avec lui.

Dans cette cavité cervicale, aux dépens de la paroi pharyngienne, se développe le cœur, d'abord couvert seulement par l'épiderme, mais bientôt les lames cervico-faciales dont nous venons de parler poussent de chaque côté des prolongements costiformes, appelés *arcs pharyngiens*, qui se souderont en arcade devant le cœur et le pharynx. Entre le premier arc représentant la mâchoire et le front, l'invagination du feuillet externe jusqu'au cul-de-sac pharyngien, donne la bouche, qui, par résorption de la paroi pharyngienne, communique avec le tube digestif.

Arcs pharyngiens. — Les *arcs pharyngiens* sont constitués par quatre prolongements de chaque côté de la notocorde, qui se portent en avant comme des sortes de côtes, qui se soudent sur la ligne médiane en interceptant entre eux des *fentes pharyngiennes*, correspondant aux *fentes branchiales* que nous voyons à l'âge adulte chez les squales, et qui sont chez l'homme un témoin embryologique du stade poisson, par lequel nous avons passé, l'évolution embryologique reproduisant en raccourci les différents stades d'évolution, qui ont abouti à la constitution d'une forme animale donnée. Au-dessus du premier arc, nous voyons le bourgeon frontal, se divisant en deux bourgeons latéraux, sur les côtés desquels nous trouvons la fossette olfactive, le canal nasal; le premier arc, par exception, se divise en avant en deux branches, en formant ainsi un Y, dont la branche supérieure, ou bourgeon maxillaire supérieur, va s'unir aux bourgeons latéraux et dont la branche inférieure, ou bourgeon maxillaire inférieur, va s'unir à celui du côté opposé pour former la mâchoire inférieure et le cartilage de Meckel, qui donne le marteau et l'enclume. La rencontre des bourgeons maxillaires supérieurs avec la partie médiane peut, dans certains cas, ne pas s'effectuer, par arrêt de développement : le *bec de lièvre* en résulte, simple, uni ou bilatéral, ou compliqué, suivant que l'absence de soudure porte sur la lèvre supérieure seulement ou sur les parties osseuses profondes dont l'arrêt de formation peut, par absence de la voûte palatine, faire communiquer la bouche avec le nez (gueule de loup).

Le deuxième arc pharyngien donne l'étrier, l'apophyse styloïde et la petite corne de l'os hyoïde.

Le troisième arc fournit les grandes cornes et le corps de l'os hyoïde.

Le quatrième arc concourt à former le cou.

Les quatre fentes pharyngiennes s'ouvrent sur les côtés du cou et dans le pharynx ; elles se soudent ultérieurement, sauf dans quelques cas tératologiques, à l'exception de la première, qui donne le conduit auditif externe, la caisse du tympan et la trompe d'Eustache.

Système nerveux central, œil, oreille. — La partie

céphalique se différencie en trois dilatations, ou vésicules cérébrales primitives, dont l'antérieure et la postérieure se divisent, ce qui en donne cinq au total ; les deux vésicules antérieures produisent: celle d'avant, le cerveau antérieur (hémisphères, corps strié, trigone), celle d'arrière le cerveau intermédiaire (couches optiques, troisième ventricule) ; la vésicule moyenne donne le cerveau moyen (tubercules quadrijumeaux, pédoncules cérébraux, aqueduc de Sylvius) ; les deux vésicules postérieures donnent : celle d'avant, le cerveau postérieur (cervelet) ; celle d'arrière, l'arrière cerveau (moelle allongée, quatrième ventricule).

Les vésicules oculaires et les vésicules auditives ne sont que des émanations de la substance encéphalique. Pour l'œil, une vésicule émanée de la vésicule cérébrale antérieure donne une expansion pyriforme, dont le pédicule rétréci devient le nerf optique, tandis que le fond se met en relation avec le cristallin résultant d'une invagination du feuillet externe du blastoderme, qui déprime d'abord cette vésicule, dont il se coiffe à la façon d'une séreuse à feuillet pariétal choroïdien et viscéral rétinien, dont il se sépare ultérieurement par formation du corps vitré. Pour l'oreille, une invagination du feuillet externe du blastoderme, au niveau du deuxième arc pharyngien, donne les fossettes auditives, ébauche de l'oreille interne, à la constitution de laquelle le feuillet moyen vient concourir, tandis que l'oreille moyenne et l'oreille externe tirent leur origine de la première fente pharyngienne qui donne un canal coupé en deux par le tympan avec le conduit auditif externe en dehors, la caisse et la trompe en dedans.

Cœur, vaisseaux. — Le cœur se développe par deux moitiés latérales qui se soudent en un tube d'abord droit, recevant en arrière le tronc des veines omphalo-mésentériques et en avant les arcs aortiques. Ce tube se contourne ensuite sur lui-même en S, de façon à porter à droite la partie postérieure ; il se dilate en outre en trois points, formant d'avant en arrière le bulbe, la cavité des ventricules, puis celle des oreillettes. La cavité des ventricules, puis celle des oreillettes se cloisonne, donnant deux moitiés droite et gauche ; le cloisonnement incomplet des oreillettes donne le *trou de Botal*, qui les fait communiquer chez le fœtus et qui se comble ultérieurement, laissant seulement comme indice de son existence après la naissance la fosse ovale, limitée par l'anneau de Vieussens.

Les *arcs aortiques* émanés du bulbe se portent en haut et en arrière et s'y rejoignent pour former un tronc unique, qui se divise ensuite en deux branches vertébrales postérieures qui vont jusqu'à la région postérieure du corps, comme chez les poissons, analogie qui devient plus nette encore par la formation, au-dessous du premier arc aortique, de cinq paires successives, qui se logent derrière les quatre arcs pharyngiens et la quatrième fente pharyngienne. Aux dépens des troisièmes arcs se forment les carotides, du quatrième le tronc brachio-céphalique et l'artère sous-clavière à droite, à gauche la crosse de l'aorte et la sous-clavière ; le cinquième disparaît à droite, à gauche il constitue l'artère pulmonaire, le *canal artériel* et la partie supérieure de l'aorte descendante.

Les artères périphériques naissent dans le feuillet moyen par des cordons pleins, qui se creusent ensuite d'un canal central, comme cela a lieu d'ailleurs pour le cœur et les troncs d'origine.

Des artères vertébrales postérieures naissent de nombreux rameaux, qui vont à tous les tissus de l'embryon, et principalement les deux artères omphalo-mésentériques, qui vont à l'intestin et à la vésicule ombilicale où elles forment l'*area-vasculosa* ; le sang revient de là à la partie postérieure du cœur par les deux veines omphalo-mésentériques. Lorsque la vésicule ombilicale s'atrophie, les vaisseaux omphalo-mésentériques subissent le même sort et se réduisent à une artère mésentérique et à une veine mésentérique future veine porte. Ces restes de la première circulation vont en se modifiant par l'addition de nouveaux vaisseaux, qui constituent la deuxième circulation, ou circulation placentaire. Du placenta partent deux artères ombilicales, qui vont aux artères iliaques, et deux veines ombilicales dont l'une s'atrophie, tandis que l'autre se continue avec le tronc de la veine mésentérique. Sur ce tronc commun naît le foie, recevant des veines hépatiques afférentes et en donnant des veines efférentes, avec une partie veineuse intermédiaire, le *canal veineux*. En un mot, arrivée au niveau du foie, la veine ombilicale se jette en partie dans la veine porte et communique d'autre part, grâce au canal d'Aranzi, directement avec la veine cave inférieure et de là avec le cœur.

Les veines qui ramènent le sang du corps de l'embryon sont les veines cardinales antérieures et postérieures, qui s'abouchent en même temps et de chaque côté par un canal commun, le canal de Cuvier ; les veines cardinales postérieures donnent les veines azygos, le conduit de Cuvier gauche s'atrophie, en même temps qu'une anastomose transversale entre les deux veines cardinales donne le tronc veineux brachio-céphalique gauche ; le conduit de Cuvier droit donne la veine cave supérieure.

Organes génito-urinaires. — Le *corps de Wolff*, ou rein primordial transitoire de l'embryon, se montre sous forme d'une glande épaisse située sur le côté de la colonne vertébrale, recouverte par le péritoine ; il naît par une invagination à la partie interne de la fente pleuro-péritonéale, en dehors des proto-vertèbres, puis devient un canal, qui s'étend du cœur à l'extrémité pelvienne, terminé en haut en cul-de-sac et en bas s'ouvrant dans la vessie ; des canaux secondaires du corps de Wolff viennent former des conduits transversaux perpendiculaires au premier et tapissés comme lui d'épithélium cylindrique, qui recouvre aussi sa surface et constitue l'épithélium germinatif de la région, qui va aussi produire la glande génitale, ovaire ou testicule.

On voit de même, aux dépens de l'épithélium germinatif, se produire le canal de Muller au côté interne et antérieur du canal de Wolff, auquel il est accolé ; son extrémité supérieure est fermée et son extrémité inférieure s'ouvre dans la vessie.

Les tubes wolffiens ont une portion supérieure plus spécialement génitale et une portion inférieure plus spécialement urinaire.

Chez l'homme, la glande génitale évolue vers le testicule, en se remplissant de tubes flexueux, les canalicules séminifères. Elle s'unit avec les canaux transversaux de la partie moyenne du corps de Wolff, qui forment la tête de l'épididyme ; le canal du corps de Wolff produit le canal de l'épididyme, le canal déférent, les conduits éjaculateurs. Le canal de Muller disparaît, sauf aux deux bouts, dont l'inférieur forme l'utricule prostatique. Le testicule naît donc sur le côté de la colonne vertébrale, près du rein ; de là, au fur et à mesure du développement, il descend, entraîné par le gubernaculum testis, hors de la cavité abdominale où, après avoir traversé l'anneau inguinal, il vient se loger dans les bourses, en poussant au-devant de lui le péritoine, dont il se fait une tunique vaginale.

Chez la femme, la glande génitale est plus longue ; on distingue de bonne heure à sa surface le relief des follicules de de Graaf. Elle aussi descend, mais peu, et arrive au bassin. Le corps de Wolff s'atrophie et on en retrouve des traces dans l'organe de Rosenmuller, dans le repli péritonéal unissant la trompe à l'ovaire. Les conduits de Muller, atrophiés chez l'homme, se développent ici et donnent par leur extrémité supérieure le pavillon de la trompe et par leur extrémité inférieure, confondue avec celle du côté opposé, l'utérus et le vagin.

Tout d'abord, comme chez les vertébrés inférieurs, le rectum et la vessie s'ouvrent dans une cavité unique, *le cloaque*, qui se divise ensuite par une cloison en anus en arrière et sinus uro-génital en avant, recevant les deux canaux de Wolff et les deux canaux de Müller.

On remarque, en avant du cloaque, un tubercule génital entouré de deux replis génitaux, avec un sillon génital entre.

Le tubercule génital donne chez l'homme le penis et chez la femme le clitoris, les replis génitaux le scrotum d'un côté, les grandes lèvres de l'autre.

Article IV. — Physiologie de l'embryon. Circulation

L'œuf fécondé se nourrit d'abord par imbibition simple; plus tard, avec la vésicule ombilicale, apparaît une première circulation. Du cœur naissent en avant deux arcs aortiques qui se recourbent en arrière, pour s'unir en un tronc unique, qui se divisera en deux artères vertébrales postérieures, donnant de nombreuses branches, particulièrement les artères omphalo-mésentériques, qui portent le sang à l'intestin et à la vésicule ombilicale, d'oú il est ramené par les veines omphalo-mésentériques. Après la disparition de la vésicule ombilicale, ce système se réduit à une artère et à une veine mésentériques.

La deuxième circulation, ou placentaire, se fait par les artères ombilicales qui portent au placenta le sang qui s'y hématose. Ce sang revient par les veines ombilicales, dont l'une s'atrophie, tandis que l'autre ramène le sang dont une partie passe par le foie, dans lequel il se répand par les veines hépatiques afférentes, et l'autre va directement dans la veine cave inférieure par le canal veineux, qui ramène le sang des parties inférieures du corps. Le sang de la veine cave inférieure va dans l'oreillette droite, puis, par le trou de Botal dans l'oreillette gauche, où il se mélange avec le sang ramené du poumon par les veines pulmonaires. De là, le sang passe dans le ventricule gauche, qui le lance dans l'aorte, qui communique avec l'artère pulmonaire par le canal artériel. Le sang arrive dans la tête et les membres supérieurs ; il en revient par la veine cave supérieure, d'où il passe dans l'oreillette, puis dans le ventricule droit qui le lance dans l'artère pulmonaire ; une faible proportion passe dans le poumon, la plus grande quantité allant directement par le canal artériel dans l'aorte descendanté. Cette faible circulation pulmonaire, jointe à l'existence du trou de Botal et du canal artériel, donne un mélange des deux sangs, la tête recevant du sang plus hématosé, d'où son développement plus rapide.

Le fœtus présente donc, en résumé, deux circulations

distinctes successives. La première, embryonnaire, s'effectue par la vésicule ombilicale, la seconde, fœtale, par l'allantoïde, qui donne le placenta. La circulation fœtale diffère de la troisième circulation, ou définitive, par la présence du trou de Botal, qui fait communiquer les deux oreillettes, et du canal artériel, qui unit l'artère pulmonaire à l'aorte ; grâce à ces deux chemins de communication, le sang peut faire le tour complet de l'arbre circulatoire sans passer par le poumon, qui reste rudimentaire pendant la vie intra-utérine.

Placenta. — Au niveau du placenta, les deux sangs maternel et fœtal en contact font des échanges semblables à ceux qui s'effectuent au niveau du poumon et constituent une véritable respiration avec fixation d'O et exhalaison de CO^2 ; en outre, par le sérum, les éléments nutritifs passent de la mère au fœtus. Le placenta joue donc à la fois le rôle respiratoire et nutritif, tenant lieu de poumon et de tube digestif. Les médicaments, les virus, les corps solides même et les microbes traversent le placenta, ce qui explique la transmission des maladies de la mère au fœtus. Le placenta a, en outre, une fonction glycogénique, bien établie par Cl. Bernard.

Cordon. — Le cordon forme le trait d'union entre le fœtus et le placenta ; le sang va du fœtus au placenta par les artères ombilicales et revient, après s'y être hématosé, par les veines ombilicales, qui renferment du sang artérialisé par conséquent.

Amnios. — L'amnios représente pour le fœtus une véritable atmosphère liquide, dans laquelle il peut remuer librement ; il permet la circulation funiculaire et, lors de l'accouchement, favorise, par la douce compression exercée par l'intermédiaire de la poche des eaux, l'ouverture du canal génital ; peut-être le fœtus en avale-t-il, car on trouve dans son intestin des poils venant de sa peau et tombés dans le liquide extérieur.

Respiration. — Chez le fœtus, les combustions sont très lentes, ce qui explique sa résistance à l'asphyxie ; il n'a ni chaleur, ni travail à produire ; l'oxygénation du sang s'y fait au niveau du placenta et, si la circulation y est troublée ou arrêtée, le fœtus est atteint ou meurt.

Sécrétions. — La peau du fœtus fournit un enduit sébacé qui facilite sa sortie ; l'intestin sécrète le méconium, contenant de la bile, qui normalement est expulsé après la naissance ; les reins sécrètent de l'urine qui est évacuée par la vessie dans le liquide amniotique.

Innervation et motilité. — La sensibilité et la motilité existent chez le fœtus, mais à un degré moins parfait qu'après la naissance.

TABLE DES MATIÈRES

MAGITOT (E.). — Les tumeurs du périoste dentaire et l'ostéopériostite alvéolo-dentaire, 2e *édition*, 1873, gr. in-8, 110 p., avec 1 planche. . . . . 3 fr.

MARCHANT (Gérard). — Traumatismes et affections chirurgicales des joues, des lèvres et de la face. 1886, gr. in-8, 22 p. à deux colonnes, avec fig. . . . . . 2 fr.

MAUREL. — Des luxations dentaires, du traitement de la carie dentaire. 1877, in-8, 86 pages. . . . . . 2 fr.

— Des fractures des dents. 1875, in-8, 52 pages, avec figures. . . . . 2 fr.

NICAISE (E.). — L'antisepsie dans la pratique de la chirurgie journalière. 1896, 1 vol. in-18 de 264 p., avec 37 fig., cart. . . . . 4 fr.

OUDET (J.-E.). — Recherches sur les dents et sur leurs maladies. 1862, in-8, 122 p., avec 1 pl. . . . . 4 fr.

PAILLASSON (A.). — Les anesthésiques employés dans la chirurgie dentaire. 1886, gr. in-8, 144 p. . . . . 3 fr.

PIESSE (S.). — Histoire des parfums et hygiène de la toilette. 1889. 1 vol. in-16 de 372 pages, avec 70 fig., cart. . . . . 4 fr.

— Chimie des parfums. 1897, 1 vol. in-18 de 376 pages, avec 70 fig., cart. . . . . 4 fr.

PRETERRE (A.). — Les dents, traité pratique des maladies de ces organes. *Dixième édition*, 1 vol. in-12, 222 p., avec 109 fig., cart. . . . . 3 fr. 50

REDIER (J.). — Appareils prothétiques de la bouche. 1880, in-8, 76 p., avec figures.. . . . . . . 2 fr. 50

ROGER (E.) et GODON (Ch.). — Code du chirurgien-dentiste. 1893, 1 vol. in-18 de 319 p.. . . . . . . 5 fr.

ROUSSEAU (E.). — Anatomie comparée du système dentaire chez l'homme et chez les animaux, 1 vol. gr. in-8 de 348 p., avec 31 planches (40 fr.). . . . . . 10 fr.

SARAZIN (Ch.). — Dent et dentition. 1872, gr. in-8, 43 p., avec 16 fig. . . . . 1 fr. 50

THOMSON. — Formulaire de médecine et de chirurgie dentaires. Maladies et hygiène de la bouche et des dents. 1895, 1 vol. in-18 de 288 pages, avec 61 fig., cartonné. . . . . 3 fr.

VERGNE (A.). — Du tartre dentaire et de ses concrétions. 1869, gr. in-8, 52 p., 1 pl. . . . , ... 2 fr.

CHARTRES. — IMPRIMERIE DURAND, RUE FULBERT.

MANUEL DU MÉDECIN PRATICIEN

La pratique dermatologique et syphiligraphique dans les hôpitaux. 1895. 1 vol. in-18, 288 p. cart.... 3 fr.

Principaux auteurs : BALZER, BESNIER, BROCQ, DUCASTEL, FEULARD, FOURNIER, GAUCHER, HALLOPEAU, JULLIEN, MAURIAC, MERKLEN, RENAULT, TENNESON, THIBIERGE, etc.

Principaux sujets : *Acné, Blennorrhagie, Chancre, Dermatites, Eczéma, Erysipèle, Favus, Folliculite, Gale, Herpès, Lèpre, Lichen, Lupus, Mycosis fongoïde, Pelade, Phagédénisme, Scarlatine, Sclérodermie, Sycosis, Syphilides, Syphilis, Syphilomes, Teigne tondante, Tuberculoses cutanées, Urticaire, Variole*, etc.

La pratique des maladies des yeux dans les hôpitaux de Paris, 1895. 1 vol. in-18, 324 pages, cartonné. 3 fr.

Principaux auteurs : ABADIE, BROCA, BRUN, CHEVALLEREAU, DUPLAY, GALEZOWSKI, JAVAL, KIRMISSON, LANDOLT, LANNELONGUE, NÉLATON, PANAS, RECLUS, RENDU, SAINT-GERMAIN, TERRIER, TILLAUX, TROUSSEAU, VALUDE, WECKER, etc.

Principaux sujets : *Astigmatisme, Blépharite, Cataracte, Choroïde, Conjonctivite, Décollement, Ectropion, Entropion, Enucléation, Glaucome, Hypermétropie, Iridectomie, Iritis, Kératite, Myopie, Névrites optiques, Ophtalmies, Ophtalmoscopie, Presbytie, Ptosis, Réfraction, Rétinite, Strabisme, Tumeurs oculaires, Zona ophtalmique*, etc.

La pratique des maladies du larynx, du nez et des oreilles 1896. 1 vol. in-18, 288 p., cart......... 3 fr.

Principaux auteurs : BARTH, BROCA, CASTEX, DIEULAFOY, GELLÉ, GÉRARD-MARCHANT, GOUGUENHEIM, LERMOYEZ, LUBET-BARBON, PÉRIER, POYET, QUENU, SCHWARTZ, TILLAUX, VARIOT.

Principaux sujets : *Abcès mastoïdiens, Adénoïdites, Asthme des foins, Bourdonnements d'oreilles, Cancer, Cathétérisme, Coryza, Epistaxis, Laryngites, Laryngotomie, Otites, Otorrhée, Ozène, Polypes, Rhinite, Rhinosclérome, Rhinoscopie, Suppurations mastoïdiennes, Trachéotomie, Tubage, Tuberculose laryngée, Vertige de Menière.*

La pratique des maladies de la bouche et des dents dans les hôpitaux. 1896. 1 vol. in-8, 288 p., cart.. 3 fr.

Principaux auteurs : BERGER, BROCA, CHAPUT, DELBET, HARTMANN, KIRMISSON, LANNELONGUE, LE DENTU, LERMOYEZ, MAGITOT, QUENU, RECLUS, SCHWARTZ, TILLAUX, etc.

Principaux sujets : *Amygdalites, Anesthésie, Antisepsie, Bec-de-Lièvre, Cancer de la langue, Carie dentaire, Dents de sagesse, Extraction des dents, Fractures des dents, Gingivite, Greffe dentaire, Grenouillette, Kystes, Muguet, Nécrose phosphorée, Obturation des dents, Ostéopériostite alvéo-dentaire, Palatoplastie, Périodontite, Réimplantation des dents, Stomatites, Uranoplastie.*

MANUEL DE L'ÉTUDIANT EN PHARMACIE

10 vol. Par **Ludovic JAMMES** 30 fr.

PHARMACIEN DE PREMIÈRE CLASSE

1er *Examen.*

Aide-mémoire d'analyse chimique et de toxicologie. 1 vol. in-18 de 581 pages, avec 47 figures, cart. 3 fr.

Aide-mémoire de physique. 1 volume in-18 de 300 pages avec 113 figures, cartonné.................... 3 fr.

Aide-mémoire de chimie. 1 volume in-18 de 279 pages, avec 35 figures, cartonné.................... 3 fr.

2e *Examen.*

Aide-mémoire de botanique pharmaceutique. 1 volume in-18 de 288 pages, avec 172 figures, cartonné.. 3 fr.

Aide-mémoire de micrographie et de zoologie. 1 vol. in-18 de 288 pages, avec 122 figures, cartonné. 3 fr.

Aide-mémoire d'hydrologie, de minéralogie et de géologie. 1 volume in-18 de 279 pages, avec 128 figures cartonné.................................... 3 fr.

3e *Examen.*

Aide-mémoire de matière médicale. 1 vol. in-18 de 292 pages, avec 141 figures, cartonné........... 3 fr.

Aide-mémoire de pharmacie chimique. 1 volume in-18 de 280 pages, avec 30 figures, cartonné........ 3 fr.

Aide-mémoire de pharmacie galénique. 1 volume in-18 de 296 pages, avec figures, cartonné........... 3 fr.

Aide-mémoire d'essais et de dosages des médicaments, des produits alimentaires, physiologiques, pathologiques, agricoles et industriels. 1 vol. in-18 de 317 pages, avec figures, cartonné.......................... 3 fr.

Aide-mémoire de l'examen de validation de stage (Opérations pharmaceutiques, pharmacie galénique et chimique, botanique, reconnaissance des plantes fraîches, des substances médicinales et des médicaments composés), par Léon Feltz, pharmacien de 1re classe. 1896, 1 vol. in-18 de 308 pages avec fig. cart.... 3 fr.

MANUEL DU MÉDECIN PRATICIEN

La pratique obstétricale dans les hôpitaux de Paris, 1896. 1 vol. in-18, 288 p., cart. . . . . 3 fr.

Principaux sujets : *Accouchement provoqué, Albuminurie de la grossesse, Allaitement, Anesthésie obstétricale, Antisepsie obstétricale, Avortement, Bassins rétrécis, Céphalotripsie, Délivrance, Dystocie, Eclampsie, Hémorragies utérines, Infection puerpérale, Injections, Ischio-pubiotomie, Ligature du cordon, Maladies de la grossesse. Palper abdominal, Présentations, Septicémie puerpérale, Symphyséotomie, Tamponnement, Toucher, Version*, etc.

La pratique gynécologique dans les hôpitaux de Paris. 1896. 1 vol. in-18, 288 p., cart. . . . . 3 fr.

Principaux sujets : *Antisepsie gynécologique, Cancer du sein et de l'utérus, Castration, Curettage, Déviations, Electricité en gynécologie, Endométrite, Fibromes utérins, Fistules, Hystérectomie, Injections, Kystes de l'ovaire, Laparotomie, Massage de l'utérus, Métrites, Névralgies pelviennes, Ovaro-salpingites, Périnéorraphie, Prolapsus, Pyo-salpinx, Rétrodéviations, Salpingites, Subinvolution utérine, Suppurations pelviennes, Tamponnement, Tuberculose de la trompe et de l'ovaire, Tumeurs, Vaginite*, etc.

Principaux auteurs cités dans **La pratique gynécologique et obstétricale :** AUVARD, BAR, BERGER, BOISSARD, BONNAIRE, BOUILLY, BUDIN, Lucas CHAMPIONNIÈRE, CHAMPETIER DE RIBES, CHARPENTIER, CHAPUT, CHÉRON, DELBET, DEMELIN, DOLÉRIS, DUPLAY, GUÉNIOT, HARTMANN, LE DENTU, LEPAGE, MAYGRIER, PINARD, PÉAN, POLAILLON, PORAK, POZZI, QUENU, RIBEMONT-DESSAIGNES, RICHELOT, SCHWARTZ, SEGOND, TARNIER, TERRIER, TILLAUX, etc.

La pratique des maladies des voies urinaires dans les hôpitaux de Paris. 1895. 1 vol. in-18. 288 p., cart. 3 fr.

Principaux auteurs : ALBARRAN, BAZY, BOUILLY, DUCASTEL, DUPLAY, GUYON, JULLIEN, LECORCHÉ, LE DENTU, MAURIAC, MONOD, PÉAN, POZZI, QUENU, RECLUS, RICARD, RICHELOT, SCHWARTZ, SEGOND, TERRIER, TILLAUX, TUFFIER..

Principaux sujets : *Abcès urineux, Albuminurie, Calculs, Coliques néphrétiques, Cystites, Empoisonnement urineux, Fistules, Gravelle, Incontinence, Injections et Instillations, Insuffisance urinaire, Kystes du rein, Lithotritie, Néphrectomie, Néphrite, Néphrorraphie, Phimosis, Prostatite, Pyélonéphrite, Rein flottant, Rétention d'urine, Rétrécissements, Taille, Tuberculose urinaire, Tumeurs, Urémie, Urétrite, Urétrotomie, Varicocèle.*

MANUEL DU MÉDECIN PRATICIEN

La pratique des maladies des poumons et de l'appareil respiratoire. 1894. 1 vol. in-18, 283 p., cart.... 3 fr.
Principaux auteurs : BARTH, CHAUFFARD, DEBOVE, DIEULAFOY, FAISANS, FERNET, GILBERT, GRANCHER, HANOT, HÉRARD, HUCHARD, HUTINEL, JACCOUD, LANDOUZY, LE GENDRE, MARFAN, NETTER, POTAIN, RENDU, J. SIMON, WIDAL, etc.
Principaux sujets : *Amygdalite, Angines, Asthme, Bronchite, Coqueluche, Coryza, Diphtérie, Dyspnée, Emphysème, Influenza, Laryngite, Phtisie, Pleurésie, Pneumonie, Pneumothorax, Thoracentèse, Toux, Tuberculose*, etc.

La pratique des maladies du cœur et de l'appareil circulatoire. 1895. 1 vol. in-18, 281 p., cart .... 3 fr.
Principaux auteurs : BARIÉ, BUCQUOY, CHAUFFARD, DIEULAFOY, GILBERT, GRANCHER, HANOT, HAYEM, HUCHARD, HUTINEL, JACCOUD, LANCEREAUX, LAVERAN, MATHIEU, PETIT, POTAIN, RENDU, ROBIN, SEVESTRE, J. SIMON, THOINOT, etc.
Principaux sujets : *Anémie, Anévrismes, Angine de poitrine, Aortite, Artério-sclérose, Asystolie, Battements de cœur, Cardiopathies, Chlorose, Cyanose, Embolies, Endocardite, Hémoptysie, Hémorragies, Hémorroïdes, Hydropisie, Hypertrophie, Insuffisances cardiaques, Myocardite, Palpitations, Péricardite, Phlébite, Rétrécissement, Sclérose, Symphyse, Syncope, Tachycardie, Transfusion, Varices*, etc.

La pratique des maladies du système nerveux dans les hôpitaux de Paris. 1894. 1 vol. in-18, 285 p., cart. 3 fr.
Principaux auteurs : BABINSKI, G. BALLET, BOURNEVILLE, CHRISTIAN, DÉJERINE, FALRET, FÉRÉ, GILLES DE LA TOURETTE, JOFFROY, LUYS, MAGNAN, MARIE, RAYMOND, A. et J. VOISIN.
Principaux sujets : *Abasie, Ataxie locomotrice, Chorée, Contractures, Délire, Eclampsie, Epilepsie, Hypnotisme, Hystérie, Hystéro-traumatisme, Insomnie, Migraine ophtalmique, Myélite, Neurasthénie, Pachyméningite, Paralysie agitante, Polynévrite, Sclérose, Suggestion, Syringomyélie, Tabes, Tétanie, Tics, Transfusion nerveuse, Vertige*, etc.

La pratique des maladies des enfants dans les hôpitaux de Paris. 1 vol. in-18, 285 p. cart............... 3 fr.
Principaux auteurs : BROCA, COMBY, DESCROIZILLES, GRANCHER, HUTINEL, KIRMISSON, LANNELONGUE, MILLARD, MOIZARD, DE SAINT-GERMAIN, SEVESTRE, SIMON, VARIOT, etc.
Principaux sujets : *Angines, Bronchite, Broncho-pneumonie, Chorée, Convulsions, Coqueluche, Coxalgie, Croissance, Diphtérie, Fièvre typhoïde, Incontinence d'urine, Mal de Pott, Méningite, Ophtalmie purulente, Paralysie, Pleurésie, Pneumonie, Rachitisme, Rougeole, Scarlatine, Scrofule, Stomatites, Vers intestinaux.*

MANUEL DU DOCTORAT EN MÉDECINE

4e Examen.

Aide-mémoire de thérapeutique. 1896, 1 vol. in-18, 318 p., cart. .... 3 fr.

Aide-mémoire de pharmacologie et de matière médicale. 1894. 1 vol. in-1 , 288 p., cart. .... 3 fr.

Aide-mémoire d'histoire naturelle médicale. 1894, 1 vol. in-18, 288 p., cart. .... 3 fr.

Aide-mémoire d'hygiène. 1897. 1 vol. in-18, cart. . 3 fr.

Aide-mémoire de médecine légale. 1 v. in-18, cart. 3 fr.

5e Examen.

Aide-mémoire de clinique médicale et de diagnostic. 1892. 1 vol. in-18, 314 p., cart. .... 3 fr.

Aide-mémoire de clinique chirurgicale, *diagnostic, thérapeutique chirurgicale et petite chirurgie.* 1893, 1 vol. in-18, 312 p., cart. .... 3 fr.

Externat des hôpitaux.

Aide-mémoire de médecine hospitalière, *anatomie, pathologie, p tite chirurgie* 1 94, 1 vol. in-18, cart. 3 fr.

Examen de médecin auxiliaire.

Aide-mémoire de l'examen de médecin auxiliaire, programme, commentaire des lois, décrets et règlements, questionnaire. 18 6. 1 vol. in-18, 25 p., cart... 3 fr.

Le *Manuel du doctorat en médecine* du professeur Paul Lefert donne le moyen d'acquérir rapidement des notions suffisantes sur toutes les matières des cinq examens du doctorat en médecine. L'auteur s'est attaché à passer en revue dans chaque aide-mémoire tout ce qui est afférent à chaque sujet traité, sans rien omettre, de manière que le candid t ne soit embarrassé par aucune question; à mettre en relief les points importants, de sorte que le lecteur puisse immédiatement trouver ce qu'il importe d'apprendre ou de revoir; à rapporter les théories et les faits récemment entrés dans le domaine de la science, aussi bien que ceux qui lui sont depuis longtemps acquis; enfin à citer les noms des professeurs des diverses facultés de médecine en regard de la découverte qu'ils ont faite ou de l'idée qui leur est personnelle.

Ce *manuel*, destiné aux étudiants, profitera egalement aux praticiens, en leur permettant d'étudier rapidement une question quelconque.

Lexique formulaire des nouveautés médicales, par le professeur Paul Lefert. 1 vol. in-18 de 336 p., cart. 3 fr.

Ce petit volume renferme les documents disséminés dans un nombre considérable de Traités et de Journaux de médecine, que les Dictionnaires les plus complets, les plus récents, ne renferment pas. Epargner au travailleur des recherches parfois longues et penibles, secourir la mémoire du praticien, tel est le but de ce *Lexique-formulaire.*

Le lecteur y trouvera l'analyse des travaux, l'exposé des découvertes et des théories les plus récentes en *pathologie générale*, en *anatomie pathologique*, en *clinique* et en *thérapeutique médicales* et *chirurgicales*; l'indication des *nouvelles méthodes thérapeutiques*, des *nouveaux médicaments* et des *nouvelles opérations.*

ENVOI FRANCO CONTRE UN MANDAT SUR LA POSTE.

MANUEL DU MÉDECIN PRATICIEN

Par le Professeur **Paul LEFERT**

Collection nouvelle de 14 vol. in-18 à 3 fr. le vol. cart.

La pratique journalière de la médecine dans les hôpitaux de Paris (*Maladies microbiennes et parasitaires. Intoxications, Affections constitutionnelles*). 1895. 1 vol, in-18, 288 p., cart........................... 3 fr.

Principaux auteurs cités : BROUARDEL, CHANTEMESSE, CHARRIN, CHAUFFARD, DEBOVE, DIEULAFOY, GALLIARD, GILBERT, GRANCHER, HALLOPEAU, HANOT, HAYEM, HUCHARD, HUTINEL, JACCOUD, LANCEREAUX, LANDOUZY, LAVERAN, MARFAN, NETTER, POTAIN, RENDU, RICHARDIÈRE, ROBIN, WIDAL, etc.

Principaux sujets traités : *Charbon, Choléra, Coqueluche, Diabète, Diphtérie, Erysipèle, Fièvres éruptives, intermittentes, typhoïde, Gangrène, Goutte, Grippe, Malaria, Morphinisme, Morve, Obésité, Paludisme, Pustule maligne, Rachitisme, Rage, Rhumatisme, Rougeole, Scarlatine, Scrofule, Tétanos, Tuberculose, Typhus, Variole*, etc.

La pratique journalière de la chirurgie dans les hôpitaux de Paris. 1894. 1 vol. in-18, 324 p., cart... 3 fr.

Principaux auteurs : P. BERGER, BOUILLY, Lucas CHAMPIONNIÈRE, DUPLAY, Félix GUYON, KIRMISSON, L. LABBÉ, LANNELONGUE, LE DENTU, MONOD, PANAS, PÉAN, PEYROT, POZZI, QUENU, P. RECLUS, RICARD, SCHWARTZ, P. SEGOND, TERRIER, TILLAUX, TUFFIER.

Principaux sujets : *Anthrax, Antisepsie, Appendicite, Cholécystotomie, Cystite, Empyème, Fractures, Gastrotomie, Hernies, Laparotomie, Luxations, Néphrectomie, Occlusion intestinale, Ostéomyélite, Péritonite, Reins flottants, Tétanos, Trépanation, Tuberculose chirurgicale, Tumeurs, Urétrotomie, Varices*, etc

---

La pratique des maladies de l'estomac et de l'appareil digestif. 1894. 1 vol. in-18, 288 p., cart......... 3 fr.

Principaux auteurs : BOUCHARD, BROUARDEL, BUCQUOY, CHANTEMESSE, CHAUFFARD, DEBOVE, DIEULAFOY, GALLIARD, GILBERT, HANOT, HAYEM, HUCHARD, HUTINEL, JACCOUD, LANCEREAUX, LANDOUZY, LE GENDRE, MATHIEU, MILLARD, NETTER, POTAIN, RENDU, ROBIN, TILLAUX, TROISIER.

Principaux sujets : *Cancer, Chimisme stomacal, Cirrhose, Coliques hépatiques, Diarrhée, Dilatation, Dyspepsie, Entérite, Entérocolite, Gastralgie, Gavage, Hyperchlorhydrie, Kystes du foie, Lavage, Lithiase biliaire, Massage stomacal, Névroses, Obésité, Pérityphlite, Régime alimentaire, Stomatites, Typhlite,* [illegible]*re.*

LIBRAIRIE J.-B. BAILLIÈRE ET FILS

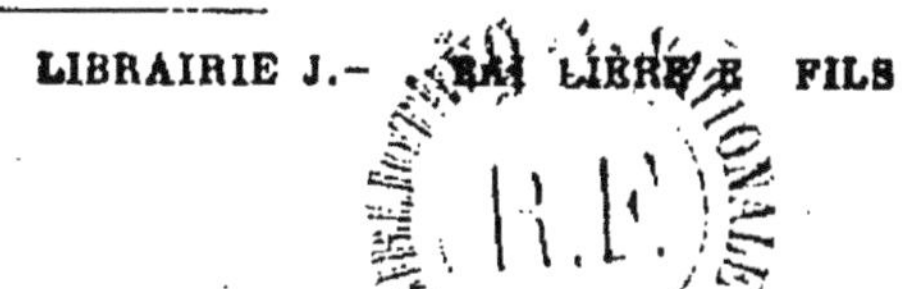

MANUEL DU DOCTORAT EN MÉDECINE

Par le Professeur **Paul LEFERT**

Collection nouvelle de 24 volumes in-18, cartonnés.

Prix de chaque volume : 3 fr.

1er *Examen.*

Aide-mémoire d'anatomie à l'amphithéâtre (dissection et technique microscopiques, arthrologie, myologie, angéiologie, névrologie, découvertes anatomiques). 4e *édition*, 1897. 1 vol. in-18, 304 p. cart........ 3 fr.

Aide-mémoire d'ostéologie, de splanchnologie et d'embryologie. 3e *édition*, 1894. 1 vol. in-18, 276 pages, cart.................................... 3 fr.

2e *Examen.*

Aide-mémoire d'histologie. 1897. 1 vol. in-18, 314 p. avec 64 fig., cart.................................... 3 fr.

Aide-mémoire de physiologie. 4e *édition*, 1897. 1 vol. in-18, cart.................................... 3 fr.

Aide-mémoire de physique médicale et biologique. 1894. 1 vol. in-18, 278 p., cart.................. 3 fr.

Aide-mémoire de chimie médicale. 1893. 1 vol. in-18, 288 p., cart.................................... 3 fr.

3e *Examen.*

Aide-mémoire de pathologie générale et de bactériologie. 1892. 1 vol. in-18, 288 p., cart............. 3 fr.

Aide-mémoire de pathologie interne. 6e *édition*, 1899. 3 vol. in-18, 900 p., cart. Chaque volume....... 3 fr.

Aide-mémoire de pathologie externe générale. 2e *édition*, 1898. 1 vol. in-18, 308 p., cart........... 3 fr.

Aide-mémoire de chirurgie des régions. I. *Tête, Rachis, Cou, Poitrine, Abdomen.* 1898. 1 vol. in-18, 299 p., cart.................................... 3 fr.

II, *Organes génito-urinaires et Membres.* 1898. 1 vol. in-18, 286 p., cart.................................... 3 fr.

Aide-mémoire de médecine opératoire. 1893. 1 vol. in-18, 300 p., cart.................................... 3 fr.

Aide-mémoire d'anatomie topographique. 1894. 1 vol. in-18, 298 p., cart.................................... 3 fr.

Aide-mémoire d'anatomie pathologique, d'histologie pathologique et de technique des autopsies. 1898. 1 vol. in-18, 284 p., cart. .... 3 fr.

Aide-mémoire d'accouchements. 1894. 1 vol. in-18, 286 p., cart.................................... 3 fr.

3 fr. — FORMULAIRES — 3 fr.

Formulaire hypodermique et opothérapique. Injections sous-cutanées d'huiles médicamenteuses, d'essences, de substances minérales, d'alcaloïdes, de sucs animaux, de glandes, d'organes et de muscles, par le Dr E. BOISSON et J. MOUSNIER, pharmacien de 1re classe. 1898. 1 vol. in-18 de 261 pages, avec 21 figures, cart. 3 fr

La première partie du Formulaire est consacrée à la technique hypodermique ; la deuxième partie est un formulaire des médicaments hypodermiques ; la troisième, sous le titre de Mémorial hypodermique, passe en revue les maladies justiciables de la pratique hypodermique. L'ouvrage se termine par un *Formulaire opothérapique*. C'est une mise au point très exacte de cette nouvelle méthode thérapeutique qui consiste à utiliser les sucs extraits des glandes ou des parenchymes de provenance animale.

Formulaire du médecin de campagne. Remèdes sous la main, petits moyens thérapeutiques, par le Dr M. GAUTIER, ancien interne des hôpitaux. 1899. 1 vol. in-18, de 268 pages, cartonné.............. .... 3 fr.

Sans médicaments, sans instruments ou appareils spéciaux, éloigné de toute pharmacie, le médecin peut trouver autour de lui des armes précieuses, susceptibles de lui rendre les plus grands services, s'il sait les manier Le médecin ne doit pas négliger l'emploi de ces petits moyens ; ils n'éblouissent pas le vulgaire, mais ils sont d'un précieux secours au praticien qui sait s'en servir ; Trousseau ne les méprisait pas, et son exemple peut être suivi.

Formulaire d'hygiène infantile individuelle. Hygiène de l'enfant à la maison, par le Dr H. GILLET, ancien interne des hôpitaux de Paris, chef du service des maladies des enfants à la Policlinique de Paris. 1898. 1 vol. in-18, de 288 pages, avec 59 figures, cartonné.. 3 fr.

L'étude des maladies infectieuses, qui comprennent actuellement la plus grande partie des états morbides, tout particulièrement à l'époque de l'enfance, a modifié la pratique médicale. A côté des prescriptions pharmaceutiques, le médecin fait figurer dans ses ordonnances des recommandations hygiéniques. Chez l'enfant, le médecin a besoin de faire bien plus œuvre d'hygiéniste que de thérapeute ; il lui faut donc *formuler* en termes précis les mesures à prendre.

Formulaire d'hygiène infantile collective. Hygiène de l'enfant à l'école, à la crèche et à l'hôpital, par le Dr H. GILLET. 1898. 1 vol. in-18, de 288 pages, avec figures, cartonné....... .... 3 fr.

Non seulement dans la clientèle privée, mais encore en dehors de celle-ci, le praticien peut être, à titres différents, inspecteur des enfants en bas âge, inspecteur des écoles, membre de commissions d'hygiène, etc. ; consulté sur des questions d'hygiène infantile, il est bon qu'il puisse donner son opinion. De même, le médecin, à la crèche, à l'hôpital, chaque fois qu'il se trouve en face d'une agglomération d'enfants, a mission d'empêcher la propagation des maladies.

---

3 fr. — FORMULAIRES — 3 fr.

Formulaire officinal et magistral international, comprenant environ 4000 formules tirées des Pharmacopées légales de la France et de l'étranger ou empruntées à la pratique des thérapeutistes et des pharmacologistes, suivi d'un mémorial thérapeutique. 4e *édition*, en concordance avec la dernière édition du Codex medicamentarius et du Formulaire des hôpitaux militaires, par le professeur J. JEANNEL. 1 vol. in-18 de 1044 pages cartonné.......................... 6 fr.

Formulaire de l'Union Medicale. Douze cents formules favorites des médecins français et étrangers, par le Dr GALLOIS, 4e *édition*. 1 vol. in-32 de 662 pages, cartonné.......................... 3 fr.

Formulaire des vétérinaires praticiens, comprenant environ 1500 formules et rédigé d'après les nouvelles méthodes thérapeutiques, par Paul CAGNY, vétérinaire, membre de la Société centrale de médecine vétérinaire, du Collège Royal vétérinaire de Londres, etc. 1899. 1 vol. in-18 de 332 pages, cartonné........... 3 fr.

Guide pratique pour les analyses de chimie physiologique, à l'usage des médecins, pharmaciens et chimistes, par le Dr MARTZ, pharmacien de 1re classe. 1899, 1 vol. in-18, de 300 pages, cartonné........... 3 fr.

Urine. Suc gastrique. Sérosités. Sang. Sperme. Pus. Lait. Bile Salive. Calculs vésicaux, biliaires, stercoraux, salivaires. Matières albuminoïdes et ferments solubles. Albumines. Peptones. Poudres et extraits de viande. Diastase. Pepsine. Pancréatine.

Guide pratique pour les analyses de bactériologie clinique, pus, sang, crachats, exsudats de la gorge, lait, urines, matières fécales, eau, sol, par LÉON FELZT, pharmacien de 1re classe. 1898. 1 vol. in-18, de 271 p. avec 104 figures noires et coloriées, cartonné... 3 fr.

Après avoir étudié d'une manière générale les diverses méthodes employées pour faire une analyse bactériologique, la technique pour les aérobies et les anaérobies, la méthode expérimentale et les matières colorantes employées dans les analyses bactériologiques, M. Feltz en expose l'application aux analyses du pus, du sang, des crachats, des exsudats de la gorge, du lait, de l'urine, des matières fécales, de l'eau, du sol. Il fait suivre chaque analyse de l'interprétation des résultats, telle qu'elle a été donnée par les maîtres dont l'opinion fait autorité.

Formulaire Electrothérapique, par le Dr L.-R. REGNIER, chef du service électrothérapique de l'hôpital de la Charité. 1899. 1 vol. in-18 de 300 pages avec figures, cartonné.......................... 3 fr.

ENVOI FRANCO CONTRE UN MANDAT SUR LA POSTE.

3 fr. — FORMULAIRES — 3 fr.

Formulaire des eaux minérales, de la balnéothérapie et de l'hydrothérapie, par le Dr DE LA HARPE, professeur à l'Université de Lausanne. Introduction par le Dr DUJARDIN-BEAUMETZ, de l'Académie de médecine. 3e *édition*. 1896, 1 vol. in-18 de 300 pages, cart... 3 fr.

La première partie de ce formulaire comprend un résumé de balnéothérapie générale, suivi d'une description succincte des caractères et des indications de diverses classes d'eaux minerales, et de deux chapitres consacrés l'un au bain de mer, l'autre à l'hydrothérapie.

La deuxième partie contient des notices sur les principales stations balnéaires, dont les caractères et les indications sont énumérés dans un ordre systématique. La troisième partie est l exposé des applications des eaux minérales dans les maladies les plus importantes.

Formulaire des stations d'hiver, des stations d'été et de climatothérapie, par le Dr DE LA HARPE. 1895, 1 vol. in-18 de 300 pages, cartonné .... 3 fr.

Dans la première partie, *Climatothérapie* et *Climatologie*, M. de la Harpe a résumé les notions essentielles de la climatologie et les applications générales du climat. La seconde partie comprend l'étude des diverses *stations d'hiver et d'été :* description sommaire de leur topographie et résumé de leur climatologie et de leurs indications. La troisième partie enfin traite des *applications thérapeutiques du climat.*

Formulaire dentaire, par le Dr N. THOMSON, chirurgien-dentiste de la Faculté de médecine de Paris. 1895, 1 vol. in-8 de 288 pages, cartonné.................. 3 fr.

Dans une premiere partie, M. Thomson passe en revue les maladies de la bouche : stomatites, tumeurs et néoplasmes, syphilis et tuberculose, luxations, fractures et maladies des mâchoires, maladies de la langue, des lèvres, du sinus.

Viennent ensuite les maladies des dents : caries, périostites, exostoses, abcès alvéolaires, fluxions, pyorrhées alvéolaires, accidents des dents de sagesse.

Le chapitre suivant est consacré aux soins à donner à la bouche et aux moyens à employer pour combattre l'action des microbes.

Enfin, M. Thomson traite de l'anesthésie, soit générale (chloroforme, éther, protoxyde d'azote, bromure d'éthyle), soit locale (cocaïne, chlorure d'éthyle, injections glacées, etc.).

Formulaire du massage, par le Dr NORSTROM. 1895, 1 vol. in-18 de 268 pages, cartonné.................. 3 fr.

Le massage est de plus en plus employé en thérapeutique : on masse dans les maladies des articulations (entorses et luxations), dans les arthrites aiguës et chroniques, les raideurs articulaires et les hygromas; dans les fractures et dans les affections du système musculaire.

Les céphalalgies, la crampe des écrivains, les contractures et atrophies musculaires sont traitées avec succès par le massage.

Le massage est encore employé dans les affections du système nerveux, de l'appareil circulatoire et du tube digestif.

Enfin le massage gynécologique est très employé dans les affections de l'utérus et de ses annexes.

3 fr. — FORMULAIRES — 3 fr.

Formulaire des médicaments nouveaux, par H. Bocquillon-Limousin, pharmacien de 1re classe, lauréat de l'Ecole de pharmacie de Paris. Introduction par le Dr Huchard, médecin des hôpitaux, 11e *édition*. 1900. 1 vol. in-18 de 306 pages, cart.................. 3 fr.

Le *Formulaire* de Bocquillon est le plus au courant, celui qui enregistre les nouveautés à mesure qu'elles se produisent.

L'édition de 1900 contient un grand nombre d'articles nouveaux introduits récemment dans la thérapeutique, qui n'ont encore trouvé place dans aucun formulaire, même les plus récents.

Citons en particulier: *Betula, Benzeucaïne, Captol, Céarine, Cosaprine, Créosolide, Eigone, Erythrol, Euphtalymine, Gaïacyl, Glycéro-phosphate de quinine, Guaïaquine, Guéthol, Hydrargyrol, Ingessol, Iodamylum, Iodocaséine, Iodogallicine, Iodoterpine, Laogine, Oléates, Orthophosphate d'argent, Oxoles, Protargol, Quinochloral, Saligallol, Saliformine, Salitannol, Styrone, Tannone, Thiocol, Ursal, Valérydine, Validol, Vanadine.*

Outre ces nouveautés, on y trouvera des articles sur tous les médicaments importants de ces dernières années, tels que : *Airol, Benzacétine, Caféine, Chloralose, Cocaïne, Eucaïne, Ferripyrine Glycérophosphates, Ichtyol, Kola, Menthol, Résorcine, Salipyrine Salophène, Somatose, Strophantus, Trional, Urotropine, Xéroforme, etc.*, et un grand nombre de plantes coloniales et exotique introduites récemment dans la thérapeutique,

Formulaire des Alcaloïdes et des Glucosides, par H. Bocquillon-Limousin. Introduction par G. Hayem, professeur à la Faculté de médecine de Paris. 1898. 1 vol. in-18 de 318 pages, avec figures, cart........... 3 fr.

Les alcaloïdes et les glucosides sont des médicaments extrêmement précieux. Ce sont les plus physiologiques, leurs effets découlant directement des actions qu'ils exercent sur l'organisme.

Ils s'adressent surtout aux éléments du système nerveux pour en exalter ou en annihiler les propriétés spécifiques et peuvent produire à doses très minimes des effets considérables. Il est donc nécessaire de bien connaître leur action physiologique, leur degré de toxicité et leur posologie. L'ouvrage de M. Bocquillon rendra à cet égard de réels services, et il est à tous égards des plus recommandables. G. Hayem.

Formulaire de l'antisepsie et de la désinfection, par H. Bocquillon-Limousin, 2e *édition*. 1896. 1 vol. in-18 de 338 pages, avec figures, cart.................. 3 fr.

L'emploi des antiseptiques augmente chaque jour. On trouvera dans le *Formulaire de l'antisepsie* de Bocquillon-Limousin, un guide complet, sûr et éclairé pour la connaissance de ces innombrables produits nouveaux : Antiseptiques simples et complexes; antiseptiques végétaux ; tissus antiseptiques (coton hydrophile et gaze antiseptique); préparations antiseptiques pour inhalations, pulvérisations et injections sous-cutanées ; Solutions antiseptiques; Pommades, Vaselines, Savons et Pellicules antiseptiques, etc.

www.ingramcontent.com/pod-product-compliance
Ingram Content Group UK Ltd.
Pitfield, Milton Keynes, MK11 3LW, UK
UKHW021847190726
13855UKWH00001B/191